RECHERCHES HÉGÉLIENNES

INFINI ET DIALECTIQUE

DU MÊME AUTEUR

À LA MÊME LIBRAIRIE

Logique et politique hégélienne, 136 pages in-8° carré, 1983.

Hégélianisme et dualisme. Réflexions sur le phénomène, 160 pages in-8° carré, 1990.

Le développement de l'intentionnalité dans la phénoménologie husserlienne, 320 pages in-8° carré (1ère édition, Olms, 1972), 1993.

BIBLIOTHÈQUE D'HISTOIRE DE LA PHILOSOPHIE

NOUVELLE SÉRIE

Fondateur : Henri GOUHIER — Directeur : Jean-François COURTINE

RECHERCHES HÉGÉLIENNES

INFINI ET DIALECTIQUE

par

Denise SOUCHE-DAGUES

PARIS

LIBRAIRIE PHILOSOPHIQUE J. VRIN

6, Place de la Sorbonne, Ve

1994

Printed in France
ISSN 0249-7980
ISBN 2-7116-1193-0

AVANT-PROPOS*

On a rassemblé ici des écrits divers (articles, conférences,...) dans l'intention de dessiner une sorte de bilan, au moins de faire le point sur les orientations et sur les éventuels résultats d'une recherche vieille de vingt ans.

La motivation initiale de cette recherche se trouve dans une certaine lecture de la phénoménologie husserlienne, et plus exactement dans la déception suscitée par cette lecture. C'est pourquoi le texte qui explicite cette rupture a été placé en Introduction.

Deux écrits viennent ensuite, portant sur l'élaboration de la pensée hégélienne à Iéna : l'un consacré au *Système de la vie éthique*, l'autre au concept d'Esprit.

Les autres textes sont classés en fonction de leurs thèmes plutôt que de leurs dates (d'écriture ou de référence). Ils concernent successivement la pensée hégélienne du politique, celle du temps et de l'Histoire, et celle de la téléologie. Le dernier discute de l'identification du hégélianisme à une onto-théologie.

Le sous-titre du recueil veut marquer la convergence de ces différentes approches dans une interrogation portant sur l'enjeu, et en même temps sur l'origine de la démarche hégélienne. Cette origine et cet enjeu sont présentés comme un bouleversement radical de la pensée de l'infini, à la lumière duquel on essaie de mesurer dans leur spécificité la méthode et la signification de l'idéalisme hégélien. – Par là, une certaine monotonie, aggravée par la mise en question répétée des

* J'adresse mes remerciements très sincères à MM. les Directeurs d'Instituts de Philosophie (Mme C. Colliot-Thélène, M. A. Doz, M. J.-L. Vieillard-Baron), à M. le Directeur de la *Revue de Métaphysique et de Morale*, et tout spécialement aux Editions Klett-Cotta et Frommann-Holzboog (Stuttgart), qui m'ont autorisée à publier ces textes ici.

commentaires heideggeriens, se dégage sans doute de la lecture de ces gloses. Cette monotonie peut-elle être prise comme le gage d'une véritable unité herméneutique ? ou bien comme simple signe d'entêtement ?

Paris, 1993

INTRODUCTION

LA DIALECTIQUE DE L'INTENTIONNALITÉ*

Sous le titre « dialectique de l'intentionnalité » [1], c'est à la confrontation entre deux conceptions de la phénoménologie que ces quelques réflexions voudraient contribuer : il s'agit de la phénoménologie hégélienne et de la phénoménologie husserlienne.

Une telle confrontation peut paraître artificielle : la méditation de Hegel a joué en effet un rôle négligeable dans la formation de la pensée husserlienne ; par ailleurs l'interprète de Hegel n'a, selon nous, rien à gagner à aborder le Système en « *phénoménologue* » [2]. Elle nous paraît cependant non seulement très excitante, mais d'une certaine façon indispensable. Elle pose en tout cas un problème d'ordre spéculatif, dont les termes doivent être éclaircis dès l'abord.

Hegel et Husserl se montrent tous deux héritiers de l'aspiration kantienne à édifier la philosophie comme science. Chez Hegel, c'est justement dans la Préface à la *Phénoménologie de l'esprit* que s'exprime de façon déclarée l'intention de transformer le savoir en science ; la pensée de Husserl quant à elle affirme constamment l'identité de la phénoménologie transcendantale et de la science rigoureuse vers laquelle tend la philosophie à travers toute son histoire. On peut donc dire que la destination de la phénoménologie est perçue comme la même ici et là. De plus, le mot : « phénoménologie » est élucidé de manière identique par Hegel et par Husserl ; tous deux ont en vue par là une « *science de l'expérience de la conscience* ». Dans le fait que cette science est un des réquisits les plus constants de la

* Texte paru dans la *Revue de Métaphysique et de Morale*, 4, 1982, Armand Colin, pp. 504-518.

1. Cet article est le texte, à peine remanié, d'une communication donnée au CRDHM de Poitiers le 9 mars 1975.

2. En témoigne par exemple l'exposé très discutable du hégélianisme présenté par Th. Litt, *Hegel*, Denoël, Paris, 1974.

philosophie moderne, la mise en regard des deux entreprises trouve une part de sa nécessité. Mais surtout, on touche par là à la vocation même des deux penseurs, qui se sont tous deux considérés capables de résoudre une crise de la modernité, et cela en faisant retour à la conscience que tous deux appellent « naturelle ».

C'est l'essence de la conscience qui dès lors est en cause. En anticipant un peu sur la présente analyse, disons ici que, tandis que chez Husserl la conscience s'identifie de manière permanente à l'intentionnalité, chez Hegel la phénoménologie est dite « de l'esprit », de sorte que l'étude de la conscience intentionnelle n'en constitue qu'une partie. Quels que soient en effet les problèmes soulevés par la façon dont Hegel a conçu l'œuvre de 1807, et dont il l'a développée et rédigée, il demeure que la phénoménologie présente chez lui une signification et une portée qui dépassent le niveau de la conscience *stricto sensu* : l'expérience que la conscience fait porte la conscience au-delà d'elle-même. Chez Husserl, la phénoménologie reste, comme science de la conscience, une élucidation de ses structures intimes et de ses objets.

Dans le cas de Hegel, c'est la conscience de soi, et l'esprit qui en est la réalisation, qui a la charge de justifier que la conscience puisse s'apparaître : c'est donc l'esprit qui est le titulaire de la manifestation. Chez Husserl, la conscience est investie de façon principielle du privilège de se saisir dans l'immanence, et c'est là ce qui fonde le projet d'une science phénoménologique ; en d'autres termes, la conscience est ici promise deux fois à l'absolu : à l'absolu de l'essence et à l'absolu de l'existence. Etant principiel, ce privilège demeure figé. Il éclate au point de départ, et il reste immobile. La réflexivité de la conscience est toujours la même ; elle est prise dans l'égalité à soi. Chez Hegel au contraire, le fondement de la science de l'expérience de la conscience se développe au fur et à mesure que cette conscience progresse, et la nature de ce progrès devient ainsi l'essentiel de ce qu'il faut comprendre.

Cette différence exige que la confrontation qu'on veut tenter s'institue de la place où la réflexivité de la conscience est thématisée, c'est-à-dire où elle est à la fois le moteur et le fondement de la description, qu'elle s'institue donc à partir de la phénoménologie hégélienne. C'est de cette place qu'on peut espérer apercevoir la signification et la portée de la phénoménologie husserlienne et poser de manière féconde la question fondamentale : est-ce que la science de la conscience est bien, ainsi que le prétend Husserl, la science de tout ce qui est ?

Dans le va-et-vient qui sera opéré entre les textes de Hegel et ceux de Husserl, il n'y aura pas de nostalgie, pas non plus l'affirmation, plus ou moins implicite, d'un mouvement rétrograde du vrai. Le vrai n'est ni régressif, ni progressif, ou plutôt il est les deux ensemble. Il est, comme Husserl l'a souligné, ce qui permet à l'acquis sédimenté de redevenir vivace et de féconder ce qui devient. Mais cela signifie que la vérité du point de départ n'est pas abolie au terme : la science n'est pas, si elle ne parvient pas à fermer la boucle du savoir, et à fonder de la sorte son propre commencement.

I

L'absence, chez Hegel, d'une « conscience sensible », la première figure de la conscience proprement dite étant la conscience percevante, s'exprime par la situation liminaire et fondamentale de la « certitude sensible ». La conscience a ainsi son origine dans une certaine attitude de confiance immédiate en ce qui est trouvé là ; le développement de la conscience sera identiquement le développement de cette confiance.

Chez Husserl également la confiance universelle en l'être, préalable à toute conscience en général, est le sol sur lequel s'accompliront les biffages et ratures de l'expérience. Cette confiance a pour corrélat objectif le monde, comme horizon universel sur lequel s'enlève toute saisie singulière. Elle est certes destinée à se rompre, à se briser, selon des fractures toujours singulières. Mais de cela elle n'est pas affectée en elle-même. La validité universelle de la mondanité demeure, cette universalité désignant sa vocation à la totalité, c'est-à-dire sa vocation à recueillir en elle le tout de l'expérience.

Pour Hegel, la certitude est toujours certitude singulière : certitude portant sur ceci, entendu comme la synthèse d'un maintenant et d'un ici. Or le maintenant et l'ici se démontrent comme des non-étants. Cela signifie qu'ils se conservent en tant que médiatisés : médiatisés par là qu'autre chose (le jour, la nuit) *ne sont pas*. Le ceci est donc un non-ceci, un universel. Et si l'universel est le vrai de la certitude sensible, celle-ci s'est démontrée comme ayant sa vérité non pas en elle, mais dans sa propre négation. Elle est inégale à la vérité qu'elle est pour elle-même.

Tout l'effort de Husserl va au contraire à égaler la certitude sensible à sa propre vérité. Celle-ci est proprement insurpassable. Si elle est, comme on vient de le rappeler, le théâtre permanent des ruptures de la certitude qui s'accomplissent en elle et sur elle, elle n'est ce théâtre que dans la mesure où elle demeure inébranlée, et où elle sert de fond à la modalisation de l'expérience. Non seulement Husserl sauve la certitude première, qui est aussi la certitude ultime ; mais il sauve l'*immédiateté* de cette certitude, qui devient la condition transcendantale de toute négation en général. Toute négation se produira en son sein ; le tout de ces négations compose une scintillation un moment déconcertante, mais finalement sereine. L'universel, au lieu de s'instaurer ici par la négation / conservation du singulier, est l'élément, au sens hégélien du mot, de la singularité. Il n'est pas ce qui dissout la singularité, mais ce *en quoi* celle-ci se maintient *comme singularité*. Telle est la fonction de l'horizon, en lequel se trouve d'avance renfermée toute déterminité, c'est-à-dire toute la vérité possible de l'expérience. Si l'on appelle *sursomption* la destruction du singulier qui fonde l'universalité de celui-ci, c'est à une interprétation traditionnelle de la *subsomption* que s'ordonne la doctrine husserlienne de l'horizon.

La suppression de l'immédiateté et de la singularité de la certitude sensible faisant de l'universel un résultat et non un préalable, la conscience proprement dite, c'est-à-dire la conscience percevante et, à sa suite, la conscience explicatrice ou entendement, doit surgir chez Hegel non pas comme si cet universel était pour elle un fond, mais bien plutôt ce à quoi elle s'égale. Il y a alors une différence radicale dans le style et dans la portée de la présentation du développement de la conscience chez Hegel et chez Husserl.

Cette présentation est figurative ou plus exactement « descriptive » chez Husserl, systématique chez Hegel, car elle y est instruite par la conscience de vérité que chaque figure prend d'elle-même. Chez Husserl, la conscience percevante est décelée, sur mode noématique, sur l'objet perçu entendu comme cet objet singulier : cet objet n'est rien d'autre que sa pure donnée, et doit être pris tel qu'il se donne. Chez Hegel, cet objet-ci appartient à une histoire de la vérité qui le transit et qui le dépasse. Cette histoire est la possibilité réelle de son apparition, car elle est ce qui fournit sa matière à la détermination de l'expérience.

Sans doute l'horizon mondain d'apparition est-il bien aussi, dans la phénoménologie husserlienne, ce qui a la charge de fournir sa matière à la détermination de l'expérience. Il la lui fournit sur le mode de l'enchaînement réglé de celle-ci, c'est-à-dire, paradoxalement, sur le mode de sa simple forme. De ce caractère formel de l'horizon, simple arrière-plan duquel l'objet singulier se détache, on a la preuve dans le fait que sa « réduction » au titre de *monde* est toujours possible. Il a beau être la totalité motivante de toute expérience, ou plutôt il a beau être proclamé tel, il a beau être le tout de la possibilité réelle, il est exposé à la possibilité pure de sa destruction, *et cette destruction laisse inchangée l'expérience de la conscience.*

Corrélativement, l'analyse husserlienne ne parvient pas à mettre en jeu la naissance de la détermination : si l'horizon d'apparition de la chose est toujours déjà typifié, la chose saisie est toujours déjà déterminée. *L'horizon d'apparition est comme tel horizon de détermination.* Les deux fonctions dont il est chargé se réunissent dans le langage, qui assure la continuité paisible de l'une à l'autre. « *Le monde qui nous est pré-donné* » écrit Husserl, « *l'est toujours comme multiforme, informé selon ses catégories régionales et typifié selon une multitude de genres, d'espèces particuliers, etc.* »[3] Et encore :

> [...] dans toute saisie du singulier se trouve déjà à l'œuvre une relation de l'objet singulier au type général – présente déjà à travers cet horizon de familiarité et de connaissance typiques dans lequel chaque étant est d'avance rencontré de façon essentielle, ensuite à travers la nécessité d'user, dans un jugement prédicatif, de noms qui, quels qu'ils soient, ont une signification générale[4].

Saisir l'origine de la détermination, telle est au contraire la tâche que se propose Hegel. Cette origine est identiquement l'origine du langage lui-même, mais entendu comme l'inversion « divine » de l'horizon d'apparition, donc comme la sursomption de la certitude sensible immédiate en sa propre vérité. Bien loin que le langage dise ce qu'est cette certitude, il transpose le simple « avis » de la visée comme mienne dans l'élément de la vérité. Dès lors le langage sape le partage descriptif du dehors et du dedans, de l'objet et de la conscience.

Dans l'intentionnalité, comme unité simple, les deux termes au contraire se maintiennent ensemble. La signification « occasionnelle »

3. Cf. *Expérience et jugement*, tr. fr., p. 44-45.
4. *Ibid.*, p. 385.

ou subjective est assurée de pouvoir toujours se traduire en une signification objective[5]. Par l'identification, sous le nom commun d'*objet*, du terme singulier de la visée immédiate et de l'idéalité de la signification, Husserl réduit la détermination à la présence ; ici, comme dans tout empirisme en général, la détermination donc n'est que sensible : elle est un va-et-vient du regard, elle n'appartient pas à une histoire de la vérité.

De ces oppositions liminaires résultent les tensions qui éclatent dans le traitement de la temporalité d'une part, dans celui de la conscience percevante de l'autre. Si le mouvement de l'indiquer signe bien la destruction de l'ici et du maintenant que la description de la certitude sensible avait seulement montrée, c'est qu'en lui se rassemblent les trois extases temporelles, et que son unité est l'unité du concept qui est là. Alors le non-vrai se trouve repoussé dans l'inexprimable et identifié à lui. L'inexprimable au contraire voit ses droits reconnus dès lors que le temps n'est plus le là du concept, mais ce qui s'oppose au concept : la conscience intime dans sa vie. Alors, au lieu que le temps et la parole, c'est-à-dire la déterminité, s'engendrent réciproquement, le temps relève d'un niveau de description si souterrain que la parole en désespère : dans le présent vivant, la vie ôte incessamment la présence. Cette suppression ne peut tenter de se dire que sur le mode simple de la répétition, dans laquelle les maintenants se conservent dans leur immédiateté : toute conscience est conscience de la phase juste écoulée, *et ainsi de suite*... Telle est la rétention : en elle règne l'identique. L'intentionnalité que Husserl appelle « *longitudinale* » renvoie alors en deçà d'elle à un point-source originaire, pour lequel les mots nécessairement nous manquent, puisque de façon principielle la présence immédiate a été prise pour le tout de la détermination.

De son côté, la chose perçue excède toujours infiniment sa détermination en acte : celle-ci étant unilatérale, la chose, comme tout de ses esquisses, est une synthèse inachevable, une Idée kantienne, qui est la règle d'une expérience et non son résultat. Ici se confirme le déni opposé par la phénoménologie à l'histoire de la vérité ; dans l'Idée, la

5. Cf. *Recherches logiques*, II, 1, tr. fr., p. 105 : « [...] *idéalement parlant, toute expression subjective, si l'on maintient identique l'intention de signification qui lui est dévolue à un moment donné, peut être remplacée par des expressions objectives* ».

vérité est posée, mais comme l'au-delà des expériences qui la visent, lesquelles ne font que se répéter dans l'identité de la forme[6].

De même donc que dans l'horizon se trouve posée l'unité de la présentation et du savoir, de même l'intentionnalité, comme unité simple de la conscience et de son objet, est le lieu de leur corrélation nécessaire. A la parole de Hegel : «*c'est le tout de la certitude sensible qui est son essence*», répond l'affirmation par Husserl de la «*nécessité inconditionnée*» du rapport intentionnel. Les deux termes en présence : la conscience et son autre, l'objet, sont élevés ensemble à l'absolu, tant il est vrai que la «*certitude sensible ne veut pas sortir d'elle-même*», comme disait Hegel[7]. Et c'est parce qu'elle se tient à ce niveau de la certitude sensible que la description husserlienne est contrainte de penser l'unité du ceci et de l'universel comme une unité immédiate ; c'est à l'inverse parce que la certitude sort d'elle-même dans la direction de sa vérité que le ceci et l'universel chez Hegel se révèlent dans leur opposition, la certitude et la vérité dans leur combat. Alors la perception, comme la vérité de la certitude immédiate, est la saisie d'une «immédiateté universelle», résultant du ceci dépassé, c'est-à-dire d'une unité de propriétés, à la fois négative et positive, qui va se déterminant, dans la double réflexion d'elle-même comme chose d'une part, comme soi d'autre part. En cette duplicité de la réflexion se trouve exprimé le conflit de la détermination et de la présence. La certitude sensible est bien «sortie d'elle-même» ; mais la conscience en tant que telle refuse de se reconnaître dans son autre. Elle s'aveugle à l'oscillation qui l'habite entre l'essentiel et l'inessentiel : si l'essentiel est l'objet, celui-ci est condamné à demeurer dans sa singularité. Mais cette singularité, se sursumant dans l'universel, s'évanouit, et alors l'essentiel devient pour la conscience le savoir de son objet : la vérité est dans l'objet en tant que mien, dans un redoublement du *meinen*, c'est-à-dire de la visée. La certitude est refoulée de l'objet au Moi.

Certes, Husserl aussi voit bien que l'indifférence réciproque du sujet et de l'objet, le «parallélisme noético-noématique», est proprement intenable : il faut que la conscience intentionnelle soit décrite comme conscience transcendantale, c'est-à-dire comme conscience

6. *Cf.* D. Souche-Dagues, *Le développement de l'intentionnalité dans la phénoménologie husserlienne*, M. Nijhoff, La Haye, 1972 ; 2e éd., Paris, Vrin, 1993, p. 47-48, p. 82-83.

7. Cf. *Phénoménologie de l'esprit*, tr. fr., I, p. 87-88.

constituante, pour que le parallélisme accède à la concrétion. Mais le Moi étant reconnu comme un universel, comment le thématiser autrement que comme conscience pure relevant d'une science eidétique ? Alors il devient, comme essence, objet à son tour.

Telle est la « sophistiquerie » de la conscience percevante, le passage déréglé du singulier à l'universel, de l'objet au savoir de l'objet, de la présence à la détermination. Dans la sophistique, le mensonge se substitue à la reconnaissance de la négation : en répétant l'immédiat, la conscience révèle qu'elle prend peur devant le risque de sa propre suppression. On pourrait penser que l'universalité du Je est chez Husserl rien moins qu'immédiate puisqu'elle exige pour se dévoiler la négation réductrice de l'être-là du donné. Mais en réalité la réduction n'est pas une négation ; elle n'est que la mise en suspens, c'est-à-dire la conservation pure et simple du présent dans son identité. Elle offre à l'immédiat le cadre à l'intérieur duquel il viendra s'inscrire : un absolu, qui est lui-même immédiat. Au sein de ce cadre, la conscience est présence absolue à soi, immanence pure, et l'objet transcendance pure, unité posée de toutes ses déterminations futures.

Cette scission qui est son œuvre, la conscience intentionnelle la situe en face d'elle dans le milieu de l'extériorité et de l'indifférence : devenu objet, l'universel immédiat se présente alors comme l'unité de l'être-pour-soi et de l'être-pour-un-autre. Son développement est alors celui d'un objet mondain, en qui la forme et le contenu sont indépendants. La forme est la répétition infinie de l'extériorité : chaque déterminité a sa totalité hors de soi, dans d'autres déterminités. Le contenu, c'est la répétition du même, le substrat, qui est l'Un positif par là que les propriétés sont les siennes. Toute négativité est reportée d'une part dans les autres Uns qui, comme également positifs, sont purement et simplement juxtaposés dans le milieu de la mondanité, d'autre part dans la conscience dite « transcendantale ». Mais de part et d'autre, la négativité reçoit le même nom : relativité.

La relativité infinie de l'objet mondain singulier aux autres, qui sont différents de lui, cherche sa résolution dans la position d'un substrat absolu qui n'aurait plus d'extérieur : ce serait le monde, totalité close, sans dehors[8]. Hegel en a fourni par avance la genèse :

> l'objet a ainsi, comme un être-là en général, la déterminité de sa totalité hors de lui, dans d'autres objets, ceux-ci de même ont la leur

8. Cf. *Expérience et jugement*, § 29, tr. fr., p. 156.

hors d'eux, et ainsi à l'infini. Le retour en soi de cette sortie hors de soi infinie doit bien être repris également, et représenté comme une totalité, comme un monde (*Welt*), mais celui-ci n'est rien d'autre que l'universalité qui a pour truchement la singularité indéterminée, l'universalité refermée en elle-même, c'est un univers (*Universum*)[9]

L'autre relativité, celle à la conscience, s'institue non pas comme l'unité *réfléchie* de la conscience et de son objet, mais comme leur unité simple, qui exprime leur indépendance réciproque. Elle n'est autre que le pouvoir qu'a la conscience de recueillir toutes les relativités et de les élever ainsi à la concrétion. Mais cette prétendue concrétion va à l'abîme : ce qui a été dit plus haut fait comprendre que cet abîme ne saurait être tenu pour un fondement, puisque c'est l'abîme de l'indicible : la science authentique de la conscience, la phénoménologie absolument concrète, ne peut s'accomplir. Aussi bien, l'échantillon qu'on en donne est-il toujours abstrait : il s'agit de l'élévation et de la retombée du flux qui est toujours la *même* vague. La science pure du fluent, qui serait la science pure de la conscience est condamnée à la stérilité dans une philosophie de l'intentionnalité, c'est-à-dire dans une philosophie de la fuite de la conscience hors de soi.

Dans une telle philosophie, la conscience peut bien aller jusqu'à. savoir « *que l'objet est retourné en soi-même à partir de la relation à un autre* »[10] : ce savoir en effet correspond précisément à la position de la totalité mondaine sous la figure du substrat absolu, le passage simple de l'objet singulier à l'universel étant assuré précisément par le mot *substrat*. Mais « *elle ne se connaît pas elle-même dans cet objet réfléchi* »[11]. Comme conscience, c'est à dire comme intentionnelle, elle fait du Vrai l'Intérieur caché des choses, mais elle objective cet Intérieur, et distingue la réflexion des choses de sa réflexion en soi.

Certes, Husserl affirme que « *les structures du monde de la vie sont* les mêmes *que celles que met à jour la science* »[12]. Mais c'est que les structures du monde de la vie sont encore structures *d'un monde*, et que par suite l'identité en question est pensée en termes objectifs. Le rapport intentionnel, en se répétant, ne peut que répéter la nécessité de

9. Cf. *Wis. der Logik*, Meiner, G.W. Bd. 12, S. 135 : ce texte a le mérite de renvoyer cet univers abstrait au « mécanisme » et, par là, de dévoiler l'arrière-plan originaire du « monde » husserlien.

10. Cf. *Phénoménologie de l'esprit*, tr. fr., I, p. 109-110.

11. *Ibid.*

12. Cf. *Husserliana*, Bd, VI, S. 142, l. 22 et *sqq*.

l'objectivation. Alors la conscience se fige, parce que son unité à l'autre, réduite à ce rapport, est immuable : elle demeure dans la forme de l'identité à soi. Tel est le lieu où se déploie la phénoménologie husserlienne. La science de l'expérience de Ia conscience s'en trouve bloquée.

Si, au contraire, se penchant sur cet Intérieur caché, la conscience s'aperçoit elle-même, alors elle se nie en tant que conscience, c'est-à-dire en tant que conscience de l'autre comme extérieur et indifférent ; elle devient *conscience de soi.* L'abolition de la conscience *stricto sensu* ne se fait pas dans l'autre immédiat, mais dans l'autre en tant que nié, devenu donc égal au Soi. Le développement de l'intentionnalité se démontre ainsi avoir un terme sur lequel il se brise : ce terme, c'est le renvoi au soi du doublement réflexif. La conscience de soi va désormais se développer sur le double thème : soi comme l'autre, l'autre comme soi. Elle va devenir raison, Esprit. L'autre ne lui sera jamais plus l'extériorité pure et indifférente : l'altérité et l'ipséité se sont réunies.

La où l'altérité persiste dans son égalité à soi, la conscience demeure « conscience *de* quelque chose », conscience d'un *quid* étranger dont elle est séparée par un abîme de sens, ainsi que le requiert la distribution préalable de l'être dans l'*eidos*. On doit s'attendre alors que la reconnaissance de l'autre, comme l'autre Je, soit toujours problématique, bien plus : qu'elle ne puisse s'opérer que latéralement. La diversité même des lieux où l'intersubjectivité est reconnue chez Husserl, en témoigne. D'une part l'objectivité du monde désigne la pluralité, donc l'indifférence réciproque des consciences. D'autre part il y a la saisie nue de la différence conscientielle, c'est-à-dire une intentionnalité déterminée. Des deux parts le primat de l'objectivation est le même, et seul le traditionnel recours à la pensée analogique tente de résoudre l'impuissance spéculative devant laquelle on se trouve : il faudrait saisir l'autre dans sa proximité, c'est-à-dire dans son égalité au moi, et il faudrait le saisir en même temps dans sa différence par rapport au moi. Or l'analogie est un au-delà de la différence qui n'est pas sa négation : elle est la différence s'amenuisant infiniment, et par suite elle relève d'une pensée vague qui est la pensée selon le mauvais infini. La même difficulté peut être présentée autrement. Dans une pensée où la perception est par essence perception de la chose spatiale, la perception d'autrui est destinée à être contradictoire, car il s'agit en elle de la perception d'une chose qui n'est pas chose, et de la perception d'un autre qui s'identifie au sujet percevant lui-même. La prétention de maintenir ensemble les deux caractéristiques opposées de l'intentionnalité, même en faisant passer le *Körper* au *Leib*, le corps physique au corps organique, c'est-à-dire en exténuant au maximum son extériorité spatiale, ne peut aboutir à une interprétation unifiée de l'altérité. Les prestiges de la continuité ne peuvent pas abolir la différence, car la différence ne se supprime que dans l'égalité à soi qu'elle devient par réflexion.

Si le lien intentionnel est le modèle de toute relation doxique, le soi de la conscience de soi est aussi pour la conscience un autre, extérieur et indépendant : elle a par suite à reconnaître son passé comme passé qui lui appartient, ce passé qui est l'altérité au cœur même du soi. Les deux tâches : reconnaissance de mon passé comme mien, et reconnaissance de l'Autre comme un autre Je, renvoient l'une à l'autre et s'énoncent dans *les mêmes* termes [13].

Que Husserl veuille faire de l'intentionnalité un absolu, on a le témoignage dans des affirmations comme celle-ci : « La conscience individuelle est entrelacée avec le monde naturel d'une double manière : elle est la conscience *d'*un homme ou *d'*un animal, et elle est conscience de ce monde ». [14] Ainsi que le note M. Ricœur, la perception est présentée comme la « clé » de l'incarnation ; en absolutisant l'objectivation, la pensée s'engage dans la métaphore. On le voit dans les derniers écrits où, jetant les bases de cette monadologie dont il avait esquissé le programme au terme de *Philosophie première*, Husserl rend compte encore de la venue de la conscience dans l'extériorité en termes d'objectivation [15]. Mais le texte, non publié, de *Ideen II* condamnait par avance une telle entreprise : au moment même où Husserl pensait combler la différence ontologique principielle entre la conscience et son monde, il avait achoppé [16] à un cercle vicieux, en d'autres mots à l'impossibilité de leur unification. Ainsi l'intentionnalité se révèle incapable de se réfléchir ; elle est une essence de la conscience que la conscience ne saurait être pour soi.

13. Cf. *Husserliana*, Bd. VI, S. 189 ; Bd. VIII, S. 175-176 : « *So wie Vergangenes* als *Vergangenes ursprünglich nur gegeben sein kann durch Erinnerung,* [...] *so kann* Fremdes als Fremdes *ursprünglich nur gegeben sein durch Einfühlung* ».

14. Cf. *Idées...*, I, tr. fr., p. 125 (et note).

15. Cf. *Philosophie première*, 54ᵉ Leçon ; *Idées*, I, § 53 ; K 1116, S. 393.

16. Cf. *Husserliana*, Bd. IV, S. 210, 1.2.

Ici se trouve la limite de la phénoménologie husserlienne. La conscience veut être l'origine du tout de l'étant, son *telos* explicitement reconnu étant l'illimitation de la raison objective : elle veut, comme conscience de soi, gouverner la saisie de l'altérité subjective, et, comme âme, elle se présente comme l'essence de toute effectivité. Si ces prétentions ne peuvent être remplies, si l'objectivité manifeste sa radicale incapacité à s'égaler au tout, c'est que l'intentionnalité doit se nier, et non pas seulement s'étendre. Alors la conscience cesse de valoir pour l'Esprit lui-même, et les figures qui la supplantent, en premier lieu la conscience de soi, ne se juxtaposent pas à elle, mais en résultent.

II

On peut se demander cependant si l'impuissance de la conscience intentionnelle à fonder l'être en totalité peut être démontrée dans une phénoménologie, entendue comme science de l'expérience de la conscience. Car c'est alors en direction d'elle-même que la conscience se supprime. Cette situation sans doute garantit que c'est bien la conscience qui *se* supprime, mais cela veut dire en même temps qu'elle se supprime en demeurant elle-même, continuant à s'exposer, comme Raison et comme Esprit, au titre de la « conscience en général ». Peut-on dire alors que l'intentionnalité a été effectivement sursumée ?

Une telle question invite à reprendre pour ainsi dire en sens inverse la démonstration antérieure : au lieu de suivre le droit fil du développement de la conscience, il faut ressaisir, sur ce développement lui-même, la destination entière de la pensée spéculative : sa prétention, interne et externe à la fois, à la totalisation. Or cette pensée ne s'expose pas en son entier comme *phénoménologie*. Que le livre : *La Phénoménologie de l'esprit* doive être considéré comme une Introduction au Système ou comme l'exposé du Système sous la figure de la conscience n'est pas ce qui vient en discussion ici. Ce qui importe est seulement ce fait que l'exposé phénoménologique est assorti, chez Hegel, d'une Logique. Telle n'est pas la situation chez Husserl, où « *la théorie de la raison logique… est possible radicalement en tant qu'elle est phénoménologie de cette raison, dans le cadre de la phénomé-*

nologie transcendantale entière»[17]. La phénoménologie, avec son thème unique: l'intentionnalité, est bien ici la «science dernière».

Si la Logique hégélienne est l'exposé par soi du Concept, c'est que celui-ci a été «déduit» dans la *Phénoménologie de l'esprit*[18]. Cela signifie qu'il a été produit par la conscience, dont «*les figures se résolvent en lui comme dans la vérité*»[19]. Dire que les figures de la conscience «*se résolvent*» dans le Concept, c'est dire qu'elles disparaissent en lui, en d'autres termes que leur vérité est leur disparition dans la Logique. Or ces figures sont celles du rapport de la conscience à l'objet en général (*Objekt*). La Logique dite «objective» n'est donc pas plus une science des choses que la Logique «subjective» n'est une science du sujet; il ne faut pas dire non plus, comme fait Th. Litt[20], que la première adopte pour fil directeur les sciences de la nature, et la seconde celui des sciences de l'esprit. – Il s'agit en réalité dans les deux parties du cercle de la connaissance, comme Concept absolu, en lequel l'unité de la forme et du contenu se reproduit constamment elle-même, de sorte qu'au sein de la Logique «subjective», l'objectivité ressurgit comme l'opposé de la subjectivité. Mais justement leur relation n'est plus alors la relation simple et extérieure de l'intentionnalité: l'«objet» est le contenu du Savoir, dont la 1ère Section a exposé la forme, à travers une théorie du concept, du jugement et du syllogisme. Leur unité, c'est l'Idée du connaître. A la science du Concept en tant qu'être s'est substituée la science du Concept en tant que Concept, et c'est toujours par son doublement interne que celui-ci revient, comme résultat, à son point de départ. Il y a donc bien eu une véritable résolution de la présentation phénoménologique, c'est-à-dire de la présentation du Savoir selon les figures de la conscience: c'est de façon seulement provisoire que la conscience gouverne l'exposé de la Science.

Cette situation va être envisagée successivement du point de vue du connaître lui-même, et du point de vue de son contenu.

En ce qui concerne la forme du connaître, la phénoménologie husserlienne se trouve engagée tout entière dans la conscience représentative. Partout s'exprime en elle la confiance dans l'absolu de la représentation: non seulement par la condamnation de toute pensée

17. Cf. *Logique formelle et logique transcendantale*, § 101.
18. Cf. *Wis. der Logik*, éd. Meiner, G.W. Bd. 21, S. 33.
19. *Ibid*, S. 32 (*se résolvent* traduit: *sich auflösen*).
20. *Op. cit.*, p. 308-309.

« mystique », mais par l'affirmation constante que toute pensée comme telle (pratique, axiologique, etc.) repose sur et renvoie à une pensée du monde. La structure téléologique qui est assignée par la phénoménologie à l'activité de la conscience fait que les différents niveaux, couches ou degrés qu'on y reconnaît sont toujours pris d'avance, pour ainsi parler, dans le processus de l'objectivation, de sorte que, quelle que soit la dénomination qui leur revient (passivité, réceptivité, etc.), quelle que soit l'esquisse de leur fonctionnement qui est proposée (ainsi de la fameuse « synthèse passive »), de toute manière celui-ci ne fait qu'anticiper le fonctionnement de l'intentionnalité en acte. *Les mêmes structures se présentent ici et là.* Le champ de pré-donation passive est le champ d'une temporalité sourde dont tout l'œuvre s'épuise dans l'aménagement de la frontalité de la présence. Les modes de la temporalisation ne sont ce qu'ils sont qu'en tant qu'ils ouvrent à la possibilité d'une objectivation. C'est leur resserrement, donc leur pure répétition, qui, en focalisant la présence, permet corrélativement la présentation objective.

De ce primat reconnu de la représentation chez Husserl, il résulte que la condamnation de celui-ci par Heidegger prend la figure d'un parricide, dépourvu d'ailleurs des instruments qui lui permettraient de s'accomplir effectivement. Heidegger estime en effet que c'est le saut hors du langage de la spéculation, et le saut hors de l'histoire effective, qui peut libérer le penser.

Tout autre était la protestation hégélienne contre la représentation. Elle procédait d'une différenciation des langages à travers lesquels vit l'Esprit : art, religion, philosophie, et de la différenciation corrélative : intuition, représentation, pensée. Dès lors que la représentation est reconnue en son lieu propre, il devient illusoire de prétendre la supprimer par l'effet d'un simple déplacement du discours. S'il y a un dépassement de la représentation, c'est la représentation elle-même qui l'opère. Les déterminations figées et isolées qui lui appartiennent se réfléchissent, et leur relation simple devient, comme relation doublée, l'énoncé d'une déterminité nouvelle. C'est ainsi que l'entendement se voit conduit à la reconnaissance de Soi dans l'autre, et de l'autre comme Soi : il *se* réfléchit. Le penseur ne fait rien d'autre que recueillir les langages de l'intuition et de la représentation, et montre dans leur résultat : la pensée précisément, leur propre fondement.

Certes, Hegel et Husserl se rencontrent dans l'assignation à la conscience d'un intérêt orienté vers le connaître. Mais, en faisant refluer cet intérêt jusque dans la certitude sensible, Husserl le décrit comme le même dans la totalité de son développement, et manque son origine réelle. Surtout, si la connaissance est la vérité d'une certitude, cela signifie que la visée de l'objet n'est pas la forme ultime du connaître. Celui-ci est la reprise en soi de la certitude dont il résulte : il est, en d'autres termes, cette certitude comme retournée à soi, à travers sa propre suppression. Le passage de la conscience, comme représentation ou comme entendement, à la conscience de soi, est le passage à la vérité de la conscience elle-même. Il faut aller jusqu'à dire que la présentation de l'intentionnalité n'a de sens que si elle fait apparaître la néantisation de l'intentionnalité, à laquelle justement se refuse la phénoménologie husserlienne.

Ce propos peut être aperçu sur la figure symbolique par laquelle on peut, en première approximation, opposer les deux philosophies : celle de la transcendance intentionnelle est linéaire ; c'est l'image de la fuite hors de soi. Celle de la connaissance entendue comme réflexion est circulaire ; c'est l'image du retour à soi.

De la ligne au cercle on a affaire à un traitement du temps qui diffère radicalement. Si la pensée s'identifie à la représentation, elle est astreinte à la double connexion de la juxtaposition et de la succession. Alors le dehors et le dedans ne sont opposés qu'en apparence, et renvoient incessamment l'un à l'autre, sans que jamais on puisse atteindre à leur unité réelle : tantôt l'un, tantôt l'autre est privilégié dans l'analyse transcendantale de l'objectivité. En fait, depuis Kant, c'est le temps qui est privilégié, c'est lui qui, comme forme universelle de toute intuition possible, est le fondement de l'être comme représenté. La linéarité est ainsi doublement l'emblème de la pensée représentative.

Le cercle hégélien du connaître a le mérite de récuser cet emblème. Si en effet le temps est le concept seulement intuitionné, du pur concept le temps est éliminé. « *La hiérarchie qui place le concept au-dessus de l'existence* » peut bien, selon Th. Litt, « *choquer fortement le bon sens usuel* » ; elle choque en réalité la pensée représentative, dont la philosophie grecque, Platon compris, a aidé Hegel à opérer le dépassement. C'est en ce sens qu'on a pu dire de Hegel qu'il est « *le Héraclite de la subjectivité* »[21], le penseur pour qui la subjectivité est à elle-même son propre monde. Pour lui, le singulier est investi de la

21. D. Saintillan, in *Hegel et la pensée grecque*, P.U.F., Paris, p. 83.

capacité de s'identifier au Tout dont il assure la médiation. Dès lors «*la totalisation défait la totalité*»; «*l'appropriation réflexive de l'origine établit celle-ci comme le mouvement même de se-différer*»[22]. L'histoire dont la philosophie se trouve chargée est l'histoire que la totalité produit en elle, «*réintégrant chaque fois* [...] *les différences que son mouvement suscite*». C'est l'histoire interne de la pensée.

La fracture sur laquelle il faut situer la spécificité du langage hégélien se trouve bien au passage de la conscience à la conscience de soi. Avec la conscience, ce qui meurt, c'est la visée intentionnelle de l'objet et la physique du «bon sens usuel» qu'elle engendre. La conscience de soi ne doit plus être entendue comme une visée représentative, ni son «objet» comme un transcendant, c'est-à-dire extérieur et étranger. Elle est une re-connaissance; répétons qu'en elle le Soi est su comme l'Autre, l'Autre comme Soi. Ainsi le *de* de la conscience de soi n'a pas le même statut que le *de* qui assigne à la perception d'être perception *d'*un objet, ni que le *de* qui assigne à l'entendement d'être le savoir *de* l'universel immédiat qui est le sien. Ici le savoir est retourné à son origine enfin sue. Même s'il persiste à s'exposer dans le champ de l'universalité déterminée, autrement dit dans le registre de la simple conscience, le premier retour à soi a déjà été effectué, la différence du Soi et de l'Autre déjà sursumée. C'est en tant que telle qu'elle le sera à nouveau. Car les différences sont ce qui s'est toujours déjà sursumé. Le sursumer (l'acte de sursumer), le se-sursumant, le à-sursumer ne sont, dans leur identité devenue, que la confirmation de la circularité du connaître: cette identité marque et présente le dépérissement du temps dans la pensée.

Si la totalisation hégélienne, en tant qu'elle n'est pas la relation calme de la sommation, ne totalise que selon la différence, elle introduit toujours un écart au sein de la totalité, et cela rend assurément insuffisante l'image du cercle que Hegel utilisait avec une certaine complaisance dans les écrits de Iéna, et qu'il a remplacée ensuite par l'allusion beaucoup plus complexe, et proprement non figurable, au «cercle de cercles» Aussi bien la non-représentation ne saurait-elle élire une image pour s'exposer. La pensée s'accomplit bien plutôt comme recueil et sursomption de la présence.

22. *Ibid.*, p. 82.

III

Ce qui est en jeu dans l'opposition entre Husserl et Hegel, c'est ainsi, à travers l'opposition de la conscience et de la conscience de soi, ou du temps comme présentation de l'objet et du non-temps de la réflexion, ou encore de la représentation et de la pensée comme concept, l'opposition du fini et de ce qui le nie : l'in-fini. Il faut que le fini meure, il faut que le mode sous lequel s'accomplit la conscience représentative soit nié pour que leur vérité puisse vivre : l'infini véritable est la vérité de cette mort et de cette négation. Si la conscience comme intentionnelle, c'est-à-dire comme visée d'un autre en lequel elle ne se reconnaît pas, est la finitude, cette finitude doit s'anéantir dans la conscience de soi en parvenant d'abord à l'égalité simple, qui exclut toute différence, et accédant ensuite, à partir de cette infinité simple, à l'infinité absolue dans laquelle il y a des différences, et dont la première présentation est l'infinité inquiète du processus du genre.

On comprend que l'histoire de la finitude soit entièrement absente d'une philosophie de l'intentionnalité. Car en celle-ci, l'identité de la pensée et de la représentation fait que la finitude se trouve *immédiatement* élevée à l'absolu. C'est ce qui fonde le refus que Husserl a toujours opposé à ce qu'il appelait « l'anthropologie », dont le psychologisme est une des formes, et le refus qu'il a opposé ultérieurement à l'analytique de la finitude qu'il découvrait dans les écrits de Heidegger. Tout son effort allait à affirmer l'identité de l'être et du connaissable, non pas comme résultat des médiations du connaître lui-même, mais au contraire en tendant à l'extrême le rapport intentionnel et en le prenant pour la proposition initiale et indépassable de la science. Que ce qui est soit connaissable (*was ist, ist erkennbar*), que la raison objective soit comme telle illimitée : toutes ces formules ne sont que la répétition tautologique de l'intentionnalité dans la perspective du monde « réduit » de l'idéalisme subjectif, où chaque chose ne vaut que dans la limite de sa donnée, c'est-à-dire dans la mesure où elle est prise comme unité négative, comme l'Un exclusif de la saisie immédiate. La conséquence du privilège ainsi accordé à l'immédiat de la donation est cette absolutisation du fini, en laquelle Fichte voyait une monstruosité spéculative[23] dont il avait d'ailleurs parfaitement décelé l'origine, écrivant: «*La liaison de l'infini et de l'objectif est une contradiction*»[24]. Le discours philosophique qui efface la négativité et reprend ses résultats dans l'identité simple de l'égal-à-soi parvient-il effectivement à se garder, comme il le prétend, de l'empirisme et du positivisme ?

La phénoménologie husserlienne ne peut en tout cas s'identifier comme telle au tout de la philosophie. Le dépérissement de l'intentionnalité signifie justement le dépérissement de la liaison de l'infini et de l'objectif, c'est-à-dire de la transposition du perçu dans l'Idée. Si la science de l'expérience de la conscience accède à sa propre sursomption dans l'unité du savoir et de l'expérience, le déploiement de cette unité ne se fait pas dans une phénoménologie, mais dans une logique. Certes, Husserl tendait vers une telle science, mais la logique chosale de la subsomption oppose chez lui un obstacle permanent à la percée vers le Concept; car, comme «physique de l'objet quelconque», cette logique s'installe dans la différence noético-noématique, qu'elle absolutise.

Chez Hegel, la science de l'expérience de la conscience ouvre à une Logique qui n'est plus la logique formelle de l'entendement abstrait, et qui par conséquent échappe à l'interdit qui lui est lancé par Heidegger à la fin du livre sur Kant lorsque, constatant ou croyant constater chez Kant une suprématie croissante de l'entendement, il place l'identification hégélienne de la métaphysique et de la logique dans l'héritage de cette suprématie[25]. Ici l'unité de la forme et du contenu a été présentée par une thématisation de l'infini qui substitue le rapport, comme retour à soi, à la relation simple des opposés, et l'unité du Soi et de l'Autre à leur jeu de miroir, c'est-à-dire tout à la fois à leur exclusion ontologique et à leur parallélisme descriptif. Ce n'est pas de la finitude, c'est-à-dire de la conscience, que la Logique hégélienne est projetée, mais de la vérité devenue en soi et pour soi. En cette Logique, ce n'est pas l'intentionnalité qui se développe: il s'agit en elle, non plus de l'unité simple de la conscience et de son objet, mais de l'unité posée de l'être et du néant.

23. Cf. *Grundlage der gesamten Wissenschaftslehre*, 1794, Meiner Ph. Bibl., S. 105.

24. *Ibid.*, S. 187 : «*die Zusammensetzung* unendlich und objektiv *ist selbst ein Widerspruch. Was auf ein Objekt geht, ist endlich ; und was endlich ist, geht auf ein Objekt* [...]».

25. Cf. *Kant et le problème de la métaphysique*, tr. fr., p. 299.

LES ÉCRITS DE IÉNA

NOTE SUR LA FORMATION DE LA DIALECTIQUE HÉGÉLIENNE DANS « SYSTÈME DE LA VIE ÉTHIQUE »*

Le récent travail de traduction et de présentation effectué par J. Taminiaux pour le *Système de la vie éthique* [1] témoigne entre autres de l'intérêt qui est porté actuellement aux textes de la période de Iéna. Cet intérêt n'est plus le même que celui des Hégéliens de la génération précédente pour les mêmes œuvres.

Désormais les textes de Hegel sont abondamment traduits en français, de sorte que l'attention accordée à tel ou tel d'entre eux ne prend plus un caractère singulier, mais exige un va-et-vient entre tous les écrits qui sont disponibles, et en même temps, une égale considération de leur forme et de leur contenu. Or, le privilège accordé, notamment par les philosophes français, aux œuvres qui ont précédé la *Phénoménologie de l'Esprit* a été parfois inspiré par le désir obscur de faire prévaloir le contenu sur la forme : tandis que les travaux du début du siècle portaient plus volontiers sur la *Grande Logique* et sur *l'Encyclopédie,* ils se sont attachés à des textes au contenu foisonnant : historique, anthropologique, mythique… dont le déchiffrement, si délicat qu'il fût, semblait promettre de renouer plus directement avec la vie même de la pensée hégélienne.

Le lecteur contemporain, quant à lui, se donne pour première tâche de faire apparaître l'unité de cette pensée : unité de la problé-

* Texte paru dans la *Revue de Métaphysique et de Morale*, 2, 1978 Armand Colin, pp. 244-257.

1. G.W.F. Hegel, *Système de la vie éthique* (présentation de Jacques Taminiaux) *in* collection *Critique de la Politique,* Paris Payot, 1976. Le texte allemand qui nous servira de référence dans ce qui suit sera *System der Sittlichkeit,* Ph. Bibliothek, F. Meiner Verlag, 1967.

matique, et unité de la thématique. Les textes de Iéna imposent cette approche de façon tout à fait pressante, et cela pour deux sortes de raisons. – Durant son séjour à Iéna, Hegel a enseigné sur les matières les plus diverses ; ces enseignements ont été l'occasion de publications, ou de projets de publications, concernant le droit naturel, la vie éthique, la philosophie de l'esprit, la philosophie de la nature, mais aussi la logique et la métaphysique. Ces recherches s'inséraient pour lui dans le cadre d'un système complet de philosophie, dont la *Logique* et la *Métaphysique* puis la *Phénoménologie de l'Esprit,* devaient être le point de départ. La *Phénoménologie de l'Esprit* s'inscrit de la sorte au sein de ce grand projet systématique, où les préoccupations formelles ne sont pas séparées des recherches proprement historiques ou eidétiques concernant la morale, l'épistémologie, la science de l'esprit.

D'autre part, la période de Iéna est celle de la rupture avec Schelling. Cette rupture, consommée dans la *Phénoménologie de l'Esprit,* s'amorce dans les œuvres antérieures. En elle, la pensée hégélienne se constitue véritablement, par l'élaboration de ses instruments et de sa méthode.

Dans le texte intitulé *Système de la vie éthique,* datant vraisemblablement des premières années du séjour à Iéna, cette situation de crise n'est pas immédiatement apparente : on y voit cohabiter des concepts chargés d'une longue histoire, comme celui de subsomption, qui appartient à une pensée de la classification et de l'ordre, et d'autres, parmi eux principalement celui de *Aufhebung,* qui, pour n'être pas radicalement neuf (Fichte et Schelling en avaient fait souvent usage), relève d'une pensée plus « moderne », qui est une pensée de l'opposition et du conflit. Les catégories de la problématique (idéel/réel — subjectif/objectif...) sont ainsi engagées dans un horizon qui est lui-même problématique. Son remaniement, tel qu'il s'annonce ici, met en œuvre des moyens variés, en particulier ceux qui sont fournis à Hegel par l'attention privilégiée qu'il porte alors à la pensée mathématique. Ainsi s'ébauche, dans le *Système de la vie éthique,* un traitement nouveau des concepts, et du discours philosophique en général : on peut dire que la dialectique y est présente *in statu nascendi,* ou encore qu'elle y est présente à titre opératoire, bien qu'elle soit absente de la thématique explicite.

C'est justement cette origine enfouie qu'on va tenter de faire apparaître ici en examinant le début du *Système...* intitulé « A. Première

Puissance, Puissance de la Nature, Subsomption du concept sous l'intuition »[2].

Cet intitulé, pas plus d'ailleurs que celui de l'œuvre entière, n'est de la main de Hegel. Il a été proposé par G. Lasson, et il se justifie par le fait que Hegel a donné pour titre à ce qui suit : « B. Deuxième Puissance, Puissance de l'infinité, idéalité, dans le formel ou dans le rapport »[3].

La vie éthique « dans le rapport » ou « selon le rapport » *(im Verhältnis* ou : *nach dem Verhältnis)* est étudiée dans la Section I de l'œuvre : elle s'oppose à la vie éthique « absolue », étudiée dans la Section III. Le « rapport » dont il est question est celui de l'intuition et du concept : il est de subsomption. Celle-ci désigne ordinairement un classement des concepts selon leur extension : l'universel subsume le particulier, celui-ci le singulier. Comme tel, cet ordre est irréversible.

Dans les premiers paragraphes du *Système de la vie éthique,* Hegel, fidèle à Schelling, identifie l'intuition au subsumant suprême, c'est-à-dire à l'universel[4]. L'idée de l'éthicité absolue est l'« adéquation parfaite » de l'intuition et du concept, c'est-à-dire leur *identité.* Mais cet être-adéquat n'est pas un être-égal : l'être-égal est en effet, pour les opposés, leur être maintenus en extériorité réciproque, c'est-à-dire leur être-posés selon le différer : l'un sous la forme de l'universalité (l'intuition), l'autre sous la forme de la particularité (le concept). Le rapport est justement ce maintien des deux termes dans la forme de la différence, la fixation de leur « égalité » dans l'opposition du particulier à l'universel. Ainsi il est suggéré que l'être-adéquat de l'intuition et du concept passera par la dissolution du rapport, autrement dit par l'arrachement de la forme. La Section II du Système est le lieu de cette dissolution[5] : dans l'universalité *absolue,* toutes les déterminités sont reprises *(aufgenommen)* : leur *Aufhebung* est désormais absolue. La vie éthique absolue est ainsi préparée par la néantisation de l'opposition, c'est-à-dire du rapport : la Section II montre l'opposition s'opposant à l'opposition. Dès lors tout ce qui précède, c'est-à-dire l'examen de la vie éthique prise selon sa relativité, est présenté comme

2. Tr. fr. p. 112-128 ; texte p. 9-24.
3. Tr. fr. p. 112-128 ; texte p. 24.
4. Tr. fr. p. 109, l. 14 ; texte p. 7, l 15.
5. Tr. fr. p. 144 ; texte p. 38, l. 25-26 : jusqu'ici, dit Hegel, la forme était le subsumant.

le mouvement du réel en tant qu'il con-siste ou sub-siste à l'intérieur d'une forme qui est à son égard superficielle et extérieure.

Le milieu dans lequel se déploie la première puissance de la vie éthique est donc celui de la forme. Pour autant, il n'est pas inerte. Il est lui-même travaillé par la reprise incessante des déterminités en présence, par leur *Aufhebung* réciproque : même si cette situation n'est celle que d'une réunification imparfaite [6], d'une simple égalisation, elle est cependant mouvement, échange réciproque des opposés. Comment donc un rapport peut-il engendrer un mouvement ? Ou plutôt : comment le rapport peut-il se mettre en mouvement ? Cette question oblige à définir les opérations que le rapport comme tel rend possibles. Il y en a essentiellement deux : le renversement et le doublement. Le renversement consiste en ce que, à l'intuition subsumant le concept, se substitue le concept subsumant l'intuition. Cette opération n'aurait aucun sens si l'on s'en tenait à l'interprétation extensiviste (universel/particulier) des termes en présence. Que cette interprétation doive être ici laissée de côté, on en a la preuve dans le fait que par leur « être-égal », Hegel a en vue leur capacité de prendre, au sein du rapport qui les oppose, la place l'un de l'autre, restant ainsi strictement extérieurs l'un à l'autre. A l'époque, approximativement, où il rédigeait le *Système...,* Hegel dénonçait dans *Glauben und Wissen* l'être-égal de l'intuition et du concept comme la caractéristique de la philosophie de l'entendement. Tant qu'intuition et concept persistent dans le différer, leur égalité se préserve. Car, en chacun des deux rapports qui les opposent, et dans la mesure même où il est *un* rapport, l'absolue identité de ses membres ne saurait être posée.

La nécessité d'un *doublement* du rapport est dès lors inscrite dans cette insuffisance. Le rapport se double si on pose ensemble, comme leur totalisation, a/b et b/a dans un rapport nouveau qui est l'unité de l'unité et de l'opposition de a et de b. Les mathématiciens du XVIIIe siècle, et Rousseau à leur suite, entendaient par *rapport doublé* le rapport $\frac{ac}{bd}$ obtenu à partir de la multiplication de deux rapports égaux $\frac{a}{b} = \frac{c}{d}$. Hegel, quant à lui, pense bien l'unification de a/b et de b/a qui peuvent chacun être une subsomption, à la façon d'un « produit » ; le produit est en effet d'une part le résultat d'une opération dont les

6. Tr. fr. p. 110 dernière ligne ; texte p. 8, l. 22.

facteurs sont toujours susceptibles d'échanger leurs places, il est d'autre part l'expression nouvelle et *une* de deux quanta jusque-là distincts. Ici le doublement s'accomplit, non pas sur des quanta entendus comme nombres, mais sur des rapports (singulier/universel) qui, par leur passage incessant à l'opposé, vont permettre que se substitue à l'interprétation initiale, selon l'extension, de la relation de leurs membres une relation d'un autre ordre : *l'Aufhebung*.

Si donc le renversement n'est autre que la répétition du rapport en miroir, c'est-à-dire sa répétition dans la figure de l'opposition, le doublement, quant à lui, signe l'opposition à l'opposition, et en appelle à l'unification absolue ou totalisation des rapports inverses. Celle-ci, pour se produire en vérité, exige bien entendu l'anéantissement du rapport lui-même, ce que, dès ici, Hegel appelle le passage à *l'essence*[7] ; tant qu'elle se produit dans le cadre du rapport, c'est-à-dire tant qu'elle est imparfaite, elle préfigure et prépare l'unification authentique.

La réduction à deux (universel-particulier) des termes du rapport est ainsi exigée par la structure même de la thématique, qui est une structure binaire. En cela, Hegel marque encore son allégeance à Schelling, pour qui les oppositions prennent volontiers la figure d'une polarisation. L'usage qu'il fait du concept de *puissance* appartient à la même structure : la puissance fixe sans doute une certaine position du rapport, mais, comme elle fait allusion à une dynamique, une puissance déterminée en appelle toujours à une puissance supérieure. Hegel interprète celle-ci comme puissance opposée, présente dans le renversement du rapport, la totalisation des deux puissances étant précisément le doublement de celui-ci. On sait que dans la *Grande Logique*[8], Hegel récusera définitivement l'usage du vocabulaire de la puissance pour définir les différences qui sont celles du concept dans ses déterminations : respectivement : immédiateté ; être-autre en général ; retour à soi ou totalité. Il dira alors que la puissance est une catégorie qui appartient par essence au quantum, et non pas au concept comme tel. Si, au début de son séjour à Iéna, Hegel utilise ce vocabulaire, c'est que, à la suite de Schelling, il éprouve encore le besoin de penser les déterminations conceptuelles, et leur mouvement, dans une thématique qui est celle, jugée ultérieurement bâtarde, du quantum entendu comme rapport. Même, il faut aller jusqu'à dire que, durant son séjour à Iéna,

7. *Cf.* début de la Section II, tr. fr. p. 146, l. 26-31 ; texte p. 40, l. 31.

8. Cf. *Wissenschaft der Logik*, F. Meiner Verlag, G.W. Bd. 21, S. 320-322.

Hegel a développé ce qu'il appellera plus tard une philosophie du Concept dans la perspective précisément d'une pensée du « rapport » *(Verhältnis)* et *à partir* de celle-ci. A ce niveau, la langue du calcul fournit une charpente opératoire, de laquelle le mouvement du Concept (il faut dire ici : le mouvement *de l'Idée)* se dégagera peu à peu. La *Logique* écrite à Iéna aux alentours de 1804-1805 [9] est, de cette évolution, à la fois le témoignage et l'aboutissement.

Dans le *Système...*, trois langages sont donc en concurrence : celui du concept, entendu comme concept abstrait, celui, quasi-mathématique, du rapport, et celui de l'Idée. Le premier seul est le support légitime de la subsomption. Mais comme le concept est toujours déjà entendu « selon le rapport », c'est-à-dire selon sa relation à l'universel véritable, la subsomption elle-même est traitée comme un rapport, et par là constamment exposée à perdre sa signification immédiate. Une ambiguïté pèse ainsi sur certains textes, ambiguïté qui a pour corrélat la virtuosité avec laquelle Hegel manipule les termes du rapport, et le rapport lui-même. La définition de la *Nature* est ici exemplaire.

Hegel en donne en fait deux définitions, littéralement incompatibles [10]. La Nature est posée d'une part comme n'étant « rien d'autre que la subsomption de l'intuition sous le concept » ; d'autre part, « l'être-subsumé du concept sous l'intuition » est dit « la Nature proprement dite ». Si la Nature est la subsomption de l'intuition sous le concept, alors le concept en elle est dominant ; si elle est la subsomption inverse, c'est l'intuition qui devient dominante. Entre la subsomption et le rapport (celle-là interdisant, celui-ci autorisant le renversement de ses termes), il semble que la pensée doive choisir inéluctablement.

Pour qu'une telle contradiction puisse cependant être pensée, il faut qu'on se souvienne d'abord que l'éthicité relative est caractérisée dans son ensemble, au début de la Section II, comme ayant son principe dans la singularité [11]. Cela indique qu'en elle le concept ne s'élève pas à l'universel, et que son opposition à l'intuition fait que les droits de celle-ci ne se font pas reconnaître, que l'ébauche, dans l'intuition précisément, d'une unification véritable du singulier et de l'universel est

9. Ce sont les dates auxquelles conduisent actuellement les recherches concernant ce texte : *cf.* Hegel, *Gesammelte Werke,* Bd. 7, p. 362, F. Meiner Verlag, et H. Kimmerle, « Zur Chronologie von Hegels Jenaer Schriften » in *Hegel-Studien,* Bd. 4, 1967.

10. Tr. fr. p. 110, l. 10 et p. 112, l. 10 ; texte p. 8, l. 3 et p. 9, l. 29-30.

11. Tr. fr, p. 144, l. 2 ; texte p. 38, l. 17.

sans cesse entravée. Dans la première Puissance où domine le singulier, l'universel est « enfoui » au titre d'un intérieur caché. La seconde puissance est bien caractérisée par la domination du concept, mais cela signifie seulement que le concept est présent en elle au titre d'un concept formel, ou encore d'un rapport *immédiat* du singulier à l'universel – rapport sur lequel l'universel ne se dégage pas, et qui par conséquent reste confiné dans le règne de l'égalité, autrement dit de l'opposition [12].

Dans les deux cas, la Nature est comprise comme un certain rapport de l'intuition et du concept dans lequel l'intuition est, en tant que l'universel : le caché, le non-présent, l'intérieur ; et le singulier : le visible, ce qui ressort. Par là même, on voit que le singulier n'est pas autonome : il est sans cesse orienté vers cette universalité à laquelle il s'ordonne, et qui l'anime secrètement à la façon d'une pulsion *(Trieb)*. Cette situation est particulièrement manifeste dans la première Puissance précisément, où le singulier joue le rôle de *sujet* ; mais le sujet en tant qu'intuition enfoncée dans le singulier est *sentiment*. L'intuition comme vie, ici vie d'un peuple, n'est présente que sous sa figure singulière, et tronquée. Certes le sujet singulier est ce vivant qui a son universalité au sein de la Nature, mais il ne la sait pas comme telle. Dès lors, lorsque la deuxième puissance est présentée comme subsomption de l'intuition sous le concept, *subsomption* a dans cette formule un sens local : il s'agit proprement de ce qui est *dessous*. L'intuition est le dedans ; le concept est ce qui émerge, le superficiel. On peut dire encore, si l'on veut utiliser les termes que Hegel emploiera ultérieurement, que l'intuition est bien dans la Nature ce qui domine, mais qu'elle l'est en-soi, non pour-soi ; ou encore : qu'elle l'est pour nous, non pour elle-même. Le mouvement de sa réflexion se joue non en elle, mais dans le singulier, c'est-à-dire dans le mouvement mécanique du concept formel. En cette mesure, elle est subordonnée au concept, au moins dans sa présentation, même si elle le subsume.

Les deux Puissances expriment tour à tour par conséquent une même situation, qui est celle justement de la relativité, l'éthicité relative étant tout entière éthicité *naturelle* [13]. La première Puissance, comme subsomption du concept sous l'intuition, est la Nature propre-

12. Tr. fr. p. 128-129 ; texte p. 24-25.

13. Tr. fr. p. 111, l. 3-5 ; texte p. 9, l. 3-4: comme le souligne J. Taminaux (cf. *Avertissement* p. 107) *oder* a ici, comme très souvent, la valeur d'une introduction à une nouvelle formulation de la pensée antérieure.

ment dite *(eigentlich)* ; la deuxième est subsomption de l'intuition sous le concept. Tandis que la première pointe vers le *discours,* c'est-à-dire vers l'émergence du concept, la deuxième retourne à la Nature, sous la figure de la *famille.* Le renversement du rapport initial est ainsi accompli : il a rendu manifeste *l'égalité* de termes en présence.

Les conséquences de cette élucidation doivent être ressaisies sur ses deux pôles : le concept, et l'intuition. Le concept est dans ces textes l'objet de descriptions qu'il faut reconnaître comme paradoxales pour le lecteur non prévenu. Hegel commence par identifier le concept « absolu » avec le « vraiment particulier » [14]. Cela signifie que son absoluité est, non pas la véritable absoluité, mais celle qui résulte d'une fixation arbitraire, c'est-à-dire de l'isolement d'une déterminité élue aux dépens des autres. Dire qu'il est particulier, c'est dire que, comme généralité empirique, ou, ce qui revient au même, formelle [15], il se tient à mi-chemin entre le singulier et l'universel, empêchant la reconnaissance authentique aussi bien de l'un que de l'autre. Au début de la deuxième Puissance, Hegel met l'accent sur *l'immédiateté* de l'élévation du singulier à l'universel dans le concept, qui par là même est concept abstrait. C'est là une autre manière de désigner sa particularité au regard de la terminologie traditionnelle. Elle fait de lui l'instrument de la singularité, puisqu'en lui le mouvement du singulier et celui de l'universel demeurent séparés : c'est ce que montre le bilan de la Section I auquel Hegel se livre dans le texte antérieurement cité [16]. Ces différentes déterminations du concept sont parfaitement cohérentes. Faute de reconnaître leur valeur critique, un commentateur aussi éminent que Th.L. Haering attribue à un défaut dans la formulation l'identification liminaire du concept et du particulier d'une part, de l'intuition et de l'universel d'autre part. Cette méconnaissance, jointe à la méconnaissance de la problématique du *rapport,* l'amène à rejeter comme superfétatoire, au nom de considérations pseudo-historiques, la Section II de l'œuvre, c'est-à-dire la destruction

14. Tr. fr. p. 109, l. 14, texte p. 7, l. 15.

15. Cette assimilation n'est qu'apparemment énigmatique : elle est explicite dans l'écrit sur le *Droit naturel,* contemporain du *Système :* cf. notamment in Hegel *Gesammelte Werke,* Bd. 4, F. Meiner Verlag, p. 426-427. De l'empirie il est dit qu'elle se rencontre immédiatement *(unmittelbar zusammentrifft)* avec le principe opposé à elle : celui de l'unité abstraite du formalisme.

16. Tr. fr., p. 144.

du rapport en tant qu'elle est du même coup destruction du concept et avènement de l'absoluité véritable [17].

L'intuition est, quant à elle, considérée ici, comme dans l'écrit sur le *Droit naturel* [18] comme le véritable universel ; et en cela Hegel marque une fois de plus son accord avec Schelling. Cependant elle est surpassée par l'Idée qui, comme identité absolue du concept et de l'Intuition, atteint à un niveau de concrétion supérieur.

Reste à comprendre comment le mouvement réciproque de l'intuition et du concept pris dans leur relativité fait que les opposés peuvent en venir à s'opposer à leur propre opposition ; à comprendre en d'autres termes comment la stratégie du renversement et du doublement du rapport peut aboutir à la reprise *(Zurücknehmen-Aufnahme)* des déterminités opposées, et ainsi à leur *Aufhebung*. C'est la considération du détail du texte qui doit le montrer.

* * *

Cette exploration du contenu ne prétend pas être une étude exhaustive du *Système...*, pas même du court fragment qui en a été prélevé. Un tel travail a été mené à bien par de nombreux exégètes de Hegel, et notamment par J. Taminiaux dans sa *Présentation* du texte. Il s'agit ici de surprendre, dans l'enchaînement des figures de la première Puissance de la vie éthique selon le rapport, la production, par la pensée hégélienne, de sa propre structure.

Le sentiment jouant ici le rôle de l'intuition subsumante, il est le lieu d'une unification. Ce qu'il subsume est le concept, comme opposition (besoin), différence à l'égard de l'opposition (travail et peine), unité de l'opposition et de la différence (jouissance). Le sentiment s'expose ainsi sous les trois formes du concept, mais cette exposition lui reste extérieure. L'unification qui est présente au terme est elle-même singulière : comme jouissance sensible, elle est dénuée de raison *(vernunftlos)*, sans connaissance, sans lumière. L'indifférence *(Indifferenz)* du sujet est le nom que donne Hegel à l'absence d'un moyen terme réunifiant en soi les opposés : manger, boire, d'une part ; le comestible, le buvable, d'autre part.

17. Theodor L. Haering, *Hegel, Sein Wollen und sein Werk,* 1963, Scientia Verlag Aalen, Bd. II, p. 346-353.

18. *Cf.* texte cité p. 439-440 ; tr. fr. B. Bourgeois, Vrin, 1972, p. 41-42.

Dès ici donc il est suggéré que le moyen terme contiendra la raison. Sans doute la jouissance provient-elle de la différence, mais elle ne se sait pas provenir de la différence [19]. Elle ne porte la différence en elle que comme conscience de l'objectivité de l'objet. C'est là une conscience qui l'habite, mais ne la constitue pas : elle s'intuitionne bien plutôt elle-même comme in-différente. L'objet est alors purement et simplement annihilé.

Par-delà les concepts schellingiens, Hegel a donc en vue une autre sorte de négation que la suppression simple de l'opposition. Cette négation s'indique à travers la syllogistique classique, et les médiations que celle-ci met en œuvre. Cependant c'est par le renversement attendu du rapport précédent que la médiation fait son apparition. Le sentiment-intuition subsumait jusque-là le concept ; le sentiment-concept va désormais subsumer l'intuition. Sur lui, se met alors en évidence le moment de la différence, comme *travail.* A son tour, le travail admet les trois instances : intuitionner négatif-différence-produit. La structure ternaire s'applique ainsi sur la structure binaire. Le renversement à lui seul : de $\frac{a}{b}$ en $\frac{b}{a}$ a et b désignant respectivement l'intuition et le concept, ne suffit donc pas à assurer le mouvement des opposés. Pour que celui-ci se produise, il faut que leur réunification s'accomplisse sur le moment de leur différence, c'est-à-dire sur le moyen-terme.

Il apparaît donc que l'identification cherchée des opposés ne saura être leur in-différence, leur équilibre mort, leur équivalence, mais au contraire qu'elle sera le mouvement même par lequel la différence engendre et pose un nouveau rapport. Par là, le rapport lui-même, entendu comme rapport de subsomption, combinaison unilatérale et purement répétitive de deux termes, passe à l'arrière-plan de la thématique : il cède la place à un rapport à trois termes où s'enlève *(herausheben* p. 11, l. 18) le moyen. Cette situation a cette conséquence à première vue paradoxale de ruiner définitivement l'emploi du vocabulaire extensiviste. Le moyen en effet est moyen, c'est-à-dire médiateur entre les opposés, non pas parce qu'il est le particulier entre l'universel et le singulier, mais parce qu'il est le différent, et qu'en lui s'opère le passage du réel à l'idéel. Dire que le travail devient subsumant, c'est dire que l'intuition va être réinterprétée à sa lumière,

19. Tr. fr. p. 115,1. 15 et *sqq.* ; texte p. 12,1.10-13.

et, de positive qu'elle était, se présenter comme intuition pratique, c'est-à-dire négative. Le passage d'une subsomption à l'autre (passage de la subsomption qui s'achève dans l'indifférence de la jouissance à celle qui subsume l'intuition sous le concept, c'est-à-dire sous le différer) est parfaitement explicite [20]. Il donne lieu à une description phénoménologique, ou plus exactement transcendantale, qui oppose l'annihilation *(Vernichtung)* pure et simple de l'objet désiré à son maintien et dépassement *(Aufhebung)* : dans le travail, l'objet du désir n'est pas seulement nié, mais déplacé, le désir lui-même se déplaçant, s'ajournant. L'analyse met ainsi en jeu une certaine appréhension de la temporalité immanente qui peut, à force d'exemplarité, paraître banale au lecteur ingrat [21].

Sa fonction en tout cas est claire : en écrivant cette deuxième présentation du sentiment, on n'a fait que ré-écrire en lui le moment de la jouissance. Mais, pour que la jouissance pût s'exposer, c'est-à-dire se développer, il fallait qu'elle fût prise, non pas dans le non-différer, mais au contraire selon le différer, autrement dit qu'elle devînt négative. La jouissance entravée et ajournée est alors rapport, et se développe sous les trois aspects : prise de possession – activité – possession. L'objet est rendu à sa réalité par l'opération négatrice de la pratique : la garde et la préservation de l'outil manifeste une réalité qui est le corrélat de l'idéalité de l'objet désiré, en tant que cet objet est *aufgehoben.*

La dynamique du rapport, ou du moins sa capacité de développement, commence ici à se révéler : on voit en effet que le mouvement réciproque de l'intuition et du concept doit, pour être effectif, se décaler : d'un rapport au suivant, le passage est assuré par le moment de la différence telle qu'elle se joue en lui. Ce moment est celui où s'articule la subsomption. S'il est laissé dans la fixité d'une figure inerte, le renversement ne produit pas de résultat.

Du même coup, le caractère « transcendantal » de l'analyse qui vient d'être souligné est une apparence qui doit être dépassée, comme est dépassée la relation unilatérale (intentionnelle) du sujet et de l'objet, et avec elle l'opposition de la réalité et de l'idéalité. Chaque rapport en effet, à peine posé, est effacé par son propre mouvement : en se renver-

20. Tr. fr. p. 115-116 ; texte p. 12-13.

21. *« Dieser* (sc. : *der Genuss) ist gehemmt und aufgeschoben »* : comme jouissance « entravée et ajournée », elle devient idéelle.

sant, le rapport remplace la relation sujet/objet de la représentation par celle du désir, puis par celle de l'« intuitionner négatif pratique », dont le résultat est l'outil [22]. Le sujet et l'objet ont alors échangé leurs places au sein du rapport. Lorsque le rapport admet la dominance du sujet, on prend l'objet comme un extérieur mort, qui demeure le même au cours de l'activité de travail. Le travail lui-même est alors *mécanique* ; il est instruit par la pensée abstraite de la causalité. Mais l'objet ne demeure pas le même au cours de l'activité de travail. C'est donc sur lui, objet, *et non plus seulement par elle-même,* que cette activité doit être présentée. Alors la singularité du sujet est subsumée ; c'est là la place qui lui revient puisque dans cette puissance de la vie éthique en tant que *nature,* le sujet est identique au concept, et subordonné à l'intuition [23].

En se renversant, le rapport (du sujet et de l'objet ; de l'universel et du particulier) ne donne donc pas strictement son symétrique. C'est bien là ce qui permet à un rapport nouveau de surgir : ici il s'agit du *travail vivant,* où règne l'action réciproque du sujet et de l'objet, fruit du doublement du rapport initial et de son opposé. Il est leur totalisation, et comme tel leur unification. Le travail est devenu réel : il s'est égalé à sa vie, et « sa vitalité est à connaître en tant que totalité » [24]. Le propre de la totalité est que chacun de ses moments est, non pas une partie prélevée d'un tout, mais la totalité elle-même se totalisant. Chaque moment doit donc être entendu comme un « travail vivant »,

22. L'écriture elle-même est emportée par le mouvement du rapport, et devient foisonnante : la multiplication des signes et des références (a, b α, β, αα... ; l'utilisation de lettres hébraïques) interdit de penser qu'on est en présence d'une analyse par degrés ou niveaux d'un seul et même objet thématique : en l'occurrence, le travail. La structure du texte reflète le bouillonnement des catégories à travers lesquelles s'investit le contenu. Le αα) de la p. 116 n'est suivi d'aucun ββ) ; il comporte un α) et un β) ; le β) lui-même un a) qui n'est suivi d'aucun b), mais qui se subdivise en ααα), βββ), et γγγ). Plus tard, (cf. *Wissenschaft der Logik,* éd. Meiner, Ph. Bibl., I p. 36-37), Hegel mettra le lecteur en garde contre l'obsession des subdivisions repérées par des signes : l'attention risque de se détourner du mouvement effectif du contenu. Il est incontestable que Hegel en a toujours usé avec une certaine négligence à cet égard : peut-être n'est-il pas téméraire de suggérer que les problèmes que pose la structure de la *Phénoménologie de l'Esprit* ont en partie leur origine dans le souci de trouver un équilibre du texte fondé sur la répartition d'une même forme. C'est sans doute ce qui faisait dire à un historien célèbre de la philosophie que, comparé à Fichte, Hegel est « sans rigueur ». C'est à la détermination exacte de la rigueur propre au discours hégélien que se consacrent présentement ses lecteurs.

23. Tr. fr. p. 117,1. 30-33, texte p. 14,1. 19-22.

24. Tr. fr. p. 118, 1. 10-11 ; texte p. 14. l. 28.

où la vie du travail se reproduit entière. La *plante* est l'objet vivant subsumé sous le concept ; *l'animal* l'objet vivant subsumé sous l'intuition ; l'identité des deux est l'intelligence. En prenant chacune de ces puissances elle-même comme « travail vivant », on signe bien le dépassement du transcendantalisme : car la philosophie transcendantale institue *dans le seul sujet* la synthèse du sujet et de l'objet ; ici leur unification se fait à la fois dans l'un et dans l'autre terme. Le rapport n'a fait qu'emprunter provisoirement au miroir, c'est-à-dire à la réflexion, le moyen de son doublement : en celui-ci, il exprime, comme action réciproque, ce qu'exige la raison elle-même.

Plante, animal, intelligence ne sont donc pas ici les titres d'une Philosophie de la Nature, mais d'une Philosophie de l'activité ou du travail entendu comme vie, c'est-à-dire comme totalisation incessante de ses termes. La plante et l'animal y seront examinés, la première en fonction de la jouissance tirée d'elle, et de culture *(Kultur)* qu'elle exige ; le second en fonction de son domptage *(Bezähmung)*. L'intelligence le sera en fonction de l'éducation *(Bildung) où* se constitue chaque singularité humaine. Mais l'éducation est le théâtre du renversement du rapport du particulier et de l'universel : « chacun, sujet et universel à la fois, fait immédiatement de sa particularité l'universalité »[25]. La culture en tant que totalité se totalise sous la figure des trois puissances : de l'identité pure ou du sentiment comme amour (intuition subsumante) ; de la différence, comme relation parents-enfants (intuition subsumée) ; de l'unité des deux, comme éducation universelle et réciproque de l'humanité entière. Mais ici le reconnaître mutuel n'a de réalité que dans l'individu, conformément à la limite dans laquelle se tient la présentation du rapport : celle d'une Puissance entendue comme Nature, où l'universel demeure caché, tandis que le singulier fait surface. Ainsi le deuxième rapport (celui de la subsomption de l'intuition sous le concept) est parvenu à sa propre totalisation, et donne naissance au troisième rapport, unité des deux précédents, en lequel va se dégager *(hervortreten)* le rationnel, latent dans ce qui précède. L'intuition, en d'autres termes, n'est plus ici l'intuition simple et immédiate du sentiment. Comme intuition devenue, elle supprime mais conserve le moment de la différence qui est celui du concept. La

25. Tr. fr. p. 120, l. 23 ; texte p. 17, l. 163. Il est inutile de souligner que dans la *Phénoménologie de l'Esprit* de même, la dialectique du travail est insérée dans la totalité vivante et débouche sur la *formation*.

totalisation des opposés se fait dans le moyen terme de *l'enfant* (identité immédiate), de *l'outil* et du *discours.* L'enfant et l'outil sont une rationalité réelle : pour le premier, c'est celle de la nature comme substance vivante, pour le second, celle d'une matière morte. Avec le discours, la rationalité devient idéelle : le discours est « l'outil de la raison », « l'enfant de l'être intelligent ». La Nature s'est rejointe dans ce qui la nie. Le discours unifie (Hegel dit ici : « identifie ») l'opposition et l'opposition à l'opposition. La première Puissance de la Nature s'achève ainsi avec le Verbe.

Cette présentation rapide du contenu du texte exige la reprise des remarques formelles qui l'ont précédée. Elle exige au premier chef que soit précisé le sens de *l'Aufheben,* pour autant que ce vocable porte désormais pour nous l'essence même de la méthode dialectique.

Une comparaison simple de l'emploi respectif des deux termes : *subsumieren* et *aufheben* fait apparaître un privilège très net en faveur du premier. On a recensé en effet dans le texte étudié 37 emplois de *subsumieren* pour 14 emplois de *aufheben.* Encore faut-il préciser que les mentions de la subsomption sont surtout fréquentes au début du texte. *Aufheben* au contraire s'affirme dans la description de l'intelligence [26], et en vient à s'appliquer à la subsomption elle-même. Si en effet l'intelligence unifie les deux subsomptions opposées qui avaient nom respectivement : *plante* (subsomption sous le concept) et *animal* (subsomption sous l'intuition), cela veut dire que c'étaient là des subsomptions unilatérales qui parviennent en elle à leur totalisation : le subsumer séparé des deux puissances est, dans le travail en tant qu'éducation, « posé simultanément ». Par là il est *aufgehoben* [27].

La traduction de *aufheben* par *sursumer,* c'est-à-dire par un vocable qui conserve dans sa sonorité quelque référence au *subsumer* marque ensemble cette origine et cette opposition. Les textes de Iéna la recommandent tout particulièrement, précisément parce qu'ils donnent à voir le surgissement de la pensée hégélienne dans la constitution de sa propre forme [28].

26. Neuf emplois de *aufheben* de la p. 16 à la p. 20 pour 14 emplois de la p. 7 à la p. 20.

27. Tr. fr. p. 120, l. 13 et *sqq.* ; texte p. 16, l. 32 et *sqq.*

28. On sait que c'est J.-P. Labarrière qui, dans ses travaux sur Hegel, a répandu l'usage de cette traduction (cf. *Structures et mouvement dialectique dans la Phénoménologie de l'Esprit de Hegel,* Aubier, 1968, p. 309). D'autres motifs encore que ceux qui sont invoqués dans le texte cité et ici même pourraient militer en faveur de ce néologisme : en particulier le fait que l'appel à un vocable étranger au

Tandis que la subsomption indique une totalité déjà là, la sursomption désigne la totalisation de la partie. Dans le premier cas, l'ordre des concepts est fixe, et leur hiérarchie est garantie par des différences quantitatives. Dans le second, la totalisation est pour ainsi dire en acte ; elle se réalise au titre de l'identification des extrêmes au sein de leur différence qualitativement comprise. Si l'on dit qu'en elle les opposés ont cessé d'être des termes fixes et séparés, cela signifie que la sursomption a la charge de reprendre l'infini des médiations par lesquelles s'engendrent des oppositions nouvelles. Infinité ne veut pas dire indéfinité : le résultat de la disparition est toujours déterminé comme *cette négation-ci.* Schelling lui aussi utilise l'*Aufhebung* pour indiquer la suppression des opposés dans leur in-différence réciproque ; mais celle-ci s'accomplit par l'effet d'une pure et simple répétition : comme répétition indéfinie de la différence entre les pôles du non-différer et du différer, elle a le pouvoir d'engendrer leur identification. Dès le *Système de la vie éthique,* Hegel prend ses distances par rapport à cette stratégie.

Son rapport à la logique aristotélicienne est beaucoup plus complexe. La concurrence qui s'exprime ici entre la subsomption et la sursomption ne se soldera pas, dans le mouvement futur de sa pensée, par la dénégation brutale de la Logique syllogistique. Celle-ci continuera bien plutôt de valoir, moyennant les aménagements que Hegel lui fera subir, pour le terme de référence fondamental. Les textes de Iéna ont justement l'immense intérêt de montrer que Hegel a cherché, par l'opération de doublement du rapport en particulier, à échapper au blocage de la relation de subsomption dans la figure répétitive du simple renversement, mais qu'il y a réussi en fait par la reprise du concept de *moyen (Mitte)* entendu comme moment de la différence. Les deux procédures peuvent paraître hétérogènes [29]. Peut-être même faut-il aller jusqu'à dire qu'à Iéna, et plus particulièrement dans le *Système de la vie éthique,* Hegel n'est pas parvenu à leur véritable unification : l'opération de doublement du rapport, et la production du moyen terme entre les opposés ne font que se relayer, l'essentiel étant

langage usuel réduit les images qui sont véhiculées à des titres divers par « dépasser », « supprimer », « relever », etc.

29. Cette hétérogénéité se manifeste, comme on a vu, par la juxtaposition de la structure binaire qui est celle de la subsomption, et de la triplicité exigée par la mise en évidence de la médiation.

leur finalité : permettre à l'unité de s'accomplir comme le mouvement du connaître vivant.

La résolution des opposés que Hegel appelle leur *identification,* a ainsi une dimension *sui generis* qui la fait échapper à l'identité analytique. C'est cela justement qu'il appelle leur totalisation. On en a un exemple dans l'exposé de la deuxième puissance de l'intelligence, qui est le rapport parents-enfants. Les opposés sont pris ici dans un rapport vivant, qui est en même temps *idéel* et maintient leur différence. En tant qu'il est pratique, ce rapport s'accomplit dans une intuition : l'intuition identique de soi et de l'autre (soi comme l'autre, l'autre comme soi) ; il est clair que cette intuition n'appartient pas à la nature, en vertu de la différence naturelle évidente des enfants et des parents ; bien plutôt est-elle l'œuvre de l'éducation. Mais il est clair aussi qu'elle reproduit, dans la différence, l'être-un initial des parents et des enfants. Celui-ci s'est scindé dans le rapport, où l'enfant occupe le pôle subjectif, tandis que les parents sont l'universel. Les parents œuvrent à la sursomption de cette négativité externe de l'enfant ; la nature de son côté vise la suppression du rapport en général. Les deux ensemble : les parents et la nature, s'associent donc dans la production d'une individualité « plus élevée » que l'individualité naturelle. Mais il n'y a pas, entre le point de départ et le résultat, une différence de grandeur ou une simple « élévation » à un niveau supérieur. Il y a suppression de la différence naturelle dans une différence non naturelle qui en est à la fois le produit et le redoublement. En cette mesure, le rapport est posé et sursumé, ou plutôt il est posé pour être sursumé.

L'unification opérée par le sentiment dans l'amour se sursume elle-même dans la reconnaissance réciproque de tous les hommes [30].

Sur un tel exemple, on voit bien comment la destruction/ conservation de la différence initiale échappe à l'idéalité de la pure réflexion du penseur. Elle s'accomplit dans la Chose même, comme le mouvement de sa vie, qui, dans l'élan vers l'Idée, s'affranchit de l'unilatéralité du concept.

30. Tr. fr. p. 121-122 ; texte p. 18,l. 6 et *sqq.* En vertu de cette lecture du texte on n'interprète pas comme « narcissique » (*cf.* Introduction p. 102) l'identification ultime du soi et dc l'autre. Le narcissisme appartient en effet à l'ordre du reflet immédiat ; or l'intuition immédiate, comme identité sans moyen terme, a été définitivement rompue, et, dans la reconnaissance réciproque, cette rupture est maintenue au sein de l'identification elle-même.

A la question posée plus haut, de savoir comment l'on peut sortir de la répétition apparemment stérile du rapport, il faut donc répondre que le rapport ne se répète jamais. L'affirmation partout présente chez Hegel que le contenu et la forme ne sont pas indépendants signifie que le passage du réel à l'idéel n'est pas une *metabasis* : il n'y a pas de genres de l'être distincts et isolables. Le passage du réel à l'idéel est la vérité du réel reconnue dans son mouvement effectif. Ce mouvement est une sursomption, c'est-à-dire que, bien loin d'être dominé exclusivement par l'identique, il l'est tout autant par la différence. La sursomption est ce par quoi le rapport, s'abolissant, installe ses termes dans leur vérité.

Du rapport à l'Idée : la vie éthique, de naturelle, devient absolue, et, par la destruction de sa relativité, accède à sa propre réflexion. L'Etat est le lieu où peuvent seulement s'accomplir les identifications incomplètes qui le précèdent. En lui, le principe de l'universel est devenu homogène à la singularité : « l'universel, l'Esprit, est en chacun et pour chacun, même dans la mesure où il est singulier »[31]. Jusqu'alors, l'unité de l'universel et du singulier était cachée : elle « planait » au-dessus des singuliers, ou bien elle était leur intériorité non-sue. Désormais elle accède à soi comme savoir, dans la suppression réciproque et l'absolue identité du subjectif et de l'objectif[32].

31. Tr. fr. p. 161, l. 39, texte p. 54, l. 30 et *sqq.*
32. Tr. fr. p. 162, l. 33-35 ; texte p. 55, l. 23 et *sqq.*

LE CONCEPT D'ESPRIT À IÉNA : SA FORMATION – SES ENJEUX *

On va interroger ici certains textes de la période de Iéna, et en tout premier lieu les deux *Philosophie de l'Esprit* de 1803-1804 et de 1805-1806 afin d'élucider le rapport du Je, théorique et pratique, en général de la conscience, et de l'Esprit, et d'éclaircir par là la différence de la Nature et de l'Esprit.

En effet, les deux ordres de questions, et leur résolution sont effectivement liés à Iéna. C'est à partir de la fin de cette période qu'ils sont traités par Hegel chacun pour soi, le premier donnant naissance en gros à la *Phénoménologie de l'Esprit*, le second à l'annonce, puis à la réalisation du projet encyclopédique.

La tentation est grande de voir seulement dans les textes de Iéna l'esquisse de ceux de la maturité, et de ne souligner que la continuité, au demeurant tout à fait réelle, de la pensée de Hegel. On s'efforce ici de ne pas faire de cette continuité un argument de lecture ; non seulement a été bannie toute référence aux écrits de Heidelberg et de Berlin, mais on a même laissé la *Phénoménologie de l'Esprit* en dehors de l'enquête présente : cette œuvre, étant une limite ou mieux un aboutissement de la période de Iéna, nous paraît exiger à ce titre un traitement spécifique.

La récurrence cependant des œuvres ultérieures est quasiment inévitable dans la problématique elle-même : ainsi la partition encyclopédique : *esprit subjectif-esprit objectif-esprit absolu* est une grille trop commode pour ne pas être souvent mise à l'essai dans la lecture des textes de Iéna. On se demande alors, non sans naïveté, lequel de ces moments a eu en fait le primat dans l'élaboration de la pensée hégélienne de l'Esprit : celle-ci est-elle issue de la méditation de la

* Communication au CRDHM (Poitiers – novembre 1991).

conscience individuelle (comme « anthropologie », « phénoménologie », ou « psychologie »), ou ne serait-ce pas plutôt la méditation du politique, dont la permanence est attestée ici entre autres par la poursuite (au moins jusqu'à l'automne de 1802), puis par la mise en réserve, des fragments sur la Constitution de l'Allemagne, qui joua le premier rôle en englobant les figures qui seront celles, ultérieurement, de l'Esprit objectif et de l'Esprit absolu [1] ?

En fait, la grille en question n'est pas pertinente pour les textes de Iéna, car ce sont eux qui contribuent bien plutôt à la forger. C'est ainsi que la notion d'*Esprit absolu* se constitue ici même, où elle est opératoire dès 1802, mais n'est thématisée spéculativement que dans la *Métaphysique* de 1805.

On a donc tenté, à propos de chacun des textes étudiés, d'adopter la perspective qui est la sienne, et de le laisser se déployer selon cette perspective.

En manière d'ouverture, on évoque pour commencer un texte de *Glauben und Wissen* [2] qui met en place la « *puissante forme spirituelle* » (*mächtige Geistesform*) qui est toujours sous-jacente aux philosophies, même à celles que l'on juge imparfaites, et que Hegel distingue de la forme circonscrite d'une courte période ou d'une étroite chapelle. La grande forme de l'Esprit du monde dont il entend discuter dans ces pages les retombées proprement philosophiques est le principe nordique du protestantisme, à savoir la subjectivité « *en laquelle beauté et vérité se présentent dans des sentiments et des dispositions intimes, dans l'amour et dans l'entendement* ». – La suite du texte précise que le rôle de l'entendement, à l'intérieur de cette forme spirituelle, est de séparer le subjectif et l'objectif, et finalement de faire obstacle à l'objectivation du subjectif, par une critique insistante de ce que nous appellerions la fétichisation de l'intériorité, accusée d'engendrer la superstition. Il en résulte que la subjectivité, privée de toute intuition extérieure, se limite à l'aspiration vaine ; la finitude et la singularité se séparent de l'infini et de l'Absolu. La

1. Ce deuxième point de vue était celui de K. Rosenkranz (cf. *Hegels Leben*, Darmstadt, 1977 – S. 193) pour qui Hegel, dans les premières années de Iéna, n'avait traité d'une philosophie de l'Esprit que dans les limites de la philosophie du droit et de l'Etat, celle-ci constituant le noyau auquel les autres moments de la philosophie de l'Esprit se rattachent simplement comme une extension du début et de la fin.

2. Cf. *G.W.*, Bd. 4, p. 316.

subjectivité empirique trouve sa vérité dans la platitude de l'eudémonisme, et, l'Absolu, Dieu, est l'inconnaissable, inaccessible à la Raison.

Soit la démonstration, par Hegel, de l'un des paradoxes qu'il veut faire saisir: à savoir que les philosophies de Kant, de Fichte, de Jacobi, philosophies de la subjectivité «pure», qui prétendent s'opposer «*diamétralement*» à l'eudémonisme, ne s'en dégagent pas réellement, faute de s'être élevées à l'Idée, c'est-à-dire à l'infini véritable. La critique du fichtéisme, qui se fait à partir de la *Destination de l'Homme*, récemment paru [3], oppose à la philosophie de la subjectivité de Fichte la «religion», qui présente la délivrance du fini et de l'empirique, non dans un procès indéfini, mais comme «*réelle et présente*» (*reale und vorhandene Erlösung*)[4]. Car la religion offre la possibilité originaire de la réconciliation en tant que le subjectif est en elle «*dans le miroir originaire de Dieu*» (*im ursprünglichen Abbilde Gottes*), et que l'objectif est l'effectivité de l'hominisation éternelle de Dieu: l'identité de cette possibilité et de cette effectivité advient par l'Esprit, être-un du subjectif et du Dieu devenu homme.

La signification ecclésiale de l'«Esprit Saint», médiateur qui permet que l'Incarnation divine ne se limite pas à une simple exemplarité transcendante, est donc ce qui remplit la promesse contenue dans la Création de l'homme comme «image» de l'Absolu. De la sorte, l'Esprit se trouve investi, à partir de sa signification chrétienne, de la fonction unificatrice où s'exprime le triomphe de l'Idée, et dans laquelle les oppositions figées de l'entendement se résolvent. C'est pourquoi la suite du texte présente l'Esprit comme ce en quoi se réfléchit la Nature, laquelle s'élève *elle-même* à l'Esprit et comme Esprit[5]. L'enjeu d'une saisie authentique de l'Esprit, exprimant *réellement* le principe nordique de la subjectivité, est donc la présentation de la subjectivité dans toute sa vitalité[6], et c'est alors vers «*l'authentique réalité de l'éthique*»[7] que l'on s'oriente: le spirituel ne devient règne des Esprits (*Geisterreich*) que moyennant l'inscription en lui de l'empirie et de la temporalité[8].

3. *Ibid.*, p. 403.
4. *Ibid.*, p. 407.
5. *Ibid.*, p. 408.
6. *Ibid.*, p. 409.
7. *Ibid.*, p. 408.
8. *Ibid.*, p. 411.

Texte exemplaire à plusieurs titres. On y voit que le sens originairement religieux de l'Esprit (comme Esprit Saint) est destiné par Hegel à justifier et à animer une acception spéculative de l'Esprit, qui va jouer contre les philosophies de l'entendement, en fait contre les philosophies « de la réflexion » : tout ensemble les transcendantalismes et les philosophies du sentiment, qui semblent s'opposer à celles-là, mais, selon Hegel, en expriment réellement la vérité profonde. Face à l'opposition de la raison et de la sensibilité, et à leur impossible synthèse, il faut penser l'Esprit comme unité de l'Esprit et de la Nature.

Enfin, la vérité de l'Esprit appartient doublement à l'Histoire : d'une part, chaque époque reçoit l'empreinte de sa figure ; celle-ci, d'autre part, désigne le présent comme le lieu de la réconciliation, de la résolution des tensions entres les mondes adverses : fini et infini. C'est que l'Esprit exprime le sens de la temporalité elle-même.

*
* *

Soient maintenant les textes publiés sous le titre *Première Philosophie de l'Esprit*.

Dans le fragment n° 16[9], qui contient pour la première fois la formule « *philosophie de l'Esprit* », Hegel situe celle-ci par rapport à la « *première partie de la Philosophie* », où l'Esprit est construit au titre d'Idée. Cette première Partie, vraisemblablement une logique et une Métaphysique, est parvenue à « *la substance absolue* », absolue égalité à soi, « *qui dans le devenir par l'activité contre la passivité au sein de l'opposition infinie,* est *absolue tout autant qu'elle* [le] devient ». Dans la Philosophie de la Nature, cette Idée a éclaté, en ce sens que son être et son devenir s'y sont séparés, l'être-un des deux (être ou éther d'une part, devenir ou infinité d'autre part) y étant l'intérieur, le caché, qui n'émerge pas. C'est dans l'organique que cette même unité commence à sa faire jour sous la forme de la singularité qui existe au titre d'Un numérique (individuel). « *Dans la Philosophie de l'Esprit, l'être-un existe en tant qu'il se reprend dans l'universalité absolue, et comme devenir absolu il est réellement l'être-un absolu.* »

Les difficultés que ce texte oppose à l'interprétation viennent en partie de la répétition qu'il comporte de l'adjectif *absolu.* Caractérisant d'abord la substance comme égalité-à-soi, il en vient à carac-

9. Cf. *G.W.*, Bd. 6, p. 268.

tériser le devenir de celle-ci, la lutte de l'activité contre la passivité «*dans l'opposition infinie*». – Il y a là un signe tout à la fois de révérence et de rejet à l'égard du spinozisme. L'identification de l'Idée et de la substance absolue marque que Hegel entend opérer une sorte de réversion du spinozisme, consistant à ôter à l'Etre son primat immédiat par rapport au devenir. Si alors l'Etre et le devenir sont également absolus, cela fait de la substance un mouvement, et c'est ce mouvement, l'être-un de l'Etre et du devenir, qui est lui-même l'absolu.

Que l'absolu soit processuel, cela signifie que la substance est dés-ontologisée. Ici s'origine le devenir-sujet de la substance, qui va se présenter sur l'essence de la conscience, et comme cette essence elle-même.

En effet, l'être-un de l'Etre et du devenir, latent dans la Nature inorganique, émerge dans l'organique sous la figure de l'individu vivant, dont l'essence, à savoir l'espèce, est séparée de lui, de sorte que son devenir absolu (*i. e.* son identification à sa propre essence) est son être-supprimé, sa mort, le devenir d'un autre individu. Mais si l'unité de l'Etre et de l'infini comme devenir devient idéelle, on se trouve devant le *concept de l'Esprit,* autrement dit devant *la conscience*. A même elle, chacun des moments de l'opposition est le contraire immédiat de soi-même. Cela veut dire que la conscience n'a pas son essence hors d'elle, comme l'animal ou la plante, mais qu'elle est elle-même le contraire immédiat de soi-même, ou qu'elle est l'être-un de la différence étant-là et de la différence supprimée. Tel est l'absolu «réel», ou «véritable».

Certes, dans la corrélation intentionnelle, la conscience est opposée à son opposé: le Moi au Non-Moi. Mais, en réalité, elle est aussi l'unité des deux, en tant que son opposé, son autre, est elle-même: c'est bien là ce qui fait d'elle «*le contraire immédiat de soi-même*». – Ainsi se trouve dénoué le dilemme fichtéen, autrement que par la synthèse quantitative. Hegel écrit:

> L'essence de la conscience est d'être immédiatement unité absolue de l'opposition; elle ne peut être cela qu'en tant qu'immédiatement, pour autant qu'elle est opposée, les deux membres de l'opposition sont elle-même, qu'à même eux, membres de l'opposition, ils sont

> simplement immédiatement le contraire d'eux-mêmes, différence absolue se sursumant elle-même et sursumée (fr. 18)[10].

Texte capital, fondant l'idéalisme que Hegel appelle ici « immédiat », par lequel se trouvent ruinés, non seulement, comme il le dit lui-même, le réalisme et l'idéalisme « d'entendement » (l'un absolutisant l'objet, l'autre le sujet)[11], mais d'une manière générale tout empirisme, avec le conceptualisme abstrait qu'il engendre. Le prétendu « concept » de rouge ou de bleu n'est en effet que la négation simple de l'objectif face au subjectif de l'intuition sensible. Par cette abstraction, d'une part, se trouve en fait redoublée et non supprimée la contrainte de l'objectif[12] ; mais surtout est méconnu le statut de la conscience, certes paradoxal pour une philosophie de la réflexion pure, puisqu'elle est à la fois l'un des opposés (la vue du bleu) mais aussi l'autre (le bleu, qui n'est que pour elle) et donc l'unité des deux[13].

C'est ce statut que Hegel désigne par le terme de *Mitte*, emprunté au langage de la syllogistique. Mais, il n'y a pas ici proprement de syllogisme, puisque l'essence médiatrice de la conscience est, partout dans ces lignes, conjointe avec l'« immédiateté » de son absoluité. L'immédiateté en question consiste[14] en ce que l'unité de la conscience n'est que « pour un tiers » (à savoir pour le philosophe) non pour la conscience elle-même. Pour elle demeure l'opposition d'elle-même et de son autre, et c'est là bien entendu ce qui assure l'audience renouvelée que rencontre en général l'empirisme. Si cette vérité qu'elle est « en soi » était saisie « pour soi », alors c'est l'Esprit qui serait présent.

L'Esprit est donc la conscience en tant que saisie dans l'infinitisation de son acte, infinitisation méconnue par les philosophies de la réflexion. On peut dire autrement la même chose : la première vue de la conscience, qui la révèle comme le médiateur des oppositions qui sont elles-mêmes, cette vue est et n'est pas l'Esprit. Je ne résiste pas

10. *Ibid.*, p. 273.
11. *Ibid.*, p. 291-294.
12. C'est ce que Hegel disait déjà in *Système de la vie éthique*, tr. fr. Payot, 1976, p. 145.
13. Cf. *G.W.*, Bd. 9, p. 103 : Ich *ist der Inhalt der Beziehung, und das Beziehen selbst.*
14. Cf. *G.W.*, Bd. 6, p. 273.

au plaisir de citer ici un texte donné par Rosenkranz comme relevant de cette même période [15] :

> [...] [La conscience] a en sa vérité la certitude de soi-même, et, se reposant sur celle-ci, elle assiste au libre auto-mouvement par lequel l'être qui apparaît *immédiatement* développe son essence qui est d'être Esprit, et se présente comme ce qu'elle est en soi. Pour autant que la conscience de soi comme telle se mêle soi-même au mouvement de l'objet qu'elle a dans la science, et s'y entrelace, elle se situe à un niveau où elle ne se saisit pas encore, ni non plus son objet, comme Esprit, où elle n'a pas encore obtenu le repos à l'encontre de lui, repos qu'elle n'atteint qu'ensuite, lorsqu'elle peut le supporter dans sa liberté et son indépendance, par là qu'elle est Esprit sachant.

Tant que ce dernier niveau n'est pas atteint, le concept de l'Esprit est sans doute posé, mais l'Esprit n'est pas *réalisé.* Car la simple réflexion ne saurait être prise comme le tout de la réalité de l'Esprit. Pour que se présente cette réalité, il faut que la réflexion *se détermine.* Où et comment se détermine-t-elle ? Hegel répond abruptement : dans cet individu universel qui existe comme *un peuple* [16]. Les organes de cet individu sont à la fois unifiés en lui, et séparés de lui en tant qu'ils existent aussi *pour-soi.*

Dans les écrits des deux premières années de Iéna, on observe une brutalité analogue dans l'entrée en scène de l'Esprit comme Esprit d'un peuple [17]. Dans tous ces textes, Hegel affirme brièvement que c'est « l'éthicité » (*Sittlichkeit*), où l'être et l'agir de l'individu accèdent à l'absolu, qui résout l'opposition logique du singulier et de l'universel, et qui par là articule la hiérarchie : Nature physique/intelligence. Cette distribution nouvelle des attributs de la substance (« l'Esprit est plus haut que la Nature » [18]) rompt d'une certaine façon avec le quasi-parallélisme que Hegel défendait encore en faveur de Schelling dans le *Differenzschrift.* Encore ne faut-il pas l'interpréter bien entendu comme s'il s'agissait de la reconnaissance d'un quel-

15. Cf. K. Rosenkranz, *Hegels Leben* (*op. cit.*), p. 213

16. Cf. *G.W.*, Bd. 6, p. 270-271.

17. Cf. *Système de la vie éthique (op. cit.)*, p. 161 ; *Des manières de traiter scientifiquement du droit naturel*, tr. fr. B. Bourgeois, Vrin, 1972, p. 54 – *G.W.*, Bd. 4, p. 449.

18. Cf. *Des manières de traiter scientifiquement du droit naturel*, tr. fr. citée, p. 78 ; Bd.4, p. 464.

conque dualisme, que Hegel se propose justement dès Iéna, de combattre. Pour lui, la résolution, par la conscience, de la scission réflexive entre le Moi et le Non-Moi vaut comme le devenir de l'Esprit précisément en ceci que l'Esprit, et d'abord sous la figure de l'éthique, n'est pas la pure et simple dénégation de la « Nature », mais bien plutôt fait avec elle cette unité complexe que l'article sur le droit naturel décrit en termes de rapports ou plutôt de doublement de rapports, ou comme la tragédie que l'Absolu joue *avec lui-même.* Cette unité, qui s'exprimera après Iéna dans le langage proprement spéculatif de l'auto-présupposition, marque la distance prise progressivement à l'égard de Schelling, et dessine dans son originalité propre le système où l'Absolu se dira de plus en plus explicitement comme Esprit. « *Le but, le réalité absolue de la conscience en laquelle nous avons à élever son concept* [...] *est l'esprit d'un peuple* »[19]. C'est là pour la conscience le déploiement de son essence, sa propre totalisation.

Cette élévation de son concept à la réalité va se dire selon deux registres : d'abord dans celui, symbolique et mythique, où l'éther, matière spirituelle, unité originaire que déchirent l'eau et le feu, s'oppose à la terre, élément de l'organique et de l'individuel, et se réunit avec elle à travers la médiation de l'air ; ensuite, dans celui, phénoménologique, où la conscience est envisagée de deux côtés successivement : du côté de sa réalisation externe, et du côté de son être-un intérieur.

Soit ce deuxième registre. La première existence réelle de la conscience est, du côté extérieur : langage, instrument, bien patrimonial ; du côté interne : mémoire, travail, famille. Pour illustrer le progrès de la réflexion vers sa détermination, je vais prendre ici pour exemple le moment du langage.

La séquence : *langage-instrument-bien patrimonial* rappelle celle qui, dans *Système de la vie éthique*, servait à décrire « la première puissance » de la vie éthique selon le rapport, dite « vie éthique naturelle ». Mais, dans *Système de la vie éthique*, le travail, faisant, comme ici, échapper la conscience au néant instantané de la jouissance, n'était pas précédé par la mémoire, ni l'instrument par le langage. Ce dernier était présenté comme l'unité de l'instrument et de l'enfant, unité de concept et d'intuition, conjoignant l'âme et la chair,

19. Cf. *G.W.*, Bd. 6, p. 274.

la subjectivité et l'objectivité, comme l'« *instrument de la raison,* [l'] *enfant des êtres intelligents* »[20]. En vertu de sa nature complexe, médiatisée et médiatisante, le langage du *Système de la vie éthique* est toujours discours (*Rede*) : son corps, destiné à périr immédiatement, est aussi, paradoxalement, « objectivement universel ».

Cette sorte de télescopage de sa double essence est remplacé en 1803-1804 par un double traitement. Dans cette « première philosophie de l'Esprit », le langage est d'abord unité spirituelle dans une « libre fluidité sans forme », événement disparaissant et non pas produit durable (comme est quant à lui l'instrument[21]). En cela, il reste tributaire de la Nature[22]. Il n'est ici que la modulation d'une voix *vide*, celle de l'animal pour qui chaque son proféré n'a de sens que par les différences déterminées qui le séparent du précédent et du suivant. Même lorsque l'entendement articule en noms distincts cette bande sonore, l'Esprit reste plongé dans son existence animale tant que c'est la conscience sentante qui demeure maîtresse des déterminités du concept (par exemple : le bleu...), lequel est par là concept « abstrait », point absolu de la conscience théorique, moment négatif qui est celui de l'individu figé dans sa singularité entêtée[23].

Mais le langage est repris lorsque, une fois atteinte la concrétion de l'Esprit comme « Esprit d'un peuple », on voit dans la langue « *l'existence idéale de l'Esprit* »[24]. Car la langue « *est aussi bien entendement que raison* » : un universel reconnu, résonnant dans la conscience de tous de la même façon, de sorte qu'en elle « toute conscience parlante devient immédiatement une autre conscience »[25]. Cette identification s'est instaurée non pas sur la réduplication immédiate du sensible (comme dans le cas du concept « abstrait »), mais à travers la destruction du sensible, et en général de l'immédiateté vécue, à travers la lutte pour la reconnaissance mutuelle des consciences, qui brise la vie naturelle de l'Esprit. Là est né l'Esprit infini.

On distingue dans ce qui suit trois des aspects de l'élévation de la conscience à son universalité comme Esprit.

20. Cf. *Système de la vie éthique*, tr. fr. citée p. 125.
21. Cf. *G.W.*, Bd. 6, p. 278.
22. Cf. *Ibid.*, p. 279.
23. Cf. *Ibid.*, p. 295-296.
24. Cf. *Ibid.*, p. 318 ; le français est ici plus riche que l'allemand qui, sous le seul vocable de *Sprache* entend le langage et la langue.
25. Cf. *G.W.*, Bd. 6, p. 318.

Le premier est l'unité réalisée du théorique et du pratique. L'Esprit, dit Hegel, est une œuvre (*Werk*), c'est-à-dire unité de passif et d'actif, les deux se sursumant justement dans leur unité[26]. Ainsi se comble l'abîme qui chez Kant et chez Fichte s'ouvre entre conscience théorique et conscience pratique, la seconde seule étant reconnue capable de l'Absolu. Dans la *Métaphysique* de 1804-1805, légèrement postérieure donc à cette première *Philosophie de l'Esprit*, Hegel montre que la résolution de la partition *Je théorique/objet* s'accomplit assurément dans l'universalisation du Je comme Je transcendantal, mais que cette résolution n'est que pour le philosophe ou : *en soi*. Pour le Je lui-même, le Je originairement déterminé (Je théorique) et le Je libre et absolu ne sont pas réunis. – On voit bien en effet que Fichte, lorsqu'il veut résoudre le conflit (*Widerstreit*) sur lequel s'achève la IIe Partie de la *Wissenschaftslehre* de 1794, fait appel à une « réflexion encore plus haute » que celle qui a permis la résolution de l'objet empirique, réflexion qui va s'instrumenter dans la « science du pratique », et renverser l'ordre antérieur du déterminant et du déterminé[27]. Pour Hegel, le dépassement de la déterminité du Je théorique ne saurait être l'œuvre d'une répétition de la réflexion, ni d'un simple renversement du déterminer théorique, car on place ainsi *ensemble* le Je théorique et le vouloir sur le fondement de l'effort, ce qui est ériger la finitude en absolu. Corrélativement, l'unité réelle du théorique et du pratique doit exorciser, à l'intérieur de la conscience pratique, la différence figée entre une Raison législatrice et une Nature « morte »[28].

Car – et c'est bien le deuxième aspect de la réalisation de la conscience en Esprit – c'est justement le dépassement de la Nature *dans* l'Esprit comme dépassement de ce qui l'habite, lui, Esprit, qui fait l'absolutisation de l'Esprit. Son monde propre, même s'il est « autre » que le monde naturel, tient en lui la Nature dont il procède, parce que cette Nature qu'il a vaincue, non pas seulement, comme Adam, en la dénommant, mais aussi en la dominant activement, est devenue *son* autre, *son contenu propre*. Ainsi s'éclaire l'affirmation du fragment 16 citée précédemment selon laquelle l'Etre vrai n'est pas une substance reposant en soi, mais un devenir, dont être-en-soi et être-pour-soi sont les moments.

26. Cf. *Ibid.*, p. 315-316.

27. Cf. J.G. Fichte, *Grundlage der gesamten Wissenschaftslehre*, 1794, Ph. Bibl., Bd. 246, p. 164.

28. Cf. *G.W.*, Bd. 4, p. 405.

Enfin, l'élévation de la conscience à sa réalité comme Esprit s'accomplit dans la négativité. Celle-ci prend la figure du renoncement (*Verzicht*[29]) ou du sacrifice (*Opfer*) de la singularité, par exemple à travers les violences d'une lutte. D'une manière générale, le risque accepté de la mort de la singularité fait que toutes les puissances antérieures de l'Esprit, celles justement de l'Esprit « naturel », se trouvent refondues dans l'Esprit dit « absolu », où elles disparaissent pour devenir son œuvre propre. La conscience singulière « ne peut être elle-même qu'en tant que singularité sursumée ; elle ne peut se maintenir en tant que singularité qui est, mais seulement en tant que posée au titre de singularité sursumée… Cet être de l'être-sursumée de la totalité singulière est la totalité comme absolument universelle, comme *Esprit* absolu ; c'est l'Esprit comme conscience absolument réelle »[30]. Si l'Esprit est dit « infini », c'est que l'infinité est l'être de ce qui est sursumé, et *n*'est *que* sursumé[31]. Lorsque surgit la « substance absolue », à savoir l'Esprit d'un peuple comme lieu de la reconnaissance convergente des consciences singulières jusque-là séparées, en réalité ces consciences singulières « ne sont plus » Le devenir-langue du langage au sein du peuple accompagne ainsi et confirme le dépassement de l'amour familial (où l'individu *se* contemple soi-même dans l'autre : les parents l'un dans l'autre, les enfants dans les parents, et vice-versa) ; il accomplit et confirme également l'universalisation du travail de chacun en travail de tous en vue de la satisfaction des besoins de tous (l'instrument devenant machine).

Dans tous ces aspects, l'œuvre de néantisation de l'immédiat est sursomption et non subsomption, en ce sens qu'elle ne se fait ni par une généralisation portant extérieurement sur des étants individuels, ni par l'universalisation formelle de la maxime du vouloir, mais par la lutte consentie pour la vie et pour la mort, *où la conscience réflexive se réalise par elle-même*. Si l'Esprit « absolu » accomplit ainsi l'essence réflexive de la conscience singulière par la destruction de cette conscience singulière, qui est son universalisation concrète, comment ne pas évoquer le texte cité précédemment de *Glauben und Wissen*, où l'Esprit accomplit le sacrifice de la vie empirique du Dieu devenu homme par et dans la communauté des fidèles ?

29. Cf. *G.W.*, Bd. 6, p. 313.
30. Cf. *Ibid.*, p. 312-313.
31. Cf. *ibid.*, p. 313-314.

L'indistinction, dans ces textes de 1803-1804, des rubriques encyclopédiques (esprit subjectif-objectif-absolu) peut inspirer une relecture des textes antérieurs comme aussi une réinterprétation de la structure et de la genèse, pour reprendre une formule célèbre, de la *Phénoménologie de l'Esprit.*

En ce qui concerne les premiers, *Système de la vie éthique* et article sur le droit naturel, ils présentent une pensée de l'Absolu qui enveloppe certes une philosophie de l'Esprit, mais sans que la méthode d'une description du devenir phénoménologique de la conscience réflexive y soit effectivement pratiquée.

Soit le *Système de la vie éthique.*

On y voit d'abord une identification de la *Nature* à l'égalisation des opposés, c'est-à-dire à leur indifférence réciproque, de sorte que c'est tantôt l'un, le concept abstrait, tantôt l'autre, l'intuition comme l'universel immédiat de la vie, qui domine et subsume les étantités singulières. Ce jeu alterné : tantôt travail, outillage, information du donné par le langage, tantôt famille et acquisition/conservation du patrimoine, donne naissance à un droit contractualiste lui-même abstrait. En raison de cet équilibre intenable, la « Nature » va à l'abîme. Mais elle y va de deux manières : soit « idéellement », dans la suppression pure et simple (qui est en fait la réduplication) de l'« objectif » (du rouge senti au rouge pensé), soit « dialectiquement », de sorte que la déterminité naturelle, au lieu d'être simplement niée, est posée comme réelle « *grâce à l'identité accomplie avec son opposé* »[32]. Alors « *l'universel, l'esprit, est en chacun et pour chacun* »[33] : telle est l'« éthicité absolue », et sa « divinité » : elle est « divine », car elle est intuitionnée « comme Dieu » par le peuple, qui trouve là le moyen de s'intuitionner lui-même.

Faut-il augurer de ce texte que c'est la vie éthique absolue, qui fera ultérieurement partie de l'Esprit « objectif », qui ici rend vraie la religion, ultérieurement comprise comme deuxième moment de l'Esprit absolu ? Il y aurait alors, au niveau de l'*Encyclopédie*, un véritable renversement de la pensée initiale de l'Esprit. – Il convient, je crois, de préciser que la « religion » (le mot n'est de toute façon pas prononcé) est envisagée ici dans la visée, par les consciences singulières, de leur Dieu, et par conséquent selon une stratégie d'extériorité

32. Cf. *Système de la vie éthique*, tr. fr. citée, p. 144.
33. Cf. *ibid.*, p. 161.

(celle de l'intentionnalité). Corrélativement, l'absoluité de l'éthicité absolue et de la « religion » qu'elle génère appartient ici à l'intuition, et se trouve comme telle frappée d'immédiateté. Cela doit nous conduire à voir dans de tels textes davantage une thématisation provisoire de l'absoluité comme telle que de l'absoluité propre à l'Esprit, en ce sens que le moment de l'absoluité est bien, celui, sacrificiel, de la négation de la conscience singulière, mais que ce moment ne retient pas le côté réflexif de la conscience. Ou encore il faut dire que l'extériorité de la divinité (le peuple s'ignore lui-même dans le culte qu'il lui rend) correspond sans doute à la vérité de la religion et de la vie grecques, mais non à la vérité de la religion des Modernes, celle de la subjectivité.

S'agissant de la *Phénoménologie de l'Esprit*, on sait que l'œuvre, initialement « science de l'expérience de la conscience », serait selon certains, notamment Th. L. Haering, devenue « phénoménologie de l'Esprit » par suite de circonstances contingentes, en particulier par suite du gonflement imprévu du Chapitre *Raison*, ce qui aboutit à la considérer comme un livre mal équilibré, pour ne pas dire mal pensé.

En réalité, si l'intuition hégélienne fondamentale qui s'est forgée à Iéna consiste bien à considérer la conscience de soi comme la négation et comme la vérité de la conscience *stricto sensu*, c'est-à-dire de l'intentionnalité, cette conscience de soi n'est pour autant que le « concept » de l'Esprit, et non pas encore sa réalité. Ce qu'on peut exprimer ainsi : la réalisation de l'Esprit est l'absolutisation de la conscience de soi, laquelle s'accomplit par l'unification de la réflexion et de la détermination. De cela témoigne justement le Chapitre *Raison*, où s'articulent l'un à l'autre le théorique et le pratique. L'élévation du singulier (la conscience individuelle) à l'universel (l'esprit d'un peuple) ayant été dans ce chapitre exposée dans son principe, les figures de l'Esprit pourront ensuite être évoquées dans leur effectivité, et ouvrir ainsi au savoir de soi de l'Esprit : religion (en réalité art et religion), philosophie.

D'une manière générale, la « confusion » qu'on voudrait imputer à Iéna entre ce qui sera plus tard l'esprit « objectif », et l'esprit « absolu », confusion qui serait fondée sur l'absolutisation de l'« objectif », témoigne peut-être de ce que l'absoluité à Iéna hésite entre deux formulations : l'une, plus proprement « logique », est l'universalisation du singulier, l'autre, plus riche de connotations religieuses, est l'infinitisation du fini. Cette dernière, que requérait déjà l'écrit sur la *Positivité de la religion chrétienne* de 1795-1796[34], ne trouve sa vérité spéculative que dans la *Logique et Métaphysique* de 1804-1805, vérité qui s'épanouira dans le chapitre *Force et entendement* de la *Phénoménologie de l'Esprit*, situé précisément à la charnière de la *Conscience* et de la *Conscience de soi*. Tant que l'élévation du singulier à l'universel est le seul visage, en tout cas le visage privilégié de l'élévation à l'absolu, c'est l'éthicité grecque qui l'illustre. Lorsque l'infinitisation du fini devient le modèle de l'absolutisation du déterminé, alors l'absoluité véritable est celle de l'Esprit. C'est pourquoi le texte de *Glauben und Wissen* cité ici en ouverture me paraît si important.

Dans la « deuxième » *Philosophie de l'Esprit*, celle de 1805, la distinction se fait explicite entre l'éthique, culminant dans l'Etat, d'une part, et l'art, la religion, la Science d'autre part : esprit objectif et esprit absolu.

Je note d'abord que la méditation du langage est ici cantonnée strictement au domaine de l'Esprit subjectif. Le langage est présenté dans son opposition à l'imagination, dont il brise l'intériorité pure, par l'unité de l'intérieur et de l'extérieur qui fait son essence. Il est comme tel « *l'être-vrai de l'Esprit* »[35]. Le *nom* que nous donnons à la chose fait de celle-ci un son de ma voix : il la fait « *naître du Je* ». Telle est la première force créatrice de l'Esprit, saluée ici en termes quasi prométhéens. *Logos*, Raison, l'Esprit est à la fois la chose et le dit (*Sache und Sage*). Le monde, la Nature, sont devenus « l'empire des noms » (*Reich der Namen*). L'intelligence n'a plus pour contenu un objet qui s'oppose à elle : elle est bien plutôt « à soi-même l'objet »[36].

De cette idéalisation formelle du contenu, on passe, dans le travail et grâce à l'instrumentation, à son idéalisation réelle. Le Je pratique élève la satisfaction de la tendance à la réalisation du syllogisme, ou plutôt du syllogisme de syllogismes qui constitue la relation téléologique, celle du faire humain dominant la nature. Mais le savoir de soi auquel on atteint ainsi se brise dans l'*amour* en deux extrêmes opposés : chacun étant ce que l'autre est et ce que l'autre n'est pas. Ils restent en lui dans la séparation, et c'est là ce qui fait qu'on range

34. Cf. *La positivité de la religion chrétienne*, PUF, 1983, p. 118.
35. Cf. *G.W.*, Bd. 6, p. 189.
36. Cf. *ibid.*, p. 200-201

ordinairement la famille dans l'« état de nature »: elle n'est que le *concept* des consciences de soi libres l'une à l'égard de l'autre[37].

A l'unité immédiate des caractères dans l'amour, le droit substitue la véritable reconnaissance, comme reconnaissance de termes se sachant pour-soi. Le mouvement de cette reconnaissance est combat pour la vie et pour la mort; son enjeu est le savoir du vouloir de chacun, son être-reconnu. L'effectivité de l'Esprit se conquiert ici, et dans la nécessité de la loi, selon un processus d'universalisation concrète qui aboutit à l'éthicité. L'Etat est en effet la « substance immédiate » des individus, mais il est aussi leur émergence incessante en tant que pour-soi. Autrement dit, il est leur nécessité en tant que celle-ci est double : celle du besoin et celle du vouloir libre.

Mais la certitude de soi à laquelle l'Esprit atteint dans l'éthicité est encore décrite comme celle de l'individu, qui « oublie » tout ce qui n'est pas son insertion dans le présent immédiat, lequel constitue le cadre de ses devoirs. Ici l'Esprit « commence *à être* comme savoir »[38], ce qui entraîne la perte du côté extérieur de la liberté individuelle, ainsi de la beauté heureuse des Grecs. Néanmoins, la Nature reste le contenu de la certitude de soi que l'Esprit atteint dans l'Etat, puisque son principe, le gouvernement (*Regierung*), s'articule sur la différence des « états » (*Stände*) qui composent le corps vivant du peuple.

Se superpose alors, de façon assez brutale, à cette réalisation progressive de l'Esprit comme lieu de la reconnaissance réciproque des pour-soi libres, l'Esprit « absolument libre », non pas celui qui *commence* à être dans l'élément du Savoir, mais qui engendre comme son œuvre propre un contenu, le contenu déterminé de sa reconnaissance. Un « monde » se trouve suscité, où l'Esprit a l'intuition de soi comme soi. Tel est l'art. Mais l'intuition n'a pas la nécessité du penser: « la beauté est bien plutôt le voile qui couvre la vérité que la présentation de celle-ci »[39]. Dans la *religion* en revanche, l'Esprit se fait objet au titre d'un universel absolu: « autrement dit comme essence de toute nature, de l'être et du faire, et dans la *figure* du Soi immédiat »[40]. La religion est le Savoir que Dieu est la profondeur de

37. Dans *Système de la vie éthique*, Hegel écrivait : « Selon la nature, l'homme voit la chair de sa chair dans la femme ; selon la vie éthique, il voit l'esprit de son esprit dans l'essence éthique, et par elle » (tr. fr. citée, p. 160).

38. Cf. *G.W.*, Bd. 8, p. 264.

39. Cf. *ibid.*, p. 279.

40. Cf. *ibid.*, p. 280

l'Esprit se sachant soi-même, et étant comme tel le Soi de tous : devant Dieu, chacun vaut l'autre (il n'en est pas de même devant le Monarque). Mais par la religion, l'Esprit n'est réconcilié avec le monde qu'au delà de ce monde, car l'immédiat est le Mal.

La Science, quant à elle, dit que c'est *ici* que le Je a à connaître l'absolu. Elle est le même savoir que la religion, mais cette fois se pensant soi-même. L'Esprit se sachant se sait désormais non comme être, mais comme devenir. Ainsi pense-t-il la Nature comme *son* autre, duquel il est « retourné » en soi, et qui est en lui comme l'un de ses moments. La Nature et l'Esprit sont devenus une seule et même Essence. (Le fichtéanisme est définitivement exorcisé.) C'est comme *histoire du monde* (*Weltgeschichte*) que cette Essence unique se sait comme telle, car le savoir de soi de l'Esprit s'accomplit à travers l'unité d'intelligence et de vouloir qui est indissolublement maîtrise de soi et de l'autre.

De l'unité réflexive de l'Esprit et de la Nature résulte qu'il y a deux présentations possibles de la Science.

La première, qu'on peut appeler rapidement « encyclopédique », distingue entre : d'une part une « philosophie spéculative », qui va de l'être absolument pris à son devenir-autre comme Vie et Connaître, Esprit, Savoir de Soi de l'Esprit : esquisse qui correspond en gros à la *Logique/métaphysique* de 1804-1805 ; et d'autre part une philosophie de la Nature, qui exprime l'Idée dans les figures de l'être-là immédiat et de l'aller-à-l'intérieur-de-soi jusqu'au devenir-Esprit, au concept existant comme concept[41].

La seconde présentation de la Science consiste en une histoire du Je, qui aboutit à la connaissance, ici, maintenant, de l'Absolu. Car Je est la corrélation inséparable (*Verknüpfung*) du singulier et de l'universel, ou, pour reprendre le langage utilisé ici même, de la déterminité et de la réflexion. – Il est clair que cette seconde esquisse de présentation du Savoir sera celle de la *Phénoménologie de l'Esprit*.

Ces deux présentations ont bien entendu le même enjeu, qui est l'égalisation de l'Absolu comme substance au Savoir de soi de l'Esprit. En elles doit s'opérer la reprise du spinozisme, la suspension du dualisme des attributs : pensée et étendue (ou être). Cependant, le mouvement de cette égalisation n'est pas rigoureusement identique en l'une et en l'autre. La deuxième, celle d'une phénoménologie de

41. Cf. *ibid.*, p. 286.

l'Esprit, suit le chemin par lequel l'immédiateté se médiatise comme conscience, à partir de sa scission initiale en nature et conscience de soi[42]. C'est pourquoi la philosophie est ici, dit Hegel, en une formule étonnante, « homme en général »[43].

L'énoncé de cette double présentation du Savoir de l'Esprit montre que la fin du séjour à Iéna coïncide pour Hegel avec la liquidation de l'héritage transcendantal, et aussi avec la distance prise de manière décisive à l'égard du système schellingien, qui tente la gageure, intenable à ses yeux, de réunir le transcendantalisme avec le spinozisme. Dès lors, l'interprétation accomplie de l'absolu comme Esprit le place devant la nécessité « *d'exprimer le vrai non seulement comme substance, mais aussi comme sujet* ».

Si l'écriture d'une phénoménologie de l'Esprit, que dessine à son terme le texte de 1805, a précédé chronologiquement celle d'une encyclopédie, dont l'esquisse semble pourtant s'être présentée d'abord à Hegel, c'est sans doute que par une science de l'expérience de la conscience se faisant Esprit, le transcendantalisme, qui représente historiquement la séparation du connaître et de son objet, se trouve désarmé, et qu'ainsi est libérée la place pour une philosophie spéculative entièrement neuve.

Pour montrer dans l'Esprit l'universalité se sachant, ou la conscience de soi réalisée, différents langages ont été essayés plus ou moins concurremment à Iéna : celui, critique, de l'intuition et du concept, de leur opposition et de leur unité ; celui, logique, de la médiation syllogistique ; et celui, religieux, de l'unité du fini et de l'infini dans le Dieu trine du christianisme. Ces langages vont se fondre dans le « spéculatif » ou « dialectique », de façon à rendre possible, comme le suggèrent les dernières lignes du texte de la deuxième Philosophie de l'Esprit, une pensée du temps qui déplace l'Absolu de l'éternité figée de la transcendance à la présence[44], ce que

42. Cf. *ibid.*, p. 286-287.

43. Il n'y a pas de contradiction entre cette formule et l'Introduction à *Glauben und Wissen* (cf. *G.W.*, Bd. 4, p. 323-324), où Hegel fustige les philosophies de l'homme et de la nature humaine que sont les philosophies de la réflexion. Car ces philosophies ne retiennent de l'homme que la finitude invincible d'une sensibilité qui se badigeonne (*antünchen*) de foi en un supra-sensible étranger.

44. Dès le *Differenzschrift*, Hegel dessine le projet d'une sorte de « phénomène de l'Absolu » : « Dans la ligne du développement où il se produit jusqu'à son propre achèvement, l'Absolu doit ... se heurter à chaque point, et

requérait déjà le texte cité de *Glauben und Wissen*. Ainsi pourra être soulignée la correspondance entre l'histoire du monde et la formation de la conscience subjective.

APPENDICE

Jürgen Habermas présente dans *La technique et la science comme « idéologie »*[45] une interprétation simultanée des deux Philosophies de l'Esprit de Iéna, interprétation datée 1967. – J. Habermas décèle dans ces textes une description du « processus de formation du genre humain », à partir du primat accordé, selon lui, par Hegel, à ce qu'il appelle « l'interaction » des consciences.

Dans la triade « langage-outil-famille », il voit trois catégories, ou « modèles de relation dialectique » par lesquels se trouvent médiatisés le sujet et l'objet. Mais il estime que pour Hegel, c'est l'Esprit qui, dans son mouvement absolu de réflexion sur lui-même, se manifeste en eux ; au contraire il souhaite, quant à lui, laisser ces trois étapes à leur hétérogénéité, de façon à montrer que c'est par leur lien dialectique qu'elles déterminent le concept d'Esprit. Dans les trois cas, on assisterait au rétablissement de la situation de dialogue qui s'est déformée par suite d'une dissociation des symboles et des relations logiques. L'expérience négative de la vie désunie engendre le désir de retourner à ce qui a été perdu, et cette expérience se fait sous la figure d'un combat.

Hegel jetterait ainsi les bases de l'activité « communicationnelle » qui se distingue de l'activité « stratégique », dont l'essence est strictement nomologique, les acteurs obéissant alors à des règles fixées d'emblée, comme est par exemple la loi morale kantienne L'action de type communicationnel exige un *milieu* (*Mitte*) où la conscience accède à l'existence. Le langage est un tel milieu, car il opère d'un côté une dissolution, de l'autre un maintien de la chose intuitionnée : cela dans un symbole qui la représente.Il permet ainsi une distan-

s'organiser en une figure concrète, et dans cette multiplicité il apparaît comme se formant (*sich bildend*) (cf. *G.W.*, Bd. 4, p. 91).

45. Cf. Gallimard, 1973, p. 163-211.

ciation de la conscience par rapport à ses objets. – Quant au travail, il rompt la tyrannie du désir immédiat ; les outils tiennent fixées en eux les règles d'après lesquelles on pourra asservir les processus naturels autant de fois que l'on voudra.

Mais, selon J.Habermas, langage et travail ne sont pas symétriques : ils vont bien plutôt « en sens contraire ». Car les symboles du langage courant appartiennent à la conscience perceptive et pensante, tandis que le processus du travail finit avec la satisfaction des besoins, et réinterprète par contre-coup les besoins eux-mêmes. Entre langage et travail, il y a certes une liaison manifeste, mais travail et interaction ne sont pas homologues.Habermas écrit : « *Il n'est pas possible de faire remonter l'interaction au travail, ni de faire dériver le travail de l'interaction* »[46].

Qu'est-ce donc que l'« interaction » ? Elle est définie comme le fait de « *se voir avec les yeux de l'autre sujet* »[47]. La conscience chez Hegel n'est pas la conscience solitaire de Kant ou de Fichte ; elle est toujours portée par le « reflet » d'elle-même dans la conscience de l'autre sujet. L'esprit est le milieu (*Medium*) au sein duquel s'élabore cette communication originaire où les sujets se rejoignent, « *de telle manière qu'ils ne pourraient pas être des sujets sans se rejoindre* »[48]. Mais l'esprit, comme esprit d'un peuple, est toujours « au-delà » de la subjectivité de la conscience solitaire.

C'est cette précession de l'Esprit par rapport à la conscience individuelle qui expliquerait l'absence chez Hegel d'une théorie cohérente des « milieux » : tantôt langage, tantôt travail, tantôt (dans la *Phénoménologie de l'Esprit*) droit. C'est qu'il y a dans l'hégélianisme un présupposé idéaliste de plus en plus insistant : la thèse de l'« identité » de la Nature et de l'Esprit. Dès lors que la nature est conçue comme une spiritualité cachée, elle est dans le travail humain plutôt un partenaire qu'un objet. C'est un Esprit « absolu » qui lui fait face, lequel ne peut être pensé sur le modèle de l'intersubjectivité, bien que celle-ci ait été au départ ce qui a permis de penser le *Moi* comme l'identité de l'universel et du singulier.

46. Cf. *ibid.*, p. 194.
47. Cf. *ibid.*, p. 168.
48. Cf. *ibid.*, p. 169.

Il est clair que la lecture habermassienne repose sur une conceptualisation qui n'est pas respectueuse de celle de Hegel; également, elle impose au texte hégélien une idéologie étrangère.

En ce qui concerne la conceptualisation, il est inutile de s'attarder sur la substitution de l'« interaction » – reflet à la lutte pour la reconnaissance réciproque des vouloirs libres. Il y a aussi la légèreté avec laquelle Habermas utilise les vocables de *Mitte* ou *Medium*, identifiés tantôt à l'Esprit, tantôt à la conscience : ceux-ci sont alors des « milieux », qu'il faut entendre au sens où Hegel parle, dans de tout autres contextes, de l'« élément ». Par là est bien sûr évacuée l'essence médiatrice de la conscience, sur laquelle s'articule son élévation à l'Esprit.

Quant à l'« idéologie », elle consiste d'abord dans le fait que Habermas prête à Hegel l'obsession permanente d'un *retour* à une unité perdue, et par là l'évocation d'une histoire dépourvue de nouveauté. En deuxième lieu, il est clair que l'« identité » dénoncée de l'Esprit et de la nature ne signifie pas grand-chose, tant que les patientes dialectiques de l'unification des deux termes ne sont pas prises en compte. Enfin, Habermas s'étonne de ne pas rencontrer chez Hegel de « conformité » entre le travail et le mouvement qui conduit l'Esprit à l'éthique. C'est que le travail ne remplit pas à lui seul le concept de l'action, et que l'éthicité dite « absolue » est, dès Iéna, présentée comme le dépassement de l'éthicité « naturelle » dont le travail est l'un des moments.

Habermas pratique ici un double « mouvement rétrograde du vrai ». Confrontant les textes de Iéna à ceux de la *Phénoménologie de l'Esprit* et de l'*Encyclopédie,* il ne prend pas son parti des décalages qu'il constate. D'autre part, il fait refluer sur ces textes un vocabulaire et une problématique qui sont plus souvent marxiens que proprement hégéliens.

LA PENSÉE POLITIQUE

ET L'HISTOIRE

LA «FIERTÉ» DE L'ESPRIT*

Ce titre un peu saugrenu annonce une réflexion sur la notion de «développement» (*Entwicklung*) de l'Esprit, à partir d'un texte de la partie propédeutique des *Leçons sur la Philosophie de l'Histoire,* partie éditée sous le titre: *Die Vernunft in der Geschichte*[1]. Ce texte, considéré par l'éditeur comme original, appartient à la partie C, intitulée: «*der Gang der Weltgeschichte*»: «*Die Entwicklung, die als solche ein ruhiges Hervorgehen ist, – denn sie ist ein in der Äußerung zugleich sich gleich und in sich Bleiben – ist im Geiste in Einem ein harter, unendlicher Kampf gegen sich selbst. Was der Geist will, ist, seinen eigenen Begriff erreichen*; *aber er selbst verdeckt sich denselben, ist stolz und voll von Genuß in dieser Entfremdung seiner selbst*». – Je le traduis ainsi: «[...] l'évolution, qui est comme telle une calme éclosion, – car elle est, dans l'extérioration, en même temps un demeurer égal à soi et à l'intérieur de soi, – est, dans l'Esprit, tout ensemble un combat impitoyable, infini, contre soi-même. Ce que veut l'Esprit, c'est atteindre son propre concept; mais lui-même se le cache; il est fier, et il est plein de jouissance dans cette aliénation de soi-même».

Je prends ici pour présupposé la fiabilité de l'édition Hoffmeister, et je traite donc ces deux phrases comme une expression authentique de la pensée de Hegel. – Il reste assurément qu'un propos quelconque appartenant aux Leçons professées par Hegel, même si l'on peut soutenir qu'il a été écrit ou proféré tel quel par Hegel lui-même, ne se trouve pas au même niveau spéculatif qu'un texte tiré d'un livre: *Phénoménologie de l'Esprit, Logique, Encyclopédie*... Dans des

* Texte paru dans *Logik und Geschichte in Hegels System*, Frommann-Holzboog, 1989, p. 81-100.

1. *Cf.* G.W.F. Hegel: *Die Vernunft in der Geschichte.* Hrsg. von J. Hoffmeister. Hamburg, 1955.152. (VG)

Leçons, le langage se plie aux contraintes reconnues de la communication avec l'auditoire. Il peut donc paraître hasardeux de faire subir à un tel texte un traitement interprétatif du même type que celui qu'on pratique sur un véritable livre. Les concepts pouvant ici être plus flous, on jugera déplacé de les prendre en toute rigueur, comme s'il s'agissait de leurs homonymes de la *Logique,* de la *Philosophie de la Nature,* de la *Philosophie de l'Esprit.*

Dans le cas présent, on suspectera au premier chef la « fierté » de l'Esprit, dont au demeurant on ne trouve pas de nombreuses occurrences dans l'ensemble de l'œuvre : il pourrait s'agir simplement d'une représentation frappante, choisie pour sa valeur émotionnelle ; également la « jouissance » qu'il est censé éprouver dans son aliénation ; enfin cette « aliénation » elle-même, notion recouverte de gloses posthégéliennes difficiles à extirper.

C'est pourtant le parti pris de l'analyse textuelle sous sa forme traditionnelle que j'adopte ici, tout en mesurant les risques qu'il comporte.

Un va-et-vient va donc être opéré, des textes spéculatifs aux considérations déterminées que suggère la pensée de l'Histoire, dans l'espoir de les éclairer les uns par les autres.

L'exposé se consacrera d'abord à l'élucidation du « combat » que l'Esprit soutient avec lui-même, à son repérage pour ainsi dire factice, puis à la détermination de l'enjeu spéculatif qu'il représente ; après quoi, et selon la même méthode, on tentera de comprendre en quoi consiste la fierté de l'Esprit, à partir de la jouissance dont il est plein, et qui est liée à son aliénation.

Le « combat » de l'Esprit contre lui-même, s'il est plus qu'une métaphore, doit pouvoir être montré, c'est à dire que l'on doit montrer des guises de l'Esprit qui s'opposent entre elles, tout en attestant de la communauté ontologique, celle justement de l'Esprit, dans laquelle elles demeurent comprises et vers laquelle elles tendent : l'Esprit, qui est à la fois leur sol et leur fin, est dit pour cela « Esprit absolu ».

Deux textes ont été choisis pour illustrer cette situation. – Le premier, la longue Remarque au parag. 552 de *l'Encyclopédie,* paraît bien destiné par sa place dans le système – à la charnière de la présentation de l'Esprit objectif et de celle de l'Esprit absolu – à exposer la différenciation, et éventuellement la réconciliation, des deux moments ultimes d'une Philosophie de l'Esprit. – L'autre, qui s'impose tout naturellement, est celui qui fait suite, et, peut-on espérer, développe, la phrase citée. Il sera utilisé jusqu'au point qui dans l'édition Hoffmeister est tenu pour la limite du texte original de Hegel.

Les paragraphes 548 et 549 de l'*Encyclopédie* posent le principe d'une Raison à l'œuvre dans l'Histoire du monde, dont le telos est l'Esprit universel, et l'être-là le détail des événements qui surviennent. Sur le plan épistémologique, la reconnaissance de cette Raison frappe d'inanité la recommandation d'« impartialité » que le positiviste adresse à l'historien : Hegel montre que le rejet du but objectif de l'Histoire et celui, conjoint, de la « partialité » du côté de la conscience historienne, sont dépourvus de sens, dans la mesure où toute histoire a nécessairement un objet qui la met en perspective (*Ansicht*) : l'exemple utilisé est celui de Rome, tout à la fois sujet et objet de l'Histoire romaine. L'histoire universelle a quant à elle pour sujet et pour objet l'Esprit universel qui « plane » sur elle, ou mieux : qui tisse sa trame en elle, car il y développe son concept : la liberté. Les parag. 550 et 551 déterminent alors le rapport *tel qu'il apparaît* (*erscheint*) entre les esprits singuliers des peuples qui font l'histoire quotidienne, et l'Esprit qui se réalise à travers eux : ceux-là sont, si l'on veut, les « instruments » de celui-ci, et en retour ils reçoivent de lui la « gloire » qui est leur salaire (*Belohnung*). C'est une œuvre d'effectivité (*Geschaft der Wirklichkeit*). Il y a donc lieu de distinguer entre plusieurs côtés de ce qu'on appelle l'« esprit d'un peuple » (*cf.* parag. 552). En tant en effet qu'il contient et exprime une nécessité de nature, un tel esprit réside dans un être-là extérieur, de sorte que la substance éthique s'y trouve dans la particularité, et affectée de contingence. C'est un complexe de mœurs qui fonctionne sans conscience, un contenu qui est là (*vorhanden*), engagé dans un rapport multiple à une nature et à un monde. Mais ce qu'est isolément l'esprit d'un peuple, cela est pensé, dès lors que sa finitude (ses intérêts temporels, le système de ses lois, de ses mœurs…) est sursumée en un savoir, lequel est l'œuvre de l'esprit historien. Ce savoir du fini a lui-même la limite immanente qui est celle de l'esprit du peuple en question. Dès lors, le passage de l'être-là, entaché de naturalité, à l'esprit pensant, en appelle à une universalité véritablement concrète, celle de l'Esprit pour-soi, dans laquelle la Raison qui sait est libre pour elle-même. Alors la double nécessité de la Nature et de l'histoire historisante est au service de la révélation (*Offenbarung*) de l'Esprit. Nature et histoire sont devenues les vases de son honneur (*Gefäße seiner Ehre*).

Par là se trouvent marquées tout ensemble la proximité, et la distance, de l'histoire *stricto sensu*, et du savoir de soi de l'Esprit. D'une part l'histoire ne saurait se contenter de la simple justesse et exactitude, qu'a en vue le positiviste. Mais surtout, la réalité singulière de l'esprit d'un peuple se trouve, dans l'Histoire de l'Esprit, arrachée à sa phénoménalité immédiate, et aux relations extérieures, celle notamment de moyen à fin, que comporte cette phénoménalité.

La Remarque au parag. 552 évoque cet arrachement par une référence liminaire à la théorie kantienne des postulats. Ceux-ci expriment certes l'élévation de la raison finie à Dieu. Mais cette élévation s'accomplit comme un devoir-être, à quoi Hegel oppose la prise en compte, en elle, du moment de la négation. – Il est ainsi suggéré que, des esprits singuliers des peuples à l'Esprit « absolu », on a affaire à l'effectivité, comme il a été souligné précédemment, que par conséquent le rapport entre eux n'est pas frappé d'irréalité (ce qu'il serait s'il *devait* toujours être), les médiations dont il est fait témoignant bien plutôt de sa réalité.

Parmi ces médiations, il y a d'abord l'accès à la conscience de soi éthique, qui est une libération du vouloir à l'égard de l'appétit égocentrique des désirs, et ensuite, sur l'éthicité ainsi constituée, l'avènement du religieux. Mais le religieux et l'éthique entretiennent l'un avec l'autre un rapport complexe tel que ce qui est d'abord posé comme conséquent et comme produit (à savoir le religieux) est bien plutôt le *prius* absolu de ce à travers quoi il apparaît médiatisé. C'est à la détermination de ce rapport proprement spéculatif que se consacre la suite de la Remarque.

La religion est la « substantialité » de l'éthicité, donc de l'Etat. Car l'Etat repose sur la vertu, et celle-ci sur la disposition d'esprit religieuse, laquelle met sur le monde du libre vouloir la marque de la vérité absolue : « L'éthicité est l'esprit divin, en tant qu'il habite la conscience de soi dans son présent effectif comme présent d'un peuple et des individus qui composent ce peuple [...] ». Conscience religieuse et conscience éthique ne se séparent que selon la forme, la première sanctionnant la seconde : la religion est prise ordinairement comme la base (*die Basis*) de l'éthicité et de l'Etat. Dès lors, si une religion ne représente pas l'Absolu de l'Esprit véritable, c'est à dire comme liberté, il faut s'attendre que lui réponde une constitution injuste. Ainsi voit-on l'Eglise catholique trahir la liberté, autoriser, voire soutenir, des régimes d'oppression, parce qu'elle fait de la vérité un terme transcendant, séparé de la conscience de soi, et cela bien que son contenu dogmatique soit l'absoluité de l'Esprit.

C'est à la philosophie que revient alors, comme sagesse du monde (*Weltweisheit*) d'être l'instrument de la libération : elle arrache à la religion sa consécration de l'au-delà, et la transfère aux institutions de l'ici-bas, de façon que l'esprit divin pénètre la mondanité. Mais, pour que « les principes de la raison de l'effectivité aient leur justification suprême dans la conscience religieuse, dans la subsomption sous la conscience de la vérité absolue », il a fallu que l'œuvre de la philosophie fût préparée par la Réforme, qui a introduit l'esprit divin dans l'effectivité, en faisant descendre la sainteté dans la réalité éthique : à la place du vœu de chasteté a pris sa valeur le mariage, et avec lui la famille ; à la place du vœu de pauvreté (qui engendre paradoxalement le mérite de distribuer son avoir aux pauvres, et donc de les enrichir), l'activité productrice d'un profit, et la sagacité dans la gestion de ce profit ; à la place du vœu d'obéissance, l'obéissance à la loi et aux dispositions légales de l'Etat. La méconnaissance de cette « préparation », qui est la méconnaissance par les Lumières de leur propre origine, conduit à cette folie historique qui est l'ambition de faire « une Révolution sans Réforme ».

Platon pour sa part avait bien vu que son époque séparait l'une de l'autre la constitution de l'Etat et la religion, et aussi il avait reconnu l'intériorisation croissante de la liberté, avec les exigences que cette situation comporte et pour la religion, et pour le politique. Par là, il dépassait la conscience de ses contemporains, et en appelait à la philosophie pour mettre fin à l'infortune de son peuple. Mais ce n'était de sa part qu'un appel à l'Idée en général ; or, l'Idée, dans les choses naturelles, est seulement leur genre : elle est séparée de ces choses. Au contraire, dans ce qui est pensant, la substance (l'Idée) n'est plus différente de l'existence du singulier ; elle est alors le contenu lui-même. Cela, Aristote l'a compris, en nommant l'entéléchie du penser : νόησις τῆς νοήσεως. Dans le penser, l'être-pour-soi immédiat de la subjectivité et l'universalité sont *également* l'Idée véritable de l'Esprit concret en soi, mais ils diffèrent quant à la figure qu'y prend la présentation du contenu : sentiment, intuition, représentation d'une part, pensée d'autre part. La philosophie se développe sur le fond de la religion, et à partir d'elle : ainsi la philosophie grecque est-elle postérieure à la religion grecque, mais elle ne pouvait se conquérir elle-même, l'Idée véritable ne pouvait se poser dans son pour-soi authentique, qu'en s'opposant à la religion, en l'occurrence au polythéisme de l'imagination. L'Etat, qui lui aussi se développe à partir de la religion, mais plus tôt que la philosophie, présente dans sa chair, dans sa mortalité, l'unilatéralité qui est l'apanage de l'Idée vraie tant qu'elle n'est qu'en soi. Platon n'apercevait pas ces différences, faute d'accéder à l'identification de la vérité avec la liberté subjective. Il passe donc trop vite de l'Etat, dernière figure de l'Esprit objectif, à la philosophie, dernière figure de l'Esprit absolu, en laquelle *toutes* les figures de l'Esprit : subjectif, objectif, et absolu, accèdent à leur pour-soi, qui est leur vérité. De même que chez les Modernes, les Français ont pu croire à une « Révolution sans Réforme », comme si des individus singuliers étaient en mesure de lutter à mains nues contre un régime de non-liberté, de même Platon pensait que des individus philosophes pouvaient par leurs seules forces inscrire la Raison dans la Cité : lui non plus ne faisait pas sa place à la religion. Encore est-il que la forme que présentait la religion de son temps, l'imagination, lui était à bon droit suspecte, alors que les Modernes auraient pu et auraient dû reconnaître l'Esprit dans la Religion révélée, car c'est seulement dans « le principe de l'Esprit sachant son essence, de l'Esprit absolument libre en soi, et qui a son effectivité dans l'œuvre de sa libération que se trouvent la possibilité et la nécessité absolues de la convergence du pouvoir politique, de la religion, et des principes de la philosophie : réconciliation de l'effectivité en général et de l'Esprit, de l'Etat et de la conscience religieuse, et de l'Etat et du savoir philosophique ». Il faut se confier à l'« élasticité » infinie de la forme absolue pour que l'identité du contenu se fasse reconnaître aux différents niveaux de sa présentation, et que l'Esprit se réconcilie en lui-même.

Ainsi sont mis en évidence les décalages, les dissymétries qui appartiennent à l'auto-révélation de l'Esprit, et qui font que celui-ci n'est pas présent de la même manière sur toutes les lignes de sa réalisation. Son développement historique, étant multilinéaire, n'est pas rigoureusement homogène. De ce qu'il est empreint de négativité, il est marqué d'oppositions, qu'on ne peut comprendre que *comme des oppositions à soi-même,* puisque c'est toujours des formes diverses de la propre manifestation de l'Esprit qu'il s'agit, le contenu de cette manifestation, la liberté, demeurant par principe identique. Ces formes préparent l'accès à la conscience de soi la plus haute ; mais cette préparation, étant affectée de contradictions, oppose des obstacles à la réalisation du Soi.

Le deuxième texte qui sera invoqué met en question l'emploi du mot *Entwicklung* à propos de l'Histoire. Ce mot désigne une calme éclosion quand on l'applique aux choses vivantes, où le germe est le principe intérieur qui demeure identique à soi tandis que ses formes extérieures se modifient, de sorte que rien ne s'insinue entre celui-là et celles-ci. C'est parce qu'il y a dans le vivant une certaine indifférence et extériorité de la forme par rapport au contenu qu'on n'aperçoit nul conflit entre le concept et sa réalisation. Mais dans l'Esprit le passage entre eux est médié par la conscience et par le vouloir : par suite le développement n'est pas purement formel, en particulier n'est pas repérable quantitativement. On a affaire bien plutôt à une suite de fins qualitativement distinctes, ayant chacune un contenu déterminé. Hegel note à ce propos qu'il y a dans l'Histoire du monde des périodes passées qui ont sombré sans s'être apparemment continuées dans celles qui les ont suivies, si bien qu'il a fallu à frais nouveaux tout recommencer à partir de zéro, même si de rares et fragiles vestiges des civilisations englouties avaient pu surnager ; il y a aussi dans l'Histoire des développements marqués de continuité. D'un point de vue strictement formel, on ne saurait donner la préférence à l'un ou à l'autre type de développement, sinon à partir de choix indéterminés et arbitraires, ni non plus conceptualiser de telles occurrences, qu'on attribue ordinairement aux contingences extérieures.

Par l'insistance qu'il met sur les cassures de l'Histoire, où semble se perdre un trésor amassé jusque là, ce texte vise à récuser la platitude d'une lecture évolutive, celle d'un progrès indéfini, fondé sur la «perfectibilité» de l'Homme, selon le concept des Lumières, celui de Lessing.[2] – Assurément, la reconnaissance inverse, tout autant unilatérale, du changement des choses de ce monde, exposées à la contingence et à la corruption des passions, est également dépourvue de pensée. Mais elle a au moins le mérite de souligner la présence dans l'Histoire du mal et du malheur, que la philosophie ne saurait écarter, sinon par une abstraction qui la fait se renier elle-même.

2. Il convient au demeurant de remarquer que Hegel reconnaît à ceux qui emploient ce vocable «le pressentiment de quelque chose qui appartient à la nature de l'Esprit». *Cf.* G. W. F. Hegel : *Grundlinien der Philosophie des Rechts.* Mit Hegels eigenhandigen Randbemerkungen in seinem Handexemplar der Rechtsphilosophie. Hrsg. von J. Hoffmeister. Hamburg, 1955. 289. (GH).

Les deux textes qui viennent d'être rappelés présentent ainsi les décalages de la réalité historique, l'un, le parag. 552 et sa Remarque, dans ce que nous appellerions l'ordre de la synchronie, l'autre plutôt dans celui de la diachronie. Ici comme là, le cours de l'Histoire se trouve brisé. Le schéma abstrait, rectilinéaire, de la vie de l'Esprit devant donc être écarté, c'est à la pensée spéculative qu'il convient de demander en quoi consiste cette vie dans sa concrétion effective. L'appel qui y sera fait s'articulera ci-après sur trois thèmes : le principe de contradiction – la pensée de la contingence – celle de la téléologie. On verra ainsi se fermer l'héritage kantien-fichtéen sur l'unité de l'Idée du Vrai et de l'Idée du Bien.

*
* *

La reconnaissance du Mal dans l'Histoire, son opposition à l'Esprit, cela exige que soit critiqué l'optimisme métaphysique selon lequel, Dieu étant l'auteur du monde, le Mal se trouve rapporté au Bien au titre de sa condition ou de son instrument. Par là en effet c'est seulement l'opposition du Bien et du Mal *telle qu'on la rencontre dans le règne du fini* qui est fixée. C'est bien pourquoi le leibnizianisme a pu être tourné en dérision par Voltaire, substituant sans précaution, au nom du « bon sens », un pessimisme empirique à l'optimisme abstrait.

Mais aussi il faut récuser la « théologie morale », qui s'exprime de manière exemplaire dans la 3e Partie de la *Destination de l'Homme*. Il s'agit d'une vision rationnelle du monde, qui repose sur l'opposition du réel et du rationnel *dans la subjectivité finie*, et sur leur réconciliation dans le Moi absolu, réconciliation indéfiniment repoussée. Cette absence de réconciliation réelle témoigne que le penseur ne s'est pas élevé jusqu'au propos de Platon qui disait dans le *Timée* que le monde est « créé par la raison divine, tel un dieu bienheureux »[3]. Si même un penseur païen est capable de penser le monde comme émané de la raison divine, combien plus cela devrait-il être le cas chez un penseur chrétien !

Le christianisme en effet offre les armes permettant de lutter contre les deux doctrines qui viennent d'être évoquées. D'une part la religion chrétienne enseigne que le Mal n'est pas une contingence

3. G.W. F. Hegel : *Glauben und Wissen. Gesammelte Werke.* Bd. 4. Hamburg, 1968. 407. (GW 4).

passagère, mais une nécessité de la finitude, sous la forme du mal physique (tremblements de terre, éruptions volcaniques...) ou moral (la méchanceté des caractères); et aussi elle propose une réconciliation du fini et de l'infini, non pas indéfiniment repoussée, mais *présente* (*vorhandene Erlösung*) (GuW 116, GW 4, 407), la possibilité, dans le subjectif, et la réalité, dans l'objectif, de cette résolution s'unifiant dans l'Esprit, comme l'Esprit.

La pensée fichtéenne de l'Histoire, qui se présente explicitement comme une *croyance,* est fondée sur la simple fiabilité d'un progrès: les volcans vont, sinon s'éteindre, du moins être de mieux en mieux maîtrisés par la science, et par les techniques qu'elle engendre; de leur côté, les conflits humains vont susciter un règne universel du droit dans lequel ils trouveront leur pacification, le premier but de l'humanité étant l'avancement de la civilisation par la propagation de la culture. A cette croyance, qui laisse intactes les oppositions à partir desquelles elle s'instaure, se bornant à les effacer, Hegel oppose à Iéna la nécessité d'un Savoir, seulement esquissé dans les dernières pages de *Foi et Savoir,* la célèbre transformation du Vendredi saint historique en Vendredi saint spéculatif. Dans ce Savoir, le combat de l'Esprit contre lui-même, sa dure opposition à soi sont reconnus comme l'«absolu déchirement», selon la formule de la Préface à la *Phénoménologie de l'Esprit.* La douleur du négatif ne saurait être écartée du chemin que l'Esprit parcourt vers lui-même, car la substance authentique est l'être qui a la médiation à l'intérieur de soi, ou plutôt qui est la médiation même, la tâche des Modernes, celle de fluidifier les oppositions devenues fixes, rendant celles-ci à leur spiritualité essentielle.

Cette tâche trouve son accomplissement dans une *Science de la Logique,* qui prend la place de la Métaphysique des Classiques. Ainsi, à ceux qui opposent radicalement le Bien et le Mal, il est répondu par le droit de cité donné, au sein du Logos, à la contradiction, qui est tout ensemble le résultat, et la résolution, de l'opposition de l'identité et de la différence. Invitation est faite à l'intuition et à la pensée représentative de reconnaître que chacun des termes: le positif et le négatif, a son autre à même soi. Ainsi en est-il de la lumière et des ténèbres, mais aussi de la vertu et du vice, car la vertu n'est pas sans combat: «elle est bien plutôt le combat suprême, achevé; ainsi n'est elle pas seulement le positif, mais elle est négativité absolue; également, elle n'est pas vertu seulement *en comparaison* avec le vice, mais elle est *à même elle-même* opposition et combat (*Entgegensetzung und Bekämpfung*). Autrement dit, le vice n'est pas seulement *le manque* de vertu – l'innocence est aussi bien ce manque –, et il n'est pas différent de la vertu simplement pour une réflexion et une comparaison extérieures, mais il lui est opposé à même soi-même »[4]

Que la vertu et le vice ne s'entendent pas par exclusion réciproque, comme s'il s'agissait de deux entités subsistantes, et subsistant dans leur séparation, cela peut être exprimé ainsi : si l'innocence, le manque du Bien et du Mal, est prise mythiquement comme le statut originaire de ce qui est, il faut dire alors que toutes les natures sortent (*heraustreten*) de cet état, se mettent par elles-mêmes en relation à leur autre, et par là vont à l'abîme, ou, au sens positif, retournent à leur fondement. Ce fondement est l'Esprit.

La *Science de la Logique* réécrit ainsi les principes de contradiction et de raison dans une théorie, celle dite de « l'Essence », où se trouve exposée la médiation de l'Etre vers lui-même. Dès lors, les « modes » de celui-ci : le possible, le réel, le nécessaire, doivent être pensés dans leur unité interne. Cette unité s'explicite sur le *contingent,* car celui-ci est l'effectif, mais c'est un effectif seulement possible, posé donc selon sa vérité d'être-posé. Formellement comprise, cette effectivité est le renversement non médiatisé de l'Etre et de sa réflexion ; mais comme unité des deux, elle accède à un contenu, et s'identifie à la nécessité, car « la nécessité est autant le sursumer de l'être-posé, ou le poser de *l'immédiateté* et de *l'être-en-soi* que le *déterminer* de ce sursumer au titre d'être-posé. Ainsi est-ce *elle-même* qui se détermine comme contingence... ». (GW 11, 390)

De là résulte *a contrario* que c'est seulement une philosophie de l'aspiration indéfinie qui donne pour tâche à la subjectivité de « vaincre », comme elle dit, la contingence, en « déduisant » les singularités qui s'offrent dans l'expérience, car pour une telle pensée la contingence n'est rien, rien que l'espace de jeu d'une Raison, *réduite en fait à l'entendement abstrait* : une Nature sans beauté, une chose « absolument profane et morte » (GW 4, 405) est ce qui sert de cadre à la théologie morale. – Que la contingence soit la nécessité elle-même, cela ne doit pas être entendu comme justifiant un nivellement radical

4. G.W.F. Hegel : *Wissenschaft der Logik. Gesammelte Werke.* Bd 11. Hamburg, 1978. 283-284. (GW 11).

de tout ce qui est à la particularité de l'événement, ni à l'inverse comme l'assomption délirante de tout étant, tel quel, au concept, mais comme l'affirmation de l'unité réelle du devenir et de la réflexion, du fini et de l'infini.

Contre la physico-théologie de Leibniz et contre les philosophies du devoir-être, la téléologie, comme pensée de l'existence du Concept, peut alors ouvrir à une pensée de l'Histoire. Car le mouvement de la fin, sursumant sa propre présupposition, l'immédiateté de l'objet, et posant celui-ci comme déterminé par le Concept, rend le contingent à sa vérité. En même temps que la subjectivité de la fin, c'est la vue rectilinéaire de l'Histoire, celle d'un progrès indéfini, qui est niée. La syllogisation du moyen et des extrêmes fait échapper le moyen à la détermination unilatérale de l'«instrument», qui est celle en général du fini dans la théodicée leibnizienne. Il n'y a indifférenciation de la fin et du moyen qu'autant que la relation téléologique est prise en extériorité. Mais dans la fin *réalisée,* l'objet est dépossédé de son en-et-pour-soi, car il y a une double sursomption de l'objectivité par l'objectivité, la première étant l'origine du moyen, la seconde la réalisation de la fin. «La négativité retourne ainsi en soi-même, de sorte qu'elle est aussi bien la résurrection de l'objectivité, mais d'une objectivité qui lui est identique, et en cela également du même coup le poser d'une objectivité externe, entièrement déterminée par la fin». (GW 12, 170) – A la relation de termes indépendants (l'aspiration subjective d'une part, une Nature contingente de l'autre) s'est substituée l'auto-détermination du Concept. L'Idée sursume ensemble la «subjectivité» et l'«objectivité», ce qui signifie que le travail du Concept se fait contre lui-même, dès lors qu'il a été reconnu identique à l'une et à l'autre. Comme résultat de la relation téléologique, l'Idée en est aussi le principe, car en elle s'opère la véritable infinitisation du fini, le retour de la négativité sur elle-même.

Cette situation accède à sa vérité pour-soi dans l'Idée «absolue», identité de l'Idée théorique et de l'Idée pratique. A l'Idée théorique revient du côté subjectif la détermination de l'universalité: le remplissement lui est un donné, une effectivité «*vorhanden*». A l'Idée pratique au contraire, cette effectivité est en et pour soi nulle, et ne doit recevoir de véritable détermination que par les fins du Bien. L'Idée pratique en d'autres termes est dépourvue de la conscience que le moment de l'effectivité aurait atteint pour soi dans le Concept la détermination de l'être extérieur. (GW 12, 233)

C'est bien sur ce manque que repose la théologie morale : dans la Nature « morte », dans la Nature qui n'est rien en soi, le Bien assurément ne saurait se réaliser, ce qui fait de l'Idée du Bien accompli un postulat absolu. Deux mondes sont alors face à face : d'une part, le royaume de l'intériorité subjective dans les espaces purs de la pensée transparente, de l'autre le royaume de l'objectivité, monde clos (*unaufgeschlossen*), monde de ténèbres : d'une part le Bien, d'autre part le Mal.

Le vouloir, au lieu de se mettre ainsi en travers de sa propre route (« *der Wille steht [...] der Erreichung seines Ziels nur selbst im Wege [...]* ») n'atteindra son but que s'il se réunit au connaître : Idée du Vrai et Idée du Bien sont appelées à se compléter. Il n'y a là nul privilège du théorique sur le pratique, ni, à l'inverse, du pratique sur le théorique : si c'est *par son propre déploiement* que le fini s'infinitise, il faut réunir les deux prémisses du syllogisme de l'acte. Le savoir de soi du Concept est l'infinitisation du concept objectif : « ce qui limite encore le concept objectif, c'est la propre vue (*Ansicht*) qu'il prend de soi, laquelle disparaît dans la réflexion sur ce qu'est *en soi* sa réalisation ; ce n'est que lui-même qui se fait obstacle à lui-même par cette vue, et il n'a pas à se diriger là contre comme contre une effectivité extérieure, mais contre soi-même » (WL 2, 482 ; GW 12, 235).

Phénoménologiquement, c'est à dire dans le progrès que fait la conscience vers sa propre vérité, cette rentrée du fini dans l'infini est celle de l'individuel dans l'universel, de la vertu seulement représentée à la vertu qui est inscrite dans le contenu substantiel. Plus généralement, s'il y a une lutte du concept contre lui-même, on en trouve le témoignage dans le décalage présenté par l'Histoire entre la vérité et la certitude : la première s'exprime dans le « pour nous » du phénoménologue ; la deuxième est la représentation, par la conscience, de sa différence à l'égard d'un monde extérieur, voire étranger. – Ainsi, dans le combat des Lumières contre la « superstition », on voit comment l'attitude négative envers l'Autre, pris comme un opposé trouvé (*vorgefunden*) est négation *de soi-même* : la pure intellection ne peut condamner que ce qu'elle est. Tant que la conscience « éclairée » lutte contre elle-même, mais sans le reconnaître, l'absence d'une véritable conscience de soi se marque par l'alternance des concepts opposés du Bien et du Mal, fixés tantôt d'un côté, tantôt de l'autre ; l'oscillation ainsi produite les conduira à l'abîme de leur fond, l'Esprit lui-même.

Inversement, c'est la mise en branle historique de l'opposition du Bien et du Mal, déjà par la casuistique des Jésuites, qui a permis à la philosophie de ramener le contenu jusque là attribué à l'au-delà dans les limites du Moi[5]. Le triomphe de la Raison dans l'observation de la Nature, puis dans la constitution du droit, en dérive. Les Français ont suivi le chemin du théorique au pratique, tandis que les Allemands, que la Réforme avait déjà émancipés dans le séculier, en restèrent au théorique. Mais ni dans l'un ni dans l'autre peuple, la pleine reconnaissance par soi de l'Esprit n'a pu être opérée. Ici pas plus que là, faute que s'identifient concrètement le théorique et le pratique, l'Esprit ne reconnaît qu'il est à lui-même le principal obstacle qui l'empêche d'accéder à soi.

L'intrication réciproque du spéculatif et de l'historique, bien loin de signifier leur égalité simple, est propre à mettre en évidence la lutte que l'Esprit soutient contre lui-même, au cours de ce qu'on peut bien appeler son «développement», mais à condition d'en préserver la complexité.

* * *

L'obstacle que l'Esprit s'oppose à lui-même dans sa quête de son propre concept est désigné dans le texte cité des *Leçons sur la Philosophie de l'Histoire* par le mot *d'aliénation* (*Entfremdung*) opposé à *extérioration* (*Äußerung*), ce dernier terme caractérisant le milieu où ce qui évolue demeure dans l'égalité à soi et dans l'intimité du soi: ainsi le vivant, produit par son germe, et le reproduisant.

Pour autant, ce dernier type de développement ne saurait être purement et simplement opposé au développement spirituel comme s'il lui était antithétique et irréductible. Car c'est l'Idée qui est le sujet de l'extériorité, et cette extériorisation sienne (*Entäußerung*) est la marque de sa liberté et de la sûreté de son savoir de soi. Cette déprise (*Entlassen*) de soi, que les pages terminales de la *Science de la Logique* nomment la *décision* (*Entscheidung*) de l'Idée absolue, fait de la Nature l'autre de l'Idée: sa *propre* auto-négation.

Mais que l'extériorisation soit la vérité de l'extérioration, cela n'est pas su par l'Esprit lui-même. Pour s'accomplir, c'est à dire pour

5. *Cf.* G. W. F. Hegel: *Vorlesungen über die Philosophie der Weltgeschichte.* Hrsg. von G. Lasson. Leipzig, 1944. Neudruck Hamburg, 1976. Bde 2-4. 913-914. GH 126, § 140 Anm.

accomplir la vérité de l'Esprit, il faut donc que l'extériorisation soit complétée, en ce que le renoncement par l'Idée à son être-pour-soi engendre l'effectivité comme une effectivité à maîtriser: comme un monde. *Telle est l'œuvre de l'aliénation.* Celle-ci fait échapper la Nature à la mort des choses profanes, et par là, elle est, pour l'Esprit le moment de l'opposition à soi, celui de la perte de son unité immédiate. Ainsi le voit-on se diviser en lui-même face à des biens divers (la richesse, le pouvoir...). C'est son retour à son essence intime (*einheimisch*) qui le fait retourner à l'unité du soi et de l'autre. Mais en cette unité devenue effective, il n'y a plus place pour le demeurer-égal-à-soi, ni pour le demeurer-à-l'intérieur-de-soi, qui caractérisent le développement du germe et du genre.

Il apparaît ainsi que la négation de cette première négation de soi qu'est l'extériorisation, étant médiée par l'aliénation, conduit à distinguer entre l'espace-temps naturel d'une part, et la temporalité historique de l'autre. Car la présence de l'Esprit à soi-même sur le mode du combat, cela exprime sa négativité essentielle, qui est sa déterminabilité. La détermination, comme limite, étant négation, le savoir de la limite, qui est l'outrepassement de celle-ci, est l'accès à une nouvelle détermination. Mais de ce déplacement de la limite, la théologie morale, faute de ressaisir son moment de négativité, ne propose qu'une formule répétitive: c'est ce qui fait que le progrès qu'elle a en vue est toujours formel, indéfini. Dès lors au contraire que la négation est négation déterminée (étant négation d'une Nature « vivante », c'est à dire d'un monde), le devenir de l'Esprit est le mouvement de déterminations qualitativement distinctes *qui sont les siennes en ceci qu'il s'engendre d'elles*: tel est le devenir-sujet de la substance.

Ce mouvement est marqué par la nécessité inéluctable de la mort et de la disparition, nécessité qui confirme la superficialité d'une représentation progressive et accumulatrice de la moralité dans le temps. Il peut alors sembler d'autant plus difficile de comprendre comment, dans cette aliénation de soi, l'Esprit peut être dit « plein de jouissance ». – Ce mot de « jouissance », qui est le mot ultime de l'*Encyclopédie,* désigne ici comme là le fruit d'un acte, de ce développement qui est la propre production de l'Esprit par soi. La jouissance est la dénégation d'une extériorité, et plus précisément d'une extériorité étrangère, mais c'est une dénégation active: la félicité est du

Soi par lui-même[6] : elle est l'acte par lequel l'Esprit est ce qu'il est : νόησις τῆς νοήσεως. Cela même est présent au sein de la théologie morale de Kant et de Fichte, car c'est un moment auquel on ne saurait renoncer (PhG 426, 435 ; GW 9, 326, 333) : par la jouissance, se trouve scellée l'unité de la conviction individuelle et du savoir du devoir. Elle est le côté subjectif de la liberté, la conscience d'être auprès de soi dans l'autre. L'action raisonnable et la jouissance suprême, l'idéalité et la réalité, sont identiques. La scission des termes, que présuppose l'eudémonisme, disparaît « dans la mesure où le concept et l'infinité, qui dominent dans le faire, et la réalité et la finité, qui dominent dans la jouissance, sont repris l'un dans l'autre » (GW 4, 318). La « réconciliation », dont on a ici le texte exemplaire, signifie que l'Esprit s'engendre lui-même. C'est pourquoi, au rebours de ce qui en est dans la théologie morale, il n'y a ici nulle indéfinité : les termes en présence, l'Esprit et le monde, ne sont pas fixés une fois pour toutes, et laissés à leur identité sans mouvement, mais l'Esprit est ce qu'il fait, et ce qu'il fait est le réel. La conscience de cette unité lui est une jouissance, la jouissance de soi. Le savoir de cette unité est la philosophie, dans laquelle le logique, où se dit l'unité de l'Etre et du Concept, se fait chair comme Nature et comme Histoire.

Sans doute est-il vrai que, dans le texte cité ici, l'Esprit est dit « plein de jouissance », comme s'il s'agissait d'une disposition d'humeur qui le submerge ; il est vrai également que l'infinité, qui est avec la dureté la caractéristique du combat de l'Esprit contre lui-même, si elle est entendue comme une simple épithète, choisie pour sa valeur émotionnelle, tombe dans l'indéfinité. – En fait, les deux représentations, et corrélativement les deux concepts, sont étroitement liées. C'est parce que la jouissance est le côté subjectif de l'activité négatrice de l'Esprit sur lui-même qu'elle peut être infinie, non pas dans l'ailleurs lointain d'un but jamais atteint, mais comme la certitude de sa vie, comme l'actualisation même du Soi.

6. G.W.F. Hegel : *Enzyklopädie der pbilosopbischen Wissenschaften im Grundrisse* (1830). Hrsg. von F. Nicolin und O. Poggeler, Hamburg, 1955. 433. – A Iéna, la jouissance est caractérisée comme *sensible* : c'est celle du fruit qui change son absence en délice dans le *Système de la vie éthique* (SdS 11). Mais cet aspect extérieur et immédiat s'efface dès la *Phénoménologie de l'Esprit* (cf. *Phänomenologie des Geistes,* GW 9, 270), et, à plus forte raison dans *l'Encyclopédie* où, même dans l'Esprit subjectif (*cf.* § 444) la jouissance relève du *pratique,* et est présentée en symétrie avec cette production de l'Esprit théorique qu'est le *mot. Cf.* O. Poggeler*: Etudes hégéliennes,* Paris, 1985, 265.

Tel est l'horizon dans lequel il faut entendre la « fierté » de l'Esprit. Elle s'identifie à la jouissance, dès lors que celle-ci n'est pas un pathos servile, mais la reconnaissance de soi jusque dans l'oubli de soi. Dans la Nature, l'Esprit sépare son Soi, le temps, et son être, l'espace ; mais dans l'Histoire, extériorisation de l'extériorisation, doublement de la négation, l'Esprit abandonne son être-là, dont il confie la figure au souvenir, et ainsi peut-il vaincre la limite de la contingence et de la mort, en les élevant à leur vérité sue.

*
* *

Deux enseignements spéculatifs peuvent être tirés de cette lecture propédeutique de la Philosophie de l'Histoire.

Le premier réside manifestement dans la dénégation par Hegel de tout dualisme « vertical » dans la pensée de l'Histoire. S'il privilégie l'idéalité aristotélicienne (νόησις τῆς νοήσεως) par rapport à la platonicienne (l'Idée comme genre), c'est parce qu'Aristote affirme explicitement l'unité de la forme et du contenu, qui est en propre l'apanage de la spiritualité, alors que l'Idée comprise comme genre demeure prisonnière de l'objectivité naturelle[7].

Cette leçon est certes difficile à ressaisir. On en a la preuve lorsqu'on voit Heidegger dire au parag. 82 de *Sein und Zeit* que l'Esprit hégélien « tombe » dans le temps, pour suggérer par là l'appartenance du hégélianisme à l'idéalisme traditionnel[8]. Dans ce propos, l'extériorisation, instance nécessaire, pour ainsi dire fonctionnelle, de la vie de l'Esprit, est mélangée obscurément avec l'aliénation, dont on a tenté ici de la distinguer, et revêtue en même temps des connotations mythiques liées à la chute. – En réalité, le double procès de l'*Entäußerung* et de l'*Entfremdung* dessine un tout autre mode de la présence de l'Esprit à lui-même et au temps que celui de la simple chute ; de plus, il ménage à l'Esprit et à son monde un espace de jeu, l'espace d'un « combat », qui est bien différent de celui, heideggerien, de la terre et du monde, en ce que, chez Hegel, la vérité, qui en est, comme chez Heidegger, l'enjeu, s'identifie à la liberté.

7. G.W.F. Hegel : *Vorlesungen über Naturrecht und Staatswissenschaft.* Hrsg. von den Mitarbeitern des Hegel-Archivs mit einer Einleitung von O. Poggeler, Hamburg, 1983, 257.

8. M. Heidegger : *Sein und Zeit,* Tübingen, 1949, 435. – Heidegger utilise ainsi un texte présenté comme non original par Hoffmeister.

La même méconnaissance de la révolution spéculative accomplie par le hégélianisme s'exprime dans les Leçons 11 et 12 de *Der Satz vom Grund*[9] où Heidegger esquisse une Histoire de l'Etre à l'encontre de cette «représentation presque indéracinable» selon laquelle l'Histoire actualiserait dans le temps des valeurs supra-temporelles.

S'il est vrai que la pensée hégélienne de l'Histoire récuse une approche idéaliste au sens courant du mot, il est également indispensable de la préserver d'une lecture immanentiste, «horizontale», si la précédente est dite «verticale», qui joue elle aussi de l'opposition entre deux mondes: l'absolu/le relatif, le nécessaire/le contingent. C'est une telle lecture qui fait appel à la «ruse de la Raison» pour penser le cours des événements, le changement des Empires, de façon à voir, sous l'événement hasardeux, la manifestation même de l'Esprit, mais comme à travers un déguisement. – On peut déjà avoir le pressentiment de l'insuffisance de cette lecture rien qu'en prenant au sérieux le thème de la «fierté». Car si l'Esprit ruse, il n'est pas fier: «par la ruse, le vouloir est devenu femme», écrivait Hegel à Iéna[10].

Or, l'Esprit est fier en tant qu'il n'a devant soi d'autre obstacle que lui-même, comme le Bien n'est pas distinct et séparé du Mal, ce qui signerait sa dépendance à son égard.

Dans *Vertu et Cours du monde* (GW 9, 211), et bien que la conscience soit là sur le chemin d'une réconciliation seulement idéale avec le monde, on voit que les deux protagonistes: l'individu comme essence du Bien et du Vrai, et le monde, ont chacun en soi les deux moments opposés de l'universel et du singulier. Dès lors, en engageant la lutte contre le cours du monde, la vertu lutte en fait contre elle-même, ce qui annule l'espérance qu'elle pourrait avoir de le prendre par ruse (*listigerweise*), à revers, à la faveur d'une embuscade (*Hinterhalt*): «Le cours du monde est la conscience vigilante, certaine de soi-même, qui ne laisse pas l'ennemi venir à elle par derrière, mais de tous côtés fait front... car il est ceci, que tout est pour lui, que tout se tient devant lui».

Tant que, dans la conscience et pour elle, le sujet et la substance sont séparés, l'Esprit est en quête de son propre concept: il n'est pas encore «accompli» (*vollendet*). Mais cet accomplissement ne se fait pas par un coup de théâtre. L'Esprit est l'unité de l'universel et du sin-

9. M. Heidegger: *Der Satz vom Grund,* Pfullingen, 1957.,145f, 159f.
10. G.W.F. Hegel: *Jenaer Systementwürfe III.* GW 8, 207.

gulier, mais il l'est selon les médiations proprement infinies qui sont ses déterminations dans le combat qui l'oppose à lui-même comme à son autre. Le Bien, dit Hegel, est tout autant accompli que s'accomplissant, car l'Esprit a puissance sur tout le contenu qui se trouve présent en lui, et c'est là le fondement de sa liberté. C'est pourquoi « la grande ruse, c'est que les choses sont comme elles sont ; il n'y a pas à aller au-delà d'elles ». La vérité du réel, c'est l'unité de l'être et du néant, tantôt offerte à l'intuition comme espace-temps, c'est-à-dire comme Nature, tantôt à la représentation comme sujet/objectivité, et enfin à la pensée comme l'infini véritable. Pour la pensée, le temps n'est donc pas la scène de l'irréel, des ombres sans vie : comme Histoire, il est l'infinité elle-même.

Dans le devenir de l'Esprit, l'Esprit est tout ensemble le principe et la fin ; dans son « retour » à soi, il découvre qu'il ne s'est jamais quitté. Si son aliénation est pour lui une source de jouissance, c'est que, étant la formule provisoire de sa nécessaire extranéation, elle est la condition de soi et de son autre. Ce n'est pas, comme l'interprète Heidegger, en termes de conscience, même de conscience « de » soi, si celle-ci est comprise comme un simple redoublement réflexif, qu'il faut entendre la venue de l'Esprit à soi, mais en termes de vie et de mort.

Tandis que dans l'évolution organique, la mort du singulier n'empêche pas le maintien du genre comme égal à soi et intérieur à soi, ici les individualités singulières sont le genre comme posé, c'est à dire comme déjà réfléchi. La pensée n'est le non-mortel, l'universel étant pour-soi qu'en tant qu'elle reconnaît la contradiction pour la vérité de l'identité, l'infini pour la vérité du fini. – Hegel, c'est bien connu, a cru vivre pour sa part l'un de ces moments privilégiés où une figure de la vie de l'Esprit s'achève, et où sa limite brisée l'ouvre à une nouvelle détermination. Sa vocation était à ses yeux d'exprimer le saut qualitatif par lequel une nouvelle culture s'institue dans l'ébranlement du monde ancien, de reconnaître dans des *membra disjecta* (l'éthique, le religieux…) la vérité du tout qui est leur principe.

LES APORIES CONCERNANT LE CONCEPT DE NATURE DANS LA THÉORIE ROUSSEAUISTE DU POLITIQUE, ET LEUR DÉPASSEMENT HÉGÉLIEN*

La célèbre Préface au 2e Discours** exprime et justifie le refus par Rousseau de toute affirmation concernant « l'homme tel que l'a formé la Nature ». Selon Rousseau, il serait devenu impossible « de démêler ce qu'il tient de son propre fonds d'avec ce que les circonstances et ses progrès ont ajouté ou changé à son état primitif ». « C'est cette ignorance de la nature de l'homme qui jette tant d'incertitude sur la véritable définition du droit naturel » et qui explique les divergences des auteurs sur un sujet pourtant si important. De même en est-il de l'état de nature, « un état qui n'existe plus, qui n'a peut-être point existé », car on voit combien la philosophie et la religion sont en désaccord à son propos, et nous conduisent par là même à tenir son existence pour hautement problématique.

Rousseau affiche donc une grande modestie quant à la détermination de ces notions, et notamment de la « loi naturelle » évoquée par le texte du concours : il a seulement « hasardé quelques conjectures », bien heureux s'il peut ainsi « éclaircir la question », ayant perdu tout espoir de la résoudre. Ces conjectures, alliées à « quelques raisonnements » définissent le terrain, et le style, sinon la méthode, du Discours. – On sait que Rousseau va se livrer en fait à une description de l'état prétendument originaire de l'homme, celui d'une vie asociale (les individus se trouvant dans un quasi-isolement), de laquelle l'inégalité est absente. Description qui s'achève sur le mythe de la

* Texte paru dans *Rousseau, die Revolution und der junge Hegel*, H.F. Fulda et R.P. Horstmann (ed.), Klett-Cotta, 1991, p. 205-220.

** Traduit en 1756 par M. Mendelssohn.

fondation de la société, par le coup de force d'une rhétorique mystificatrice.

Tout se passe donc comme si « l'état de nature », malgré son inconnaissabilité proclamée, était une instance inévitable dans la compréhension de la réalité sociale et politique que Rousseau désignera du nom de « société civile ». C'est en effet cet « état de nature », état neutre par rapport à elle, qui est son origine au moins vraisemblable. Et Rousseau s'accorde avec tous ceux qui pensent que la détermination de l'origine ouvre à celle de l'essence de la chose.

L'évocation d'un tel état relève ainsi d'une sorte de scientificité en retrait; quant au moment fondateur, il est un événement, que la description de l'état de nature supposé rend plausible. La fonction que joue ce dernier dans l'argumentation est donc, malgré les dénégations que véhicule le propos, sensiblement analogue à celle qui lui est dévolue chez les Classiques (Hobbes, Locke...), même si le contenu de ce qui est évoqué diffère ici et là.

Dans le *Contrat social*, Rousseau écartant les faits au profit d'une recherche du droit, l'observation et la science se trouvent également éliminées, bien que les motifs de cette élimination ne soient pas explicitement les mêmes qu'en 1754-1755. S'il faut dire que la nature de l'homme est la liberté, il faut dire aussi qu'elle n'est pas ordinairement reconnue comme telle, et qu'on ne peut attendre de la voir respectée que par l'exercice souverain de la volonté générale dûment réalisée. C'est donc parce qu'il ne vient pas de la nature comme fait que le droit est le droit. Les Chapitres 2 et 3 du Livre I le montrent, de façon que puissent être définies les conditions du surgissement d'un « droit sacré » servant de base à tous les autres (I, 1), droit fondé sur une convention. Le contrat social est ainsi appelé à jouer le rôle que jouait le « droit naturel » dans la pensée classique. C'est ce que Diderot exprime dans l'article *Droit naturel* de l'*Encyclopédie*:

> Je suis homme, et je n'ai d'autres *droits naturels* véritablement inaliénables que ceux de l'humanité... C'est à la volonté générale que l'individu doit s'adresser pour savoir jusqu'où il doit être homme, citoyen, sujet, père, et quand il lui convient de vivre et de mourir...

L'homme donc, par le contrat, est mis en possession de sa nature, à savoir de la liberté; c'est ce que veut dire Rousseau quand il dit que le contrat « d'un animal stupide et borné fit un être intelligent et un homme » (I, 8).

Mais, dans la mesure où Rousseau identifie aussi le naturel et l'individuel, il ne peut méconnaître la persistance de l'individu au sein du Souverain engendré par le contrat social, et il constate que cette persistance crée une tension entre les droits et les devoirs du citoyen, d'une part, et les droits de l'homme d'autre part. Ce sont ces derniers qui sont accentués dans le Livre II, et spécialement dans le Chapitre 4, où Rousseau écrit : «Il s'agit [...] de bien distinguer les droits respectifs des Citoyens et du Souverain, et les devoirs qu'ont à remplir les premiers en qualité de sujets, du droit naturel dont ils doivent jouir en qualité d'hommes. » – L'embarras est tel que dans une Note, Rousseau se croit obligé de rassurer le lecteur : «Lecteurs attentifs, ne vous pressez pas, je vous prie, de m'accuser ici de contradiction. Je n'ai pu l'éviter dans les termes, vu la pauvreté de la langue, mais attendez. »

La contradiction va en effet être portée dans les lignes suivantes jusque sur les clauses du contrat. En I, 6, ces clauses étaient présentées comme «tellement déterminées par la nature de l'acte que la moindre modification les rendrait vaines et de nul effet». Rousseau avait montré dans ce texte fondateur que l'aliénation doit être totale, égale et universelle, ces trois caractéristiques renvoyant en cercle l'une à l'autre,

> car s'il restait quelques droits aux particuliers, comme il n'y aurait aucun supérieur qui pût prononcer entre eux et le public, chacun étant en quelque point son propre juge prétendrait bientôt l'être en tous, l'état de nature subsisterait, et l'association deviendrait nécessairement tyrannique ou vaine

– Or, on lit ici :

> on convient que tout ce que chacun aliène, par le pacte social, de sa puissance, de ses biens, de sa liberté, c'est seulement la partie de tout cela dont l'usage importe à la communauté, mais il faut convenir aussi que le Souverain est seul juge de cette importance.

En IV, 8, Rousseau dira de même : «Le droit que le pacte social donne au Souverain sur les sujets ne passe point, comme je l'ai dit, les bornes de l'utilité publique. »

La contradiction est ici inextricable, et on ne peut excuser Rousseau, comme il le suggère, sur la pauvreté de la langue, qu'il manie avec la plus grande maîtrise, mais parce qu'on ne saurait établir une théorie des devoirs des Citoyens si on ne garde pas les yeux fixés sur les clauses du contrat, c'est-à-dire si on n'a pas en vue l'identité et la reproduction permanentes de celui-ci. Car alors s'insinuerait une séparation à l'intérieur du Souverain : celle des citoyens et des sujets, et ainsi la volonté générale serait dissoute. Le titre même du Chapitre 4 du Livre II le fait suspecter : « Des bornes du pouvoir souverain », car le Livre I en son entier s'est attaché à montrer que le Souverain, par cela seul qu'il est, est tout ce qu'il doit être, et la Lettre VII de la Montagne (2e Partie) le confirmera à sa façon : « Il est de l'essence de la puissance souveraine de ne pouvoir être limitée : elle peut tout, ou elle n'est rien. »

Faudrait-il alors distinguer entre la conclusion du pacte prise en elle-même, et ses conséquences ? I, 6 traiterait du pacte ; II, 4 de la vie du corps politique créé par lui. La difficulté vient ici de ce que le pacte est présenté par Rousseau comme un événement qui met fin à un état de nature devenu insupportable, état de rivalités sourdes, de misère diffuse (« cet état ne peut subsister, et le genre humain périrait s'il ne changeait sa manière d'être »). Mais en réalité, comme Fichte y insistera[1], il faut envisager le pacte social comme a-temporel, comme an-historique, comme un contrat à ce point exceptionnel que les parties contractantes ne lui préexistent pas, mais sont bien plutôt créées par lui : de la sorte, les citoyens et les sujets, c'est-à-dire les individus comme membres du Souverain d'une part, et comme soumis à lui d'autre part, ne sont pas distincts, mais rigoureusement réciprocables (I, 6), la distinction entre eux étant strictement langagière. C'est en choisissant les facilités que comporte la fiction de l'état de nature (« je suppose... » : début de I, 6) que Rousseau ne satisfait pas à l'exigence de trouver à la légitimité de la société politique un autre fondement qu'événementiel, historial, exigence qui est bien inscrite cependant dans son intention de rechercher exclusivement le droit, c'est-à-dire le devoir-être, et non l'être (I, 1). C'est là que se situe la véritable contradiction, de laquelle on pourrait d'ailleurs donner une autre formulation : comment le Souverain, qui procède du pacte, pourrait-il en déterminer les conditions particulières ? – Cette aporie continue et amplifie celle du 2e Discours, qui, récusant jusqu'à l'existence d'un état de nature, s'attache à le décrire. Elle l'amplifie, car ici l'acte

1. *Cf.* Fichte, *Considérations sur la Révolution française* (tr. fr., Payot, 1974) Chapitre I.

créateur de la société «civile» (le contrat social) n'appartient plus au mythe originaire, mais est censé l'interrompre, comme le droit interrompt le fait.

C'est sur ces tensions que s'appuie la lecture libérale du *Contrat social*, de celle de E. Faguet par exemple[2], qui oppose le «fond permanent» de la pensée de Rousseau, qui serait l'adoration de la liberté individuelle, de l'état de nature, au but qu'il poursuit en écrivant le *Contrat social*, ouvrage par lequel il veut corriger le thème anarchique du 2e Discours. Mais, comme une politique autoritaire contrevient à l'élan de tout son être, le texte sombre parfois dans l'incohérence, et c'est par ces incohérences justement qu'il est intéressant.

Sans choisir ici entre les différents visages que Rousseau peut offrir à son interprète, on se borne à noter que la considération de la Nature, sous la forme de contingences diverses, fait surface en multiples occurrences dans le texte du *Contrat social*.

Ainsi en est-il par exemple de la théorie des mœurs. Lorsqu'il énumère les différentes sortes de lois (II, 12), Rousseau donne sa place *in fine* «à la plus importante de toutes», qui ne se grave ni sur le marbre ni sur l'airain, mais dans le cœur des citoyens; les mœurs sont en effet «ce qui conserve un peuple dans l'esprit de son institution, et substitue insensiblement la force de l'habitude à celle de l'autorité». Ainsi doit-on distinguer parmi les peuples ceux qui ont des mœurs simples, et les autres, les premiers seuls étant capables d'être gouvernés démocratiquement (III, 4). Avec les «mœurs», on a donc affaire à un mixte de nature et de culture, qui exprime la nature historique d'un peuple déterminé. Du même coup se trouve démentie une nouvelle fois l'an-historicité du contrat social: certaines circonstances (économiques, ethnologiques...) favorisent son accomplissement, puisqu'il exige, pour se réaliser, des conditions factuelles, et qu'il en appelle, pour se reproduire, à la vertu des citoyens. Ici Rousseau se rapproche de Montesquieu, et il mesure en toute lucidité le péril que ferait courir à sa propre théorie de la souveraineté la limitation de la vertu à un seul type de gouvernement: «[ce beau génie...] n'a pas vu que, l'autorité souveraine étant partout la même, le même principe doit avoir lieu dans tout Etat bien constitué, plus ou moins, il est vrai, selon la forme du gouvernement».

2. *Cf.* E. Faguet, *Rousseau penseur*, Paris, 1910.

C'est donc lorsqu'on examine ces différentes formes que l'intervention de la Nature, et par suite sa prise en compte par le penseur, se fait plus pressante. Si « l'état civil ne peut subsister qu'autant que le travail des hommes rend au-delà de leurs besoins » (III, 8), il en résulte que, cet excédent n'étant pas partout le même (du fait de différences naturelles : climatiques, géologiques...) la forme du gouvernement est sujette à variations : la monarchie « ne convient qu'aux nations opulentes ; l'aristocratie aux Etats médiocres en richesse ainsi qu'en grandeur ; la démocratie aux Etats petits et pauvres » (*ibid.*). Le lien entre les facteurs considérés (la richesse naturelle d'une part, la forme du gouvernement de l'autre) est un lien de cause à effet, mais lorsqu'il le poursuit dans le détail, Rousseau voit se multiplier les paramètres, et avoue son impuissance à parvenir à l'énoncé d'une ou même de quelques lois simples, ce qui aboutit à l'impossibilité de trancher en faveur de la meilleure forme de gouvernement, absolument prise (III, 9) : « quand on demande absolument quel est le meilleur gouvernement, on fait une question insoluble comme indéterminée ; ou, si l'on veut, elle a autant de bonnes solutions qu'il y a de combinaisons possibles dans les positions absolues et relatives des peuples ». La Nature initialement récusée revient ainsi dans le fonctionnement du corps politique, où *elle peut ruiner le principe de son institution.*

Elle revient également pour ainsi dire sur les bords de la « société civile », dans la guerre que se font entre elles les différentes Puissances, ce mot désignant le Souverain lorsqu'on le considère dans son rapport aux autres Souverains, c'est à dire « comme un être simple, un individu » (I, 7). La guerre renouvelle un état de nature hobbésien, qui fait obstacle à la réalisation effective des fins du pacte : la sécurité et la paix. Les citoyens sont donc amenés à établir une comparaison entre les dangers qu'offrait l'état de nature antérieur au contrat, et les risques courus au sein de l'état civil, comparaison qui est censée mettre en évidence un surplus des premiers sur les seconds (II, 4 et 5). Mais si la perte de la vie individuelle est un mal absolu, aussi bien dans l'état de nature que dans l'état civil, on ne voit guère comment peut être instituée une balance de ce genre. Surtout, on peut se demander pourquoi il peut subsister un germe de conflit entre ces individus que sont les différents Souverains, si l'universalité de la volonté générale a bien le caractère strictement formel que lui donnent les termes du contrat. De celui-ci devrait naître un cosmopolitisme de principe. Si des antagonismes entre nations se font jour, cela indique

que l'œuvre du contrat n'est pas porteuse de cette universalité républicaine sur laquelle Kant comptera en 1795 comme « premier article définitif pour la paix perpétuelle »[3]. Il faut donc croire, quoique rien de tel ne s'inscrive dans les termes du contrat, que chaque Souverain a un visage, qu'il exprime un principe de vie particulier, créateur de différences par où peuvent se renouveler les conflits de l'état de nature auxquels il devait mettre fin. Plus précisément, cela signifie que le droit du premier occupant sur un territoire donné, même assorti de « travail » et de « culture » (I, 9), n'est pas suffisant pour requérir le respect de l'étranger, et aussi que d'autres différends peuvent naître que purement territoriaux.

En résumé, les déplacements qui viennent d'être soulignés dans le texte de Rousseau montrent que la « Nature » y affleure là même où elle se trouve explicitement récusée ; bien plus, quelques-unes de ses significations peuvent entrer en conflit avec la réalisation du droit. Entre la « nature » et la « raison », entre le droit (ou la loi) naturel(le) et la loi civile, les rapports que Rousseau voudrait pouvoir réduire à des rapports d'antériorité/postériorité se révèlent en fait extrêmement complexes. Si son propos, au moins dans le 2e Discours, est « de marquer [...] le moment où, le droit succédant à la violence, la nature fut soumise à la loi », cela indique qu'il n'adopte pas les conséquences tirées par les Sophistes de l'opposition, dont il se réclame lui-même, de la Nature et de la Loi ; car si la Nature est « violente », elle n'a pas à être revendiquée face à la Loi. Mais est-il sûr que la nature soit violente par essence ? Si elle est aussi bien conservation de soi que pitié, surtout si elle est raison, liberté, elle n'est ni asociale, ni amorale ; elle est bien plutôt pour l'homme une promesse, sa perfectibilité.

Rousseau hérite en fait de la concurrence historique entre deux significations attachées à la Nature : d'un côté la Nature est l'originaire, et c'est en suivant ce sens qu'on parle d'un « état de nature » précédant l'état civil ; de l'autre, la raison étant la nature de l'homme, mais une nature toujours en devenir, le droit naturel systématise

3. De même Fichte écrit dans *La destination de l'homme* : « *[...] après que se seront constitués quelques Etats vraiment libres, le domaine de la civilisation et de la liberté et avec lui celui de la paix universelle, embrasseront progressivement le globe tout entier. L'établissement d'une constitution intérieure équitable et la consolidation de la paix entre les individus auront comme suite nécessaire l'équité dans les relations extérieures de peuple à peuple et la paix universelle entre les Etats [...]* » (Paris, UGE, 10/18, 1965, p. 231-232).

traditionnellement les valeurs qui permettent à l'individu humain de se réaliser comme tel : indépendance, sécurité, propriété… C'est seulement chez les Libéraux que cette concurrence ne vire pas à la contradiction. Mais le volontarisme de Rousseau réprimant, ou du moins tentant de réprimer, l'inscription d'un reste de Nature au sein de l'état civil, chez lui la contradiction s'aiguise.

Elle s'aiguise d'autant plus que, la Nature ayant dans l'exposé, comme d'ailleurs son antonyme, la « société », une fonction surtout polémique, l'« état de nature », la « loi naturelle », le « droit naturel » ne font pas l'objet de déterminations univoques. En s'interdisant une conceptualisation de la Nature, Rousseau se trouve conduit, aussi bien sur le plan du moralisme, qui est le sien, que sur celui de la méthode, à des hésitations et à des repentirs, dont l'un des plus flagrants, après le rejet orgueilleux des faits et la prétention d'installer le propos sur le terrain exclusif du droit, est l'appel à l'histoire, en l'occurrence à l'histoire romaine, au nom du principe : « Par ce qui s'est fait, considérons ce qui se peut faire » ou : « de l'existant au possible, la conséquence me paraît bonne » (III, 12) [4].

II

De ces tensions, Hegel dresse en quelque sorte le bilan au parag. 502 de l'*Encyclopédie*, à partir d'une discussion sur la notion de « droit naturel » :

> L'expression de <droit naturel>, qui a été courante pour la doctrine philosophique du droit, renferme l'ambiguïté suivante, [à savoir] si c'est le droit en tant qu'il est présent sur un *mode naturel immédiat* qui est visé, ou si c'est le droit tel qu'il se détermine par la nature de la Chose, c'est-à-dire par le *concept*. Le premier sens est celui qui était autrefois ordinairement visé ; de telle sorte qu'on élabora en même temps la fiction d'un *état de nature*, dans lequel le droit naturel devrait valoir, alors que, au contraire, l'état constitué par la société et par l'Etat exigerait et entraînerait, bien plutôt, une limitation de la liberté et un sacrifice de droits naturels. (trad. B. Bourgeois)

Il est clair que dans ce texte Hegel ne prend pas à son compte la visée du droit naturel qui le traite en mode immédiat, visée qui est liée

4. Fichte récuse explicitement ce principe au Chapitre 2 des *Considérations…*

à (et engendre) la fiction d'un «état de nature». Il s'accorde donc d'une certaine manière avec Rousseau en tant qu'il rejette explicitement – comme «fiction» – la prétendue description d'un tel état, mais, à la différence de Rousseau, il ne donnera dans le discours philosophique aucune place à la reconstitution pseudo-historique, même si elle peut se réclamer de la plus haute vraisemblance. L'interprétation libérale du droit naturel, considérant que la société et l'Etat sont la dénégation, au moins relative, de celui-ci, et en limitent l'exercice, relève de la même visée immédiate. A cet égard, Hegel abonde davantage dans le volontarisme du Livre I du *Contrat social* que dans les analyses plus factuelles qui suivent. – Quant au droit naturel tel qu'il «se détermine par la nature de la Chose», c'est-à-dire par son concept, c'est d'une science, assortie d'une critique, qu'il relève, comme l'atteste le texte paru en 1802/1803 dans le *Journal critique de la Philosophie*: «Des manières de traiter scientifiquement du droit naturel», comme l'atteste aussi le texte des *Grundlinien der Philosophie des Rechts*, dont le sous-titre associe la considération du droit naturel à la science de l'Etat. Ainsi compris, le droit naturel mérite d'être identifié au «droit philosophique».

Donc, si on trouve rarement chez Hegel, et toujours dans un dessein critique, la mention d'un «état de nature», le concept du droit naturel y est au contraire en vue, puisque c'est de lui, c'est à dire du droit en sa vérité, que s'occupe le philosophe. Reste que la formule «droit naturel» est trompeuse comme telle, car le droit se détermine à partir de la libre personnalité et non à partir de la nature: ainsi est-il mis fin aux hésitations de Rousseau concernant une éventuelle définition de la nature humaine, et aux incertitudes sur le point de savoir s'il convient ou non de «sortir de la Nature». Il écrit en effet: «ce qui est à limiter et à sacrifier, c'est précisément l'arbitraire et la violence de l'état de nature» (§ 502) Il y a dans cette affirmation le déni des théories des Libéraux concernant la «Nature» et le «droit naturel», et aussi[5] l'acquiescement à la doctrine chrétienne du péché originel, entraînant l'exigence de dépasser la nature immédiate. Par là aussi se trouvent dépassées les théories de la «liberté naturelle» de l'homme[6] et la dénégation sommaire de l'esclavage qu'elles comportent. Mais, pour être en mesure de pratiquer cette élaboration

5. *Cf.* Hegel, *Grundlinien der Philosophie des Rechts*, § 18, Zusatz.
6. *Cf.* Hegel, *ibid.*, § 57.

conceptuelle du droit naturel, qui trouvera son achèvement dans l'*Encyclopédie*, Hegel est passé par une conceptualisation critique de la Nature, absente, comme on a vu, chez Rousseau, élaboration qui permet de comprendre que le droit puisse dénier la Nature, et pourtant puiser en elle sa nécessité.

Afin de retracer, si brièvement que ce soit, cette avancée spéculative, on va ici prendre d'abord pour appui le texte dit *Système de la vie éthique*, où l'on découvre un traitement à première vue énigmatique de la Nature. Celle-ci y est définie comme une « subsomption de l'intuition sous le concept », mais aussi comme la subsomption inverse (du concept sous l'intuition). L'intuition étant dans ce texte, comme elle est chez Schelling, l'instance de l'universel, sa séparation d'avec le concept signifie que celui-ci ne se hausse pas à l'universel (il en reste à la particularité), mais aussi que l'universel, n'étant pas articulé (ce qu'il serait s'il était conceptuel) est ce qui « flotte » au-dessus du particulier, mais n'émerge pas. Le particulier, identifié ici au sujet individuel, est pour ainsi dire d'abord englouti dans l'universel de la vie organique. Qu'il s'en détache, sous l'urgence du besoin, et grâce aux procédures du travail, alors le concept se détache, et devient subsumant : c'est le règne du Logos. Mais l'universel de l'intuition revient, sous la figure de la famille. Dans les deux mouvements ainsi distingués, c'est toujours d'un rapport qu'il s'agit, de sorte que les deux termes en présence se trouvent opposés dans une quasi égalité. C'est seulement dans l'intuition une d'un peuple que cette relativité peut s'effacer, dès lors que toute différence naturelle est annihilée[7], car alors ce moment de la différence est devenu un moment interne qui appartient aussi bien au sujet individuel qu'à la totalité, laquelle est par là même totalité concrète. Mais pour que soit atteinte cette figure emblématique de l'absolu, il faut que soit détruite l'insistance du rapport, le fait qu'il persévère jusque dans son renversement. Cette destruction est décrite comme la transgression individuelle de l'universel dans le crime, dans la vengeance, et comme indifférence des opposés dans le combat et dans la guerre. Mais pas plus que la famille biologique, la violence des relations inter-individuelles ou inter-tribales n'est par elle-même l'affirmation de l'universel dans son lien concret et réfléchi à la singularité individuelle, car tantôt l'universel

7. *Cf.* Hegel, *System der Sittlichkeit*, Hamburg, Meiner, 1967, S. 54 ; tr. fr., Paris, Payot, 1976, p. 161.

est enfoui, et obscur, tantôt hasardeux et précaire. Il faut bien plutôt que le moment de la différence se dessine à même chacun des termes qui diffèrent pour que l'éthicité soit vraiment absolue et non plus relative.

Il y a là une approche complexe de la Nature, dont il faut apprécier la fécondité spéculative. En faisant de la Nature un (ou deux) rapport(s), Hegel la dé-substantifie, ce qui a au moins trois conséquences.

En premier lieu, il confirme par là son caractère inassignable à partir de concepts abstraits, caractère sur lequel s'étend Rousseau dans la Préface au 2e Discours, et il permet du même coup que son émergence puisse être reconnue à différents niveaux de la réalité, puisqu'il suffit, pour qu'on puisse parler de Nature, qu'une certaine balance s'institue entre le singulier et l'universel, balance qui, malgré les renversements, redoublements, etc… auxquels elle est exposée, exprime en fait l'égalité (qualitative) des termes en présence.

Par là même, la Nature, n'étant pas une substance, est le mouvement qui s'ouvre de lui-même, par l'aller-à-l'abîme de ses termes, à ce qu'elle présuppose, et qui de la sorte *se* présuppose en elle, à savoir l'Esprit, le non-relatif, l'absolu.

Enfin cette vue de la Nature anime et rend intelligibles les prédicats qui caractérisent sa visée ordinaire : l'extériorité et l'immédiateté. L'extériorité, car dans le rapport, les termes sont laissés à eux-mêmes, et leur unité tombe dans une « mise en rapport » qui leur est étrangère. L'immédiateté, car ici les deux termes ne se meuvent l'un par rapport à l'autre que selon des procédures alternées (le renversement notamment) d'où sont absentes toutes médiations. C'est bien pourquoi la suppression du rapport ne peut advenir que par le coup de force exercé par l'un de ses termes : le déchaînement de la liberté individuelle comme violence.

Grâce à cette thématisation, Hegel se trouve en mesure, dès la période de Iéna, de renvoyer dos à dos deux types de jusnaturalisme. Pour l'un, le formaliste, la Nature est un néant ; elle est l'indéterminé, le mort, un abstrait, qui en tant que tel entache d'abstraction le moralisme qui lui fait face[8], de sorte que la raison pratique chez Kant et chez Fichte n'est que l'identité formelle de l'idéel et du réel. Dès

8. *Cf.* Hegel, *Glauben und Wissen*, in *Gesammelte Werke*, Hamburg, Meiner, Bd. IV, S. 404-406 ; tr. fr., *Prem. publications*, Ophrys, 1964, p. 289.

lors, c'est seulement un système de contrainte qui peut tenter d'harmoniser la masse des volontés individuelles (les gouvernés) avec la volonté universelle (le principe du gouvernement), et tenter par là de sauver ce qui peut l'être du « droit naturel ». Les deux extrêmes demeurent dans leur simple égalité ; on n'a qu'un équilibre indéfini, car « l'élément éthique qui est posé suivant le rapport – ou l'extériorité et la contrainte – s'il est pensé comme totalité, se supprime lui-même... »[9]. – Quant au jusnaturalisme emipiriste, il est incapable de produire une définition une, et par suite concrète, de la Nature, ce qui fait que l'unité originaire (le prétendu « état de nature ») est la fiction d'un chaos ; de plus, l'état de droit qui est censé se substituer à lui en est en réalité le simple reflet : ils se présupposent l'un l'autre dans la description pseudo-historique et sont également « impurs ». On n'a ainsi qu'un universel formel flottant au-dessus des singularités multiples, et non pas l'unité et majesté absolues de l'Idée éthique. – C'est au jusnaturalisme empiriste qu'il faudrait rattacher, pour Hegel, le rousseauisme ; mais ce dernier étant souvent taxé par lui de formalisme, il est en fait soumis à la double critique du droit naturel.

Deux obstacles interdisent principiellement la saisie de l'Idée éthique : d'une part le fait de placer l'origine du droit civil dans l'arbitraire et la contingence du choix individuel ; d'autre part le fait que la présence de la Nature au sein de l'Etat n'est pas pensée dans sa différence et dans son unité avec lui, les deux moments étant bien plutôt mélangés subrepticement l'un avec l'autre.

Sur la critique du contractualisme, qui identifie la volonté au libre-arbitre (lequel est en réalité la réflexion simple de la tendance naturelle, et demeure par là subjectif et contingent[10]), il est superflu de s'étendre. Le contractualisme substitue selon Hegel à la constitution entendue comme *Verfassung* un artefact, une union immédiate de volontés singulières, n'ayant que la signification, purement négative, de mettre fin à l'état de nature. Or, l'Etat est œuvre de nécessité : il est une universalité concrète qui, sur la ruine des rapports extérieurs du singulier et de l'universel, effectue leur identité absolue, celle qui s'exprime subjectivement comme vertu, et objectivement comme loi. Historiquement, la figure du héros fondateur (Moïse, Thésée, Solon)

9. *Cf.* Hegel, *Gesammelte Werke*, Hamburg, Meiner, Bd. IV, S. 445-446 ; tr. fr., Paris, Vrin, 1972 p. 49.

10. *Cf.* Hegel, *Grundlinien der Philosophie des Rechts*, § 139, Anm.

incarne cette identification[11]. La réciprocité entre l'instance constituante et la réalité constituée n'a donc pas la précarité qu'elle revêt chez Rousseau, où des précautions multiples doivent être prises constamment pour la préserver, pour l'inscrire dans une nature seconde, dans une coutume. En d'autres termes, les « mœurs » ne sont pas dans un peuple un moment aléatoire. Elles désignent ce qu'il est en sa réalité propre. « L'universel, l'esprit est en chacun pour chacun, même dans le mesure où il est un singulier... » et c'est bien pourquoi l'éducation civique ne saurait être instrumentée par un catéchisme abstrait, ou par l'observance d'un culte fabriqué.

La présence de la Nature dans l'Etat, c'est, pour le Hegel de la maturité, la famille et la société civile. En ce qui concerne la première, Hegel ne prend pas la peine, comme Rousseau l'a fait au début du *Contrat social* (I, 2) de marquer sa différence par rapport à l'Etat, car l'Etat moderne n'a décidément plus un caractère patriarcal. Par contre, la société qu'il appelle « civile » requiert d'être envisagée selon sa double spécificité, conceptuelle et historique.

D'une part en effet elle est pour l'Etat son autre, son extériorité, ce qu'est en général la Nature pour l'Esprit. En elle il se finitise, comme système des besoins et de la nécessité externe, et obtient ainsi un être-là. Lorsque Hegel dit d'elle qu'elle est « la famille universelle », se substituant à la famille naturelle *stricto sensu*[12], cela signifie que les individus qu'elle rassemble (des personnes privées qui deviennent en elle proprement des hommes) sont mis en possession d'une première universalité qui résulte de la solidarité des besoins et des tâches nécessaires à la satisfaction de ceux-ci. A ce titre, la totalité ici atteinte n'est que « relative »[13] comme est en général la totalité naturelle : elle appartient à l'ordre de la phénoménalité, où chaque terme renvoie à tous les autres. C'est pourquoi[14] les descriptions traditionnelles de l'« état de nature » qui célèbrent nostalgiquement un état d'innocence et de simplicité se trouvent pour ainsi dire désarmées *ab ovo*. Car l'univer-

11. Le Législateur rousseauiste a des attributs très voisins de ceux du héros fondateur hégélien. Mais, à la différence de ce dernier, le Législateur reste un personnage abstrait, un « *homme extraordinaire* » qui change la nature (il « substitue une existence partielle et morale à l'existence physique et indépendante que nous avons tous reçue de la nature ») : c'est une figure an-historique (cf. *Contrat social*, II, 7).

12. *Cf.* Hegel, *Grundlinien der Philosophie des Rechts*, § 239.

13. *Cf.* Hegel, *Grundlinien der Philosophie des Rechts*, § 184.

14. *Cf.* Hegel, *Grundlinien der Philosophie des Rechts*, § 187, Anm.

salité de la société civile, celle de la culture, appartient à la Raison elle-même. Or,

> le but de la Raison [...] n'est ni cette simplicité naturelle des mœurs ni, dans le développement de la particularité, les jouissances qui s'obtiennent par la culture, mais le fait que la *simplicité naturelle*, c'est-à-dire d'une part la perte passive du soi, d'autre part la rusticité du savoir et du vouloir, c'est-à-dire l'*immédiateté* et la *singularité* dans lesquelles l'esprit sombre, que cette simplicité naturelle est détruite et expulsée par le travail (*weggearbeitet*) et que au premier chef cette extériorité qui est la sienne obtient la rationalité dont elle est capable : à savoir la forme de l'universalité, le sceau de l'entendement.

Cela signifie que la société civile détruit, si l'on veut, l'état de nature. Mais Hegel dit aussi qu'elle le conserve, ou du moins conserve « ce qui en reste » [15]. – Qu'il y ait là une stratégie spéculative bien (ou mal) connue ne dispense pas, mais au contraire exige que ce double mouvement soit pensé dans sa concrétion.

Soit la « conservation ». Hegel estime, contrairement à Rousseau, que la Nature est l'élément de l'inégalité [16]. Cette inégalité est prolongée dans la société civile, car elle s'y trouve « produite à partir de l'Esprit » : la particularité naturelle y est élevée à une particularité qu'on pourrait dire décisionnelle, venue du choix, comme choix notamment du travail à accomplir. Il y a ici « une inégalité de l'habileté, du pouvoir, et même de la formation intellectuelle et morale ». Car la sphère de la société civile est la sphère de la particularité, ou plutôt de la multiplicité des particularités, lesquelles composent une totalité, relative, de différences réelles. Cette relativité est en propre celle de l'entendement, qui a pour essence de régir les phénomènes, et d'être le fauteur de la négation comme destruction simple. C'est en ce sens que la société civile peut être à la fois ce qui conserve et ce qui détruit le reste de la Nature. Le moment du travail, en général la culture, supprime l'immédiateté originaire, et à ce titre il est l'instrument premier d'une libération à l'égard du donné. Mais comme on a ici seulement une œuvre d'entendement, on n'a pas le tout de la libération ; on n'a pas la reconnaissance de la subjectivité infinie dans

15. *Cf.* Hegel, *Grundlinien der Philosophie des Rechts*, § 200, Anm.

16. On ne peut dire que Rousseau dénie radicalement l'inégalité naturelle, mais plutôt qu'il la gomme, car pour lui la dispersion des hommes dans l'état de nature en atténue les effets.

son infinité, et c'est pourquoi la société civile doit être soumise à l'universalité concrète incarnée dans l'Etat : le politique doit gouverner l'économique.

Il y a là une constante de la pensée politique de Hegel. Ainsi dans *Système de la vie éthique*, l'état de la droiture est présenté comme le théâtre de l'universalisation du travail, et comme instaurant une dépendance universelle. D'où il résulte qu'on ne peut plus compter que la Nature rétablisse d'elle-même, et assez rapidement, les équilibres devenus nécessaires à la vie des individus [17]. L'Etat intervient donc dans l'ordre des jouissances suscitées par la culture. Certes, l'inégalité des richesses qu'on constate dans cette sphère n'est pas nécessairement opposée à l'inégalité naturelle. Mais, dès lors qu'elle risque de produire un rapport de domination, l'Etat la modère, car elle expose la totalité vivante du peuple à sa dissolution.

Historiquement, la société civile est liée à notre modernité. Les Anciens n'ont vu dans le système des besoins qu'un principe de corruption pour les mœurs, et de décadence pour l'Etat [18] car leur Cité reposait sur une « intuition naturelle originaire », et ils n'ont pu supporter la discession (*Entzweiung*) de cette intuition, sa réflexion infinie, la naissance de la conscience de soi. Ils s'en tiennent à la substantialité immédiate de l'éthique et redoutent de voir le principe de la subjectivité la pervertir. De leur côté, les sagesses reconnaissent bien la subjectivité, mais ce sont des eudémonismes, qui prennent pour base (ainsi l'épicurisme) une distinction (finitiste) entre les besoins naturels, donc nécessaires, et les autres, distinction qui méconnaît justement l'arrachement de la subjectivité à la Nature immédiate.

Rousseau quant à lui hérite d'une certaine façon de l'épicurisme. Ainsi garde-t-il en vue une Cité de petites dimensions, et son souci est de prévenir l'inégalité des fortunes, grâce à une économie artisanale, économie de la médiocrité, selon un idéal critiqué par Mandeville. – Mais aussi il considère la prospérité matérielle comme le signe patent que l'association politique est conforme à sa fin (III,9) : cela en vertu même de la confusion qu'il entretient entre l'économique et le

17. *System der Sittlichkeit*, éd. cit., S. 81 ; tr. fr., p. 189. – Rousseau, dans l'*Essai sur l'origine des langues* (Bibl. du Graphe, p. 524) considère que la Nature pourvoyait à ces équilibres par des révolutions violentes, avant d'être informée par l'art humain, lequel les rend plus sûrs, plus constants, plus largement distribués.

18. *Cf.* Hegel, *Grundlinien der Philosophie des Rechts*, § 185, Anm.

politique. Quant au principe de la libre individualité, il est chez lui, comme on a vu, ce qui anime et fonde la revendication des droits « de l'homme » face aux devoirs du citoyen, à travers les formulations traditionnelles du droit naturel.

On veut montrer ici que Hegel s'élève deux fois contre ce qu'on peut appeler l'épicurisme de Rousseau.

D'une part, il le fait en contestant la liaison établie entre Nature (ou : état de nature) et liberté :

> S'imaginer que l'homme vivrait libre par rapport à ses besoins dans un prétendu état de nature où il n'aurait eu que des besoins naturels simples, dont la satisfaction n'aurait exigé que des moyens qu'une nature contingente lui aurait octroyés immédiatement, est une idée fausse, même si l'on ne tient pas compte de l'élément libérateur que constitue le travail [...] Le besoin naturel comme tel et sa satisfaction ne seraient en effet dans ce cas que la situation de la spiritualité enfouie dans la nature, donc un état sauvage et sans liberté. La liberté ne réside que dans la réflexion du spirituel sur lui-même, dans sa différenciation d'avec la nature, et dans son action réfléchie sur cet élément naturel [19].

Mais surtout on peut considérer que Hegel renvoie l'origine du « droit naturel » lui-même à la société civile, au sens qu'il donne à cette expression. En effet la société civile est pour lui le creuset où s'élabore le droit de la subjectivité infinie, lequel ne peut faire l'objet d'une déclaration explicite que dans l'ère chrétienne, dans le même temps que se constitue (en particulier, mais non pas uniquement, sous le nom d'« économie politique ») le savoir de soi de cette même société civile. C'est en elle que le nom « d'homme » accède à l'universalité : « C'est grâce à la culture, à la pensée comme conscience de l'individu sous la forme de l'universel, que je suis conçu comme personne universelle, notion dans laquelle tous sont identiques. L'homme vaut parce qu'il est un homme, et non parce qu'il est juif, catholique, protestant, allemand, italien, etc. [...] ». [20] Il est donc permis de penser que le droit abstrait de la personne inauguré à Rome est la pierre d'attente du droit « de l'homme » auquel ce droit antique ne pouvait parvenir [21], de même que l'apparition de la « famille universelle » qu'est la société civile s'accomplit dans l'éclatement de la famille

19. *Cf.* Hegel, *Grundlinien der Philosophie des Rechts*, § 194, Anm.
20. *Cf.* Hegel, *Grundlinien der Philosophie des Rechts*, § 209, Anm.
21. *Cf.* Hegel, *Grundlinien der Philosophie des Rechts*, § 2, Anm.

naturelle. La pensée classique du droit naturel relève en cette mesure du décalage éventuel, souvent noté par Hegel[22], entre l'existence empirique et le développement du concept, le résultat de ce dernier pouvant parvenir à un être-là objectif avant de trouver une figure historiquement réfléchie. Ce même décalage condamne au demeurant la prétention des genèses historiques, ou pseudo-historiques, à se substituer à la genèse conceptuelle[23].

S'il en est bien ainsi, la société civile est à la fois, comme reste de la Nature, comme règne de l'entendement et de la particularité, conceptuellement antérieure à l'Etat, et postérieure à lui comme savoir de soi. Elle en est le présupposé, mais l'Etat, comme moment de l'Esprit, n'a de présupposé que celui qu'il *se* présuppose[24]: « La société civile est la différence qui vient se placer entre la famille et l'Etat, même si sa formation est postérieure à celle de l'Etat, qui doit la précéder comme réalité indépendante pour qu'elle puisse subsister »[25].

Corrélativement, c'est faute d'avoir pensé la Nature comme l'autre de l'Esprit, et en ce sens comme sa présupposition posée, que Rousseau et le contractualisme en général confondent l'Etat et la société civile et suspendent l'engendrement du politique à des fins utilitaires. « Trouver une forme d'association qui défende et protège de toute la force commune la personne et les biens de chaque associé [...] » : tel est, pour Rousseau, le problème que résout le contrat social (cf. *Contrat social*, I, 6). On prend alors comme allant de soi que les exigences de la liberté et celles de la sécurité sont harmonisées, en suite de l'hypothèse d'une conservation, au moins partielle, du naturel dans le politique. – Il faut dire donc tout à la fois que Rousseau mélange le politique et l'économique, mais en même temps qu'il recule devant une pensée authentique de l'économique, parce qu'il ne dispose pas d'une conceptualisation de la Nature dans son rapport à l'Etat.

Dans la pensée hégélienne de la maturité, la dialectique de ces deux moments répète à sa façon les opérations complexes que décri-

22. *Cf.* Hegel, *Grundlinien der Philosophie des Rechts*, § 32, Anm.

23. *Cf.* Hegel, *Grundlinien der Philosophie des Rechts*, § 3, Anm.

24. *Cf.* Hegel, *Enzyklopädie der philosophischen Wissenschaften*, § 381, Zusatz.

25. *Cf.* Hegel, *Grundlinien der Philosophie des Rechts*, § 182; Zusatz, et § 256, Anm.

vaient les textes de Iéna. Le recours à la destruction violente du rapport par le crime est remplacé dans les derniers écrits par la sursomption de la Nature, à la fois niée et conservée au sein de l'Etat comme société civile. Elle y est niée, puisque l'innocence morale et ce qu'on peut appeler le degré zéro de l'humanité, bref ce à quoi l'identifient les Classiques et Rousseau, ont été supplantés par la culture. Elle y est conservée, puisque « le propre de l'Etat est de permettre au principe subjectif de s'accomplir au point de devenir l'extrême autonome de la particularité personnelle »[26] : or, c'est la société civile qui est le lieu de cet accomplissement. Pour autant, il n'y a pas de société civile hors de l'Etat[27], celui-ci ramenant cet extrême autonome de la particularité dans l'unité substantielle qui est la sienne.

Au contraire, en assimilant l'Etat à ce qui est en vérité une présupposition de soi qu'il dénie comme telle, le contractualisme lui confère subrepticement une essence naturelle qui entre en contradiction, on le voit bien chez Rousseau, avec son fondement décisionnel. Mais de la conservation du naturel dans le politique, Rousseau a besoin, entre autres, pour que la guerre puisse être tolérée, sinon pensée, à travers une comptabilisation des profits et des pertes qui sont censés être la conséquence du contrat.

Pour Hegel aussi la guerre est une sorte de reproduction de l'état de nature hobbésien, car la violence est inhérente au face à face des individus[28], ici les Etats, en tant que dans leur unicité simple, ils sont réciproquement exclusifs. Cette ultime rencontre de Rousseau et de Hegel s'explique par là que ni l'un ni l'autre n'a pu envisager un abandon, voire une limitation de la souveraineté, l'absolu de celle-ci faisant pour l'un et pour l'autre l'essence de l'Etat. On assiste même chez Hegel à un redoublement de l'identification de l'Etat et de la souveraineté, dans la mesure où le sommet et le principe de l'Etat est le monarque, un monarque héréditaire destiné *par sa nature immédiate*

26. *Cf.* Hegel, *Grundlinien der Philosophie des Rechts*, § 260.

27. Ce que semble n'avoir pas vu Marx, au moins dans ses premiers écrits (cf. *La question juive*, Paris, Aubier, 1971, p. 73) ; c'est là d'ailleurs ce qui lui permet de pratiquer une sorte d'amalgame des thèses de Rousseau et de Hegel (*cf.* p. 121-123) lorsqu'il dénonce l'opposition entre l'homme égoïste et « indépendant » qui serait le membre de la « société bourgeoise », et la personne morale du citoyen, pour en appeler à la reconduction de l'un à l'autre, à la reconnaissance de leur unité, comme émancipation de l'homme.

28. *Cf.* Hegel, *Enzyklopädie der philophischen Wissenschaften*, § 545.

à incarner l'unité effective de l'Etat[29]. Faut-il voir dans la reconnaissance de la nécessité de la guerre un retour de la Nature qui ferait l'une des limites de la pensée politique hégélienne ?

*
* *

Rousseau, en imprimant un soupçon définitif à toute détermination de la Nature, a contribué à invalider un aspect central de la pensée politique antérieure. Mais il ne fait que s'échapper du savoir dans le mythe et dans la poésie. De plus, il partage avec les Classiques l'exigence de mettre à jour le fondement de la société politique au travers d'une genèse de celle-ci.

Le discours politique hégélien est tout différent. Il a la prétention de dire ce qui est, non pas ce qui a été ou pourrait avoir été, ni, encore moins, ce qui devrait être. Il repose sur l'identité du rationnel et de l'effectif, laquelle exprime l'auto-présupposition de l'Esprit dans la Nature. Dès lors, l'intelligibilité de l'Etat ne passe plus nécessairement par sa reconstruction historiale, et la séparation entre le principe et le fonctionnement est abolie. La Nature a désormais une fonction et une signification qui ne font d'elle ni l'origine, ni le simple opposé du pouvoir souverain. Bien plutôt, l'immédiateté, l'extériorité, en bref la contingence qu'elle représente à son égard sont réabsorbés en lui, dans sa propre nécessité. – Les risques que comporte une pareille entreprise spéculative ne sauraient suffire à en condamner le principe.

29. *Cf.* Hegel, *Grundlinien der Philosophie des Rechts*, § 281.

LE TEMPS ET L'HISTOIRE

UNE EXÉGÈSE HEIDEGGERIENNE : LE TEMPS CHEZ HEGEL D'APRÈS LE § 82 DE « SEIN UND ZEIT » *

L'avant-dernier paragraphe de la partie publiée de *Sein und Zeit* a toujours suscité une attention privilégiée de la part des lecteurs de Heidegger. Il est consacré à l'explication par Heidegger de textes de Hegel concernant le temps, et l'on constate qu'il inspire souvent, non seulement les commentateurs de Heidegger, mais aussi ceux de Hegel. On se propose ici de l'exposer, et d'examiner les textes de Hegel auxquels il renvoie, de façon à préparer une réponse à la question : la lecture heideggerienne de Hegel est-elle pertinente ?

L'enjeu philosophique d'une telle question, le temps, est manifeste. Son enjeu historique ne l'est pas moins, dès lors que la pensée de Heidegger a choisi de s'éprouver au contact de la pensée hégélienne.

Le travail qui va être entrepris ici voudrait obéir au précepte que donne Hegel à ceux qui déchiffrent une pensée philosophique : « Il est plus facile de réfuter [...] que de justifier, c'est-à-dire de voir et de souligner ce qu'il y a d'affirmatif en quelque chose ». On va tenter de « souligner ce qu'il y a d'affirmatif » dans les réfutations auxquelles se livre Heidegger à l'égard de Hegel.

Certes, Heidegger se défend de critiquer *(kritisieren)* Hegel. Mais l'on peut se demander s'il ne s'agit pas là d'une révérence obligée, et purement verbale : on verra que le texte de Heidegger ressemble souvent à une critique, au sens le plus haut, comme au sens le plus médiocre du terme.

* Texte paru dans la *Revue de Métaphysique et de Morale,* 1, 1979, Armand Colin, pp. 101-120.

Le propos explicite est en tout cas bien clair. Le § 81 a exposé « l'intratemporalité et la genèse du concept vulgaire du temps ». Il s'est achevé sur l'affirmation suivante : « La fondation hégélienne du lien entre temps et esprit est propre à éclairer indirectement l'interprétation qui précède de l'être-là comme temporalité, ainsi que la présentation de l'origine du temps du monde à partir d'elle »[1]. Du seul déploiement des textes de Hegel portant sur le temps et sur la parenté de l'esprit et du temps, Heidegger attend donc une contre-épreuve de l'analytique existentiale de la temporalité, car « le concept hégélien du temps présente la mise en forme conceptuelle la plus radicale, et par trop méconnue, de la compréhension vulgaire du temps »[2]. Le titre du § 82 confirme d'ailleurs le propos : « Mise en relief du lien ontologico-existential de la temporalité, de l'être-là et du temps du monde, face à la conception hégélienne de la relation entre temps et esprit ».

*
* *

Le texte[3] du § 82 comporte un court prologue et deux parties. Le prologue débute par la citation de deux phrases tirées de « La raison

1. *SuZ*, p. 428, 1.2.
2. *SuZ*, p. 428, 1.26.
3. On précise ici les références bibliographiques utilisées dans ce qui suit :
a. Les textes de Heidegger : *Sein und Zeit*, édition 1949 (Neomarius Verlag, Tübingen) notés *SuZ* dans ce qui suit.
On utilise également les § 20 et 21 (p. 251-265) du tome 21 de l'édition complète des *Œuvres* de M. Heidegger en voie de parution chez V. Klostermann (Gesamtausgabe, Bd 21. Logik) : il s'agit de cours professés à Marburg pendant le semestre d'hiver 1925-26, contemporains donc de SuZ, notés dans ce qui suit : Bd. 21, p...
Il n'existe pas de traduction française de ces textes, sauf de la note incluse dans le § 82 (pp. 432-433). Cette note est traduite et commentée par J. Derrida (*cf.* « ΟΥΣΙΑ et ΓΡΑΜΜΗ. Note sur une note de *Sein und Zeit* » in *Endurance de la pensée*, ouvrage collectif, Plon éd., pp. 219-266) notée dans ce qui suit : Derrida, p...
b. les textes de Hegel : *Encyclopédie* (Philosophie de la Nature) : édition Glockner : *System der Philosophie-Zweiter Teil* in : Samtliche Werke Bd. 9 (Stuttgart, 1958) noté dans ce qui suit : *Enc.*, p... Les traductions françaises de Gibelin et de Gandillac ne donnent pas les textes des *Zusätze*, auxquels Heidegger se réfère largement.
— *Philosophie de la Nature* de Iena : *Jenenser Logik, Metaphysik und Naturphilosophie* (F. Meiner, G.W., Bd. 7) noté : *Jen. Log.* Il existe une traduction française du texte sur le temps par A. Koyré in *Etudes d'histoire de la pensée philosophique*, A. Colin, 1961 : « Hegel à léna » (pp. 153-159).

dans l'histoire ». Dans la première, Hegel pose simplement que l'histoire (qui est, en vertu de son essence, histoire de l'esprit) s'accomplit dans le temps *(in der Zeit)*. La deuxième est enchaînée à celle-ci par un *donc*, écrit par Heidegger: donc « l'évolution de l'histoire tombe dans le temps » *(in die Zeit)*. Heidegger commente: non seulement Hegel fait de l'intratemporalité de l'esprit un *fait (Faktum)*, mais en plus il tente de comprendre la possibilité de la chute de l'esprit dans le temps. Le temps doit pouvoir, pour ainsi dire, recevoir l'esprit, et celui-ci de son côté doit être apparenté au temps et à son essence. D'où deux questions (qui feront les deux parties du § 82):

1° comment Hegel circonscrit-il l'essence du temps *(umgrenzt)*?

2° qu'est-ce qui permet à l'essence de l'esprit de tomber dans le temps?

La réponse à la première question occupe les pages 428-433, qui comprennent la longue note p. 432-433 ; Heidegger analyse le concept hégélien du temps.

L'analyse proprement dite est précédée de deux remarques.

La première concerne le lieu où Hegel traite du temps: c'est une *Philosophie de la Nature*. Heidegger rappelle qu'Aristote en traitait dans *une Physique*, c'est-à-dire, ajoute-t-il, en liaison avec une « ontologie de la Nature ». En précisant de plus que Hegel traite de l'espace et du temps à l'intérieur de la Première section de la Philosophie de la Nature, intitulée « Mécanique », Heidegger ne fait pas une constatation innocente: il suggère que les sciences de la nature, constituées de son temps, sont à l'horizon de la pensée hégélienne de la Nature, éloignent donc celle-ci de la tâche d'une ontologie, même régionale, et pèsent sur l'entreprise hégélienne de tout le poids de leurs procédures. Dix ans plus tard, dans le cours qu'il consacre en 1936 au Traité de Schelling sur l'essence de la liberté humaine, Heidegger dira:

> Ce que Schelling désigne par *Naturphilosophie*, cela ne vise pas d'abord et avant tout à l'élaboration d'un domaine particulier qui serait celui de la « Nature »; il s'agit plutôt de concevoir la nature à partir du principe de l'idéalisme, c'est-à-dire à partir de la liberté,

— *Introduction à la Philosophie de l'Histoire (Die Vernunft in der Geschichte*, F. Meiner, Ph. Bibl., 1955) noté: *Vernunft*, p.... Traduction française: *La raison dans l'histoire* par K. Papaioannou, 10/18, 1965.

— *Phänomenologie des Geistes* (F. Meiner, G.W., Bd. 9), trad. française J. Hyppolite, Aubier, 1939.

— *Wissenschaft der Logik* (F. Meiner, G.W., Bd. 12) noté *W. der L.*

mais cela de telle sorte que son autonomie, sa consistance propre lui soit précisément restituée[4].

et un peu plus loin:

> Ce qui n'est pas du ressort de la physique et de la chimie contemporaines, ce qui ne sera jamais du ressort des sciences modernes de la nature en général et *comme telles,* c'est de s'établir en un site ou même seulement de fournir le site – qui permette de décider de la question de savoir si cette *Naturphilosophie* romantique est ou non un non-sens[5].

Une telle attitude n'est pas présente dans *Sein und Zeit,* à propos de Hegel: d'une part en effet Heidegger y dénonce tacitement un amalgame pernicieux des « sciences modernes de la Nature» et de la pensée philosophique, et d'autre part et surtout il fait apparaître la séparation rigoureuse, chez Hegel, de l'entreprise d'une Philosophie de la Nature, de celle d'une mise en évidence de la liberté, autrement dit de l'Esprit: c'est cette séparation qui fonde la division en deux du § 82, et qui permet de parler d'une «chute» de l'esprit dans la nature: si en effet l'esprit «tombe dans le temps», c'est qu'il tombe dans la nature, puisque l'exposé du temps appartient à une philosophie de la Nature. La belle unité dont il sera fait hommage à Schelling n'est pas en vue ici.

Une seconde remarque, apparemment marginale elle aussi, moins intelligible dans le texte de *Sein und Zeit* que dans les cours de Marburg, concerne la façon dont Hegel lui-même juge son entreprise. Hegel, dit justement Heidegger, n'a pas voulu juxtaposer une élucidation de l'espace à une élucidation du temps. S'appuyant en particulier sur le *Zusatz* au §257 de l'*Encyclopédie*:

> La vérité de l'espace est le temps: l'espace devient temps; ce n'est donc pas subjectivement que nous passons au temps: bien plutôt estce l'espace lui-même qui passe. Dans la représentation, l'espace et le temps sont largement extérieurs l'un à l'autre: nous avons là l'espace, et puis aussi le temps; c'est contre cet *aussi* que lutte la philosophie[6],

4. M. Heidegger, *Schelling*, Gallimard, 1977, p. 164
5. *Ibid.*, p. 200.
6. *Enc.*, p. 79.

Heidegger s'attache à préciser le sens de ce propos, qui met en jeu le sens de la dialectique elle-même. Il s'agit là selon lui de la différence principielle entre représentation et pensée : cette différence a été mise en évidence par Hegel dès le § 254, c'est-à-dire au début de l'exposé concernant l'espace. La représentation vit de différences fixées, de séparations rigides, de concepts figés ; au contraire, dit Heidegger, pour la pensée absolue, aucune différence ne peut subsister : pensé absolument, l'espace *est* temps[7]. Que signifie pour Hegel cette formule : « l'espace *est* temps » ? Plus précisément : que signifie ici : *est* ? Hegel récuserait l'affirmation : « le spatial est temporel », et l'affirmation : « il n'y a pas d'espace, tout est temps ». *Etre* doit donc être interprété. Hegel veut dire : « L'espace a l'être du temps » ou : « L'être de l'espace est déterminé par le temps, et même n'est déterminable que par lui seul ». La déterminité *(Bestimmtheit)* de l'espace est sa penséité[8] absolue : l'espace n'obtient d'être pensé absolument que du temps. Or, la penséité absolue de quelque chose, c'est sa vérité. Et dans la vérité, c'est l'être de la chose qui est pensé[9]. Heidegger va donc examiner successivement le traitement hégélien du concept d'espace, et celui du concept de temps.

Il commente le § 254 de l'*Encyclopédie* : « L'espace est l'indifférence dépourvue de médiation de l'être-extérieur-à-soi »[10] en ces termes : dire que l'espace est l'être-extérieur-à-soi dépourvu de média-

7. Dans les cours de Marburg, Heidegger précise que Bergson a renversé cette thèse : ce n'est pas l'espace qui est temps, mais le temps qui est espace, et il ajoute : « Ces deux thèses sont intenables; mais toutes deux sont sur la trace d'un lien phénoménal entre espace et temps : elles visent au fond toutes deux la même chose, simplement elles ne comprennent pas ce qu'elles veulent dire à travers leurs propositions diamétralement opposées. Mais Bergson et Hegel anéantissent ce qu'il y a là-dedans en fait de contenu authentique, par là qu'ils suppriment *(aufheben)* ce contenu, non pas en toute vérité et certitude, mais selon une sophistique foncière, qui est ce dont vit d'une manière générale la dialectique hégélienne » – Texte remarquable à plus d'un titre : non seulement par la référence de Hegel à Bergson, présente également dans *Sein und Zeit,* mais surtout par la violence de l'attaque contre la pensée hegélienne (*cf.* Bd. 21, p. 252, l. 10 et *sqq.*).

8. Ce mot traduit : *Gedachtheit, pensabilité* étant réservé, selon un usage à peu près unanime, à la traduction de : *Denkbarkeit.*

9. Heidegger fait ainsi l'hommage à Hegel d'une pensée de la vérité identifiée à l'être qui est la sienne et qui deviendra explicite par exemple dans l'*Introduction* à *Qu'est-ce que la métaphysique* ? : « *Alèthéia* pourrait être le mot qui donnerait une indication non encore éprouvée sur l'essence non pensée de l'esse ». (Cf. *Questions I*, Gallimard, 1968, p. 28).

10. *Enc.*, p. 70-71.

tion et de différence, c'est dire que les déterminations de l'espace, en tant que délimitations, sont elles-mêmes spatiales, et ainsi *subsistent* simplement *dans* l'espace. Comme différences, elles sont des négations. Mais comme indifférentes, ce sont des négations qui ont au sein de l'espace une subsistance indifférente. C'est pourquoi Hegel peut dire que l'espace « est la pluralité abstraite des points qu'on peut distinguer en lui » (§ 254). Par là, on n'a fait que se *représenter* l'espace, car il appartient à la représentation de prendre les limites du quelque chose dans leur subsister pur et simple, et dans leur indifférence, c'est-à-dire en dehors de leur unité avec ce quelque chose dont elles sont les limites. Cette situation s'exprime, selon Heidegger, dans la langue de Hegel, par une formule qu'il relève dans le Zusatz du § 254[11]: « L'espace est ponctualité », le mot abstrait de « ponctualité » *(Punktualität)* désignant justement cette multiplicité abstraite de points sans différence.

Sautant par-dessus les §§ 255 et 256, Heidegger cite intégralement sans préalable le § 257, le premier de ceux consacrés au temps :

> La négativité qui est en relation à l'espace au titre de point et qui développe en lui ses déterminations comme ligne et comme plan, est, dans la sphère de l'être hors-de-soi, aussi bien *pour-soi*; en même temps qu'elle pose ses déterminations dans cette sphère, elle apparaît en outre indifférente à l'égard du calme l'un-à-côté-de-l'autre. Ainsi posée pour-soi, elle est temps[12].

Interprétant ce texte dans la suite du § 254, il y voit l'émergence de la pensée par opposition à la simple représentation. La pensée en effet pense la *determinatio* comme *negatio.* Tant que la négativité était seulement représentée, elle était ponctualité. Pensée, c'est-à-dire niée, la ponctualité est dépassée *(aufgehoben)* dans son simple subsister : en d'autres termes, le point est *posé pour-soi* : il ne subsiste plus, il n'est plus celui-ci, il n'est pas encore celui-là. Ainsi échappe-t-on au calme l'un-à-côté-de-l'autre; on passe au : l'un-après-l'autre. Ce dépassement est identiquement le dépassement de l'indifférence, le ne-plus-

11. *Enc.*, p. 72 l. 17. On peut d'ailleurs rappeler ici que la défiance à l'égard des mots d'origine latine, mots artificiels, donc dépourvus de toute concrétion, est commune à Hegel et à Heidegger.

12. Traduction légèrement modifiée par rapport à celle de M. de Gandillac, *dabei* étant compris ici au sens de : en outre, et non au sens de : par conséquent. Cf. *Encyclopédie,* édition de 1817, éd. H. Glockner, 6. Band (Stuttgart, 1956), p. 154, § 200 : *dabei* n'est pas présent dans ce texte, un simple *und* en tient lieu.

demeurer-juxtaposés dans le calme paralysé de l'espace. Cela veut dire : le se-poser-pour-soi de chaque point est un ici-maintenant, un ici-maintenant, et ainsi de suite. Chaque point posé pour-soi est point-maintenant. Pour caractériser cette position pour-soi de chaque point, Heidegger relève le verbe *sich aufspreizen* (se guinder) employé par Hegel[13]. Il écrit : « La condition de possibilité du se-poserpour-soi du point est le maintenant ». Cette condition de possibilité constitue l'être du point, et l'être, c'est la penséité, c'est la vérité de la chose. La dernière phrase du commentaire le résume : « Parce que le pur penser de la ponctualité, c'est-à-dire de l'espace, "pense" toujours le maintenant et l'être-hors-de-soi des maintenants, l'espace "est" le temps ».

Heidegger a mis ainsi en évidence que le temps est « la vérité » de l'espace, c'est-à-dire son être même ; en d'autres mots, c'est le temps qui rend l'espace pensable, cela à partir de l'être du point. L'exposé de Marburg, plus prolixe que celui de *Sein und Zeit,* comporte une légère réserve, absente dans le livre : Hegel, dit Heidegger, n'explicite pas tout cela ; mais si son élucidation peut d'une manière générale avoir un sens formulable, rien d'autre ne peut être pensé que cette négation de la négation[14]. Aussi Hegel doit-il confesser que le temps est un abstrait, un « idéel » : Heidegger cite le §258 : « *die Zeit. [...] ist gleichfalls ein schlechthin Abstractes, Ideelles* ». Bien plus, Hegel retourne à l'être abstrait du début de la Logique pour faire entendre ce qu'est le temps : le temps est l'être qui, pour autant qu'il est, n'est pas, et qui, pour autant qu'il n'est pas, est : c'est le « devenir intuitionné ».

La portée de cet exposé est assez claire. Heidegger pense avoir montré abondamment que le temps hégélien n'est rien d'autre que le temps vulgaire (*vulgär*) dont l'exposé précédait. D'une part la vérité de l'espace est temps ; d'autre part, et en conséquence, le point *est* le maintenant. Ici comme ailleurs, Hegel, dit Heidegger, ne comprend pas l'être de quelque chose à partir de sa penséité, mais il pose l'être et la penséité comme égaux *(gleich)*[15]. Trois aspects retiennent l'attention de Heidegger dans cette conception hégélienne du temps : en premier lieu, l'impuissance de Hegel à accorder d'autre statut que purement subjectif (dans le souvenir, la crainte, ou l'espoir) aux deux dimensions du passé et du futur : dans les §§258 et 259, Hegel évoque

13. *Enc.*, p. 81, Zusatz au §258.
14. Bd. 21, p. 255-256.
15. *Cf.* Bd. 21, p. 256, 1.8 et *sqq.*

« le droit monstrueux » du présent, soulignant ainsi que la nature ne connaît que le maintenant, et que le passé et le futur sont non-être. Heidegger souligne en deuxième lieu le privilège indu qui est accordé par Hegel au « disparaître » aux dépens du « surgir », lui qui définit le temps comme l'intuition du devenir, c'est-à-dire *ensemble* comme surgir *et* disparaître. Dans le *Zusatz* au § 258, il fait du temps « l'abstraction du consumer ». Ce privilège ne pouvant être fondé dialectiquement, il reste qu'il est purement et simplement reçu de l'expérience la plus commune. Enfin, Heidegger dénonce le mélange chez Hegel de cette servilité à l'égard de l'expérience et de la plus extrême abstraction : le nœud de l'interprétation hégélienne du temps réside bien dans la détermination du temps comme « négation de la négation », c'est-à-dire *comme ponctualité* : il y a là une « formalisation radicale (*im extremsten Sinne),* un nivellement insurpassable ».

La note des pp. 432-433 est déroutante, rien que par la juxtaposition assez désordonnée qu'elle comporte de références à Hegel, à Aristote et à Bergson. Le début du § 21 des Cours de Marburg permet de l'éclairer[16]. Heidegger y annonce en effet qu'il va apporter un « complément » à ce qui a été dit précédemment (*cf.* § 20) concernant l'interprétation hégélienne du temps. L'occasion lui en est fournie par le fait qu'on lui a soumis le jour même *(heute Vormittag)* le texte de la *Logique de Iéna,* c'est-à-dire le volume, édité par G. Lasson, comportant, outre une Logique et une Métaphysique, une Philosophie de la Nature où, comme ce sera le cas ultérieurement, Hegel traite de l'espace et du temps. Heidegger reconnaît qu'il s'est borné à parcourir le texte rapidement *(flüchtiges Durchsehen)* : il se félicite d'y avoir trouvé la pleine confirmation de son interprétation de l'*Encyclopédie.* C'est un texte où, dit-il, les étapes dialectiques sont plus soigneusement présentées et exposées, car Hegel à Iéna n'est pas encore emprisonné dans le carcan du système ni dans les contraintes d'un exposé abrégé comme c'est le cas au moment où il rédige l'*Encyclopédie.* Dans la note de *Sein und Zeit,* il est encore plus net dans l'admiration : « bien que la dialectique perce déjà, elle n'a pas encore la forme rigide, schématique, qu'elle aura plus tard, mais elle rend encore possible une compréhension souple *(aufgelockert)* des phénomènes »[17]. Dans les cours de Marburg, il note qu'à Iéna, l'exposé de

16. *Ibid.*, p. 263.
17. Derrida, p. 223.

l'espace *suit* l'exposé du temps, à l'inverse de ce qui est fait dans *l'Encyclopédie,* mais il ajoute que cela revient au même quant au fond *(sachlich dasselbe).* Dans *Sein und Zeit,* Heidegger semble dire que la subordination de l'espace au temps à Iéna représente un état initial, plus « concret », de la pensée de Hegel, effacé ensuite. La concrétion vient à Iéna de ce que Hegel alors ne dispose pas « des concepts théorétiques de la synthèse dialectique » : à savoir : être-non-être-devenir. En tout cas, le maintenant y est déjà présenté comme le phénomène authentique du temps ; il ne peut « résister » au futur : il est vaincu par le « non-encore-maintenant » : Hegel pense le temps comme courant du futur, par-delà le présent, dans le passé. C'est le devenir destructif. La réalité du temps réside ainsi dans le passé, mais le temps retourne continuellement dans le présent : le présent est ainsi non pas seulement présent, mais *présent du passé.*

Heidegger en a terminé avec l'examen du concept hégélien du temps : cette étude était destinée à préparer l'élucidation du lien *(Zusammenhang-Beziehung)* établi par Hegel entre le temps et l'esprit. La seconde partie du § 82 est consacrée à cette élucidation (pp. 433-436) : elle est plus courte que la précédente, mais plus complexe. Pour la commodité, on y distingue deux moments : une démonstration, et le bilan de la démonstration ainsi faite.

Heidegger démontre donc[18] que la *chute*[19] de l'esprit dans le temps a pour condition de possibilité la *parenté* de l'esprit et du temps, et que cette parenté elle-même repose sur une communauté essentielle. Esprit et temps sont en effet tous deux « négation de la négation », ou : « négativité absolue ». Sur cette essence commune s'articule la possibilité de leur rencontre, et même de leur affinité. L'esprit tombe dans le temps dans la mesure où le temps est prêt à l'accueillir.

La démonstration est menée simplement : on vient de comprendre que le temps hégélien, temps nivelé, temps vulgaire, est « négation de la négation ». Il s'agit là d'une « structure apophantico-formelle »[20] qui, en vertu de son caractère formel, précisément, permet qu'on passe

18. *SuZ*, p. 433, l. 3 à p. 435, l. 8.

19. Dans cette seconde partie du § 82, le verbe *fallen* est employé 9 fois, si on compte pour une fois l'emploi de *verfallen.*

20. Formule empruntée à Husserl, dont *Formale und transcendantale Logik* doit paraître en 1929.

d'un contenu à un autre : du temps à l'esprit[21]. Pour montrer comment Hegel peut soutenir que l'esprit est « négation de la négation », Heidegger procède alors par glissements conceptuels. Il commence par identifier esprit et concept, le concept étant ici, non le concept empirique, mais le se-concevoir. Le Soi qui est conçu est un acte : l'acte de saisir le non-moi *(Erfassen des Nicht-Ich),* qui est lui-même l'indice d'un différer *(Unterscheiden).* Si donc le Concept *(das sich Begreifen)* est : *das sich- als Erfassen des Nicht-Ich-Begreifen,* il apparaît, lorsqu'on remplace : *des Nicht-Ich* par : *des Unterscheidens,* que le Concept lui-même n'est qu'une différence redoublée : *ein Unterscheiden des Unterscheidens.* (Toute l'opération repose bien entendu sur l'identification *tacite* de *Erfassen* et *Begreifen* : c'est-à-dire sur l'identification du saisir au sens de : saisir un objet, et du concept, que Heidegger vient de distinguer du concept empirique pur et simple). Reste alors à rabattre le vocabulaire employé jusqu'à présent, vocabulaire hégéliano-fichtéen, sur une formule cartésienne : la différence de la différence (assimilée elle-même à la *negatio negationis* ou négativité absolue) n'est autre que le *cogito me cogitare rem,* où Descartes voit l'essence de la conscience.

En treize lignes, Heidegger a ainsi opéré le passage de l'Esprit à la conscience, par l'intermédiaire du Concept, lui-même dédoublé en : *Erfassen* et *Begreifen,* les deux étant finalement amenés à recouvrement. Le temps ayant été lui-même identifié précédemment à la négation de la négation, on voit que l'identification du temps et du concept, c'est-à-dire, en vertu de l'assimilation liminaire du concept et de l'esprit, du temps et de l'esprit, est accomplie. Heidegger trouve chez Hegel la justification littérale de cette démonstration : il la puise dans un texte de la Grande Logique, où Hegel fait du *Je* l'unité qui est en relation à soi-même, qui résulte de l'abstraction de toute déterminité et de tout contenu, et qui « retourne à la liberté de l'égalité avec soi-même dépourvue de toute borne »[22].

Sans transition, il passe alors aux textes de la *Raison dans l'Histoire,* où l'Esprit est présenté comme « l'absolument inquiet ». Le progrès de son auto-réalisation dans l'Histoire est un combat, où il a sans cesse une victoire à remporter sur lui-même : le but du dévelop-

21. Dans les *Leçons de Marburg*, Heidegger faisait le procès d'un tel passage en termes assez vifs : « *Hegel kann alles sagen über jedes. Und es gibt Leute, die in einer solchen Konfusion einen Tiefsinn entdecken* » (*cf.* Bd. 21, p. 260, 1.4).

22. *W. der L.*, G.W., Bd. 12, S. 17

pement de l'Esprit est d'atteindre son propre concept. Les deux derniers alinéas du texte mettent en évidence dans le temps les aspects qui justifient cette inquiétude de l'Esprit : le dernier chapitre de la *Phénoménologie de l'Esprit* est invoqué : l'Esprit se manifeste dans le temps aussi longtemps qu'il ne saisit pas son concept pur, c'est-à-dire n'élimine pas le temps *(tilgt)*[23]. Il n'est jusque-là que concept intuitionné. L'exclure, qui appartient au mouvement par lequel l'esprit se développe, recèle en soi une relation au non-être, c'est-à-dire au temps, compris lui-même à partir du maintenant qui se guinde, en vain, dans une position d'où il est constamment arraché. Mais comme le temps est la négativité abstraite, il n'a pas de pouvoir *(Macht)* sur l'esprit. C'est l'esprit qui a puissance sur le temps.

Le bilan d'ensemble est sans surprise pour le lecteur.

Heidegger insiste de façon renouvelée sur le caractère *formel* de la structure commune à l'esprit et au temps, comme négation de la négation. Il s'agit d'une *extériorisation,* c'est-à-dire d'une sortie hors de l'essence, et d'une *abstraction* : c'est une construction « dialectico-formelle ». Au niveau de l'apophantique, le temps est négation de la négation ; au niveau de l'ontologique, il est identifié à l'esprit. Il est suggéré par là que la construction en question engendre une contradiction : le temps ne peut *être* l'esprit, puisque l'esprit ne fait que tomber en lui. A la fois Hegel postule une extrinsécité de l'esprit et du temps, et à la fois il affirme leur communauté d'essence. Il en résulte d'une part que la négation de la négation n'est pas pensée deux fois ; en tout cas, elle n'est pas pensée en direction de la temporalité originaire. La preuve en est qu'il a fallu *niveler* le temps, le prendre comme le disponible, comme ce qui est trouvé là *(vorhanden)* pour pouvoir affirmer cette parenté. Du côté de l'esprit d'autre part, les manques et les insuffisances de la conceptualisation hégélienne ne sont pas moindres. Hegel a totalement manqué la concrétion de l'esprit, qui était justement le but de cette conceptualisation. Non seulement le concept de la « chute » de l'esprit est chez lui enveloppé d'obscurité, mais aussi la « réalisation » de l'esprit dans le temps, qu'il faut rendre compatible avec l'affirmation de la « puissance » de l'esprit sur le temps. L'essence de l'esprit n'est nulle part élucidée. Ces remarques éclairent *a contrario* l'hommage rendu à Kant dans les dernières lignes du § 81 : Heidegger reconnaît à Kant le mérite d'avoir, malgré

23. *Ph. des G.*, S. 429, trad. fr., t. II, p. 305.

l'affirmation de la subjectivité du temps, délié le temps et le *je pense,* c'est-à-dire de les avoir juxtaposés et non identifiés[24].

In fine, Heidegger, conformément au dessein initial du texte, rappelle que l'analytique existentiale ne se propose pas, quant à elle, de reconstruire formellement la concrétion de l'esprit; elle s'installe bien plutôt dans l'existence-jetée, pour dévoiler la temporalité comme la possibilisation originaire de cette existence. Ce n'est pas l'esprit qui tombe dans le temps; il faut dire que l'existence factice tombe de la temporalité originaire, cette chute ayant elle-même sa possibilité existentiale (et non une possibilité au regard de la pure pensée) dans un mode de sa temporalisation.

* * *

L'examen des textes de Hegel utilisés par Heidegger sera précédé de deux remarques. La première concerne le choix lui-même opéré par Heidegger: dans *l'Encyclopédie,* il s'attache de manière privilégiée aux *Zusätze,* qui sont des textes à finalité essentiellement pédagogique, ne pouvant être tenus comme provenant en toute certitude de la main de Hegel. Leur style est plus coulant, leur vocabulaire plus concret, que ceux des paragraphes auxquels ils sont rattachés. De même, la phrase où s'exprime la «chute» de l'esprit dans le temps, dans *La raison dans l'histoire,* n'appartient pas au texte original de Hegel, mais aux notes de cours[25]. C'est G. Lasson qui a inséré celles-ci dans le corps du texte.

La deuxième remarque concerne la *Philosophie de la nature* de Iéna. Il est superflu de revenir sur l'aveu fait par Heidegger d'une lecture en survol de ce texte. Ce qui est plus déroutant dans ce qu'il en dit est le fait qu'il y découvre plus de souplesse, pour tout dire, moins de rigueur, que dans *l'Encyclopédie.* Un tel jugement doit être mis au compte de sa lecture rapide, car il ne résiste pas à l'épreuve du texte: c'est au contraire au moment où la pensée dialectique se forme, que Hegel se montre le plus exigeant et le plus strict dans son expression. Les écrits de Iéna dans leur ensemble en témoignent. Cette remarque de Heidegger rejoint une opinion courante, et non fondée, selon laquelle le côté systématique de la pensée hégélienne serait une sorte

24. *SuZ,* p.428 1.1: «*die Zeit (sieht) unverbunden [...] neben dem "Ich denke"*». H. Birault commente ce texte dans *Heidegger et l'expérience de la pensée* (Gallimard, 1978), p.66.

25. *Vernunft*: cf. *Vorbemerkungen des Herausgebers,* p. XI.

de raideur imputable à l'âge et tout ensemble à la respectabilité sociale : la hauteur et l'ésotérisme du penseur-fonctionnaire.

L'étude du concept hégélien du temps exige d'abord que celui-ci, comme Heidegger l'a noté, soit situé par rapport au concept d'espace.

Dans *l'Encyclopédie,* Hegel commence par l'espace, alors qu'à Iéna, il avait commencé par le temps. A juste titre, Heidegger estime que, pour la chose qui est en question, cela revient au même. Or, ce qui est en question dans l'un et l'autre texte, c'est, conformément au propos d'une *Mécanique,* l'accès au concept de *mouvement,* unité de l'espace et du temps. D'autre part, ni dans l'un ni dans l'autre texte, on n'a une simple juxtaposition des deux concepts, mais, comme le souligne Heidegger, le *passage* de l'un à l'autre. Celui-ci doit être compris de telle manière qu'il supprime l'extériorité réciproque des termes en présence : si le temps est la *vérité* de l'espace, l'espace quant à lui est la *réalité* du temps. Dire que la philosophie combat l'*aussi* de la représentation, c'est dire qu'elle fait voir l'immanence réciproque des notions, et qu'ainsi elle ruine l'idée d'un transfert de sens unilatéral. *Les deux présentations apparemment opposées* de *l'Encyclopédie* et de la *Philosophie de la Nature* de Iéna *doivent être prises comme complémentaires.*

Hegel écrit : « Temps et espace sont l'opposition de l'infini et de l'égal-à-soi-même dans la Nature en tant qu'elle est leur Idée »[26]. A cette opposition liminaire va répondre, comme son propre résultat, qui est sa résolution, leur réalité, qui est leur réflexion en eux-mêmes : en cette réflexion, l'infini se découvre égal-à-soi, l'égal-à-soi infini. Le passage est donc bien réciproque. En se réalisant, le temps se fait espace, et celui-ci accède à sa vérité dans le temps. L'égal-à-soi désigne la déterminité se posant comme absolue ; l'infini, le mouvement réflexif par lequel la déterminité cesse de valoir comme ce qu'elle est immédiatement, mais se pose aussi comme ce qu'elle n'est pas, sursume[27] par conséquent la différence née de l'exclusion, et assume *en elle-même* cette différence prise d'abord comme venant de l'autre.

Lorsque la relation entre l'égal-à-soi et l'infini est *simple,* on est en présence de leur *aussi* dans une unité où ils sont le même : à savoir :

26. *Jen. Log.*, G.W., Bd 7, S. 193.

27. Ce mot traduit *aufheben* (*cf.* P.J. Labarrière, *Structures et mouvement dialectique dans la* Phénoménologie de l'Esprit *de Hegel*, p. 309).

égaux-à-soi. Mais lorsque leur relation est devenue rapport, c'est l'infini qui exprime leur unité. Ici, chacun a sursumé son opposé, et c'est en cela qu'ils sont devenus *le même.* Le temps, étant crédité au départ du moment de l'infini, le déploiement de son infinité (comme différence à l'autre sursumée) va s'opérer dans la direction de son égalité-à-soi-même : c'est-à-dire dans la direction de l'extériorité ou *réalité.* Le temps, devenant espace, se réalise. Hegel écrit au début de l'exposé de l'espace : « L'espace est l'égal-à-soi-même, dans la déterminité de l'égal-à-soi-même face à la déterminité de l'infini qui passe dans l'espace comme dans son contraire »[28]. Cette situation ne relève donc pas de la *subordination* de l'espace au temps qu'y décèle Heidegger. Aucun des deux termes n'est subordonné à l'autre. Ce qui compte est le mouvement et le résultat de leur opposition.

> Le temps, qui est. [...] devenu soi-même à partir de l'espace n'est donc en fait réel qu'à même l'espace, et l'espace n'est que ce temps devenant à partir de lui, de même qu'il n'est que le devenir-temps. Cette réflexion du temps en soi au titre du tout de la réflexion n'est plus, du même coup, ce temps opposé à l'espace et ne faisant que passer en lui ; mais il est immédiatement à même lui, de même que réciproquement l'espace est à même lui ; le temps n'est qu'en tant qu'il devient espace, et l'espace que devenant temps, et inversement l'un seulement comme retournant à partir de l'autre[29].

Le renversement de l'exposé de *l'Encyclopédie* par rapport à celui de Iéna témoigne encore de la non-subordination d'un concept à l'autre. Commençant par l'espace, Hegel met l'accent sur l'extériorité et sur la quantité, qui ensemble constituent l'élément d'une philosophie de la Nature (par opposition à la Logique, qui commence par la qualité) ; commençant par le temps, il met l'accent sur la *vérité* de l'extériorité elle-même, sur ce qui renoue la philosophie de la Nature à la Logique-Métaphysique à laquelle elle succède. De toute façon, on est en présence de deux négations, et il faut accéder à la résolution de leur opposition : le concept de *mouvement* est, dans l'un et l'autre texte, à la fois la suppression et le maintien de ces deux négations. En lui, l'espace et le temps atteignent à leur unité.

Le texte de l'*Encyclopédie* doit donc être lu moyennant cette précaution initiale, que le « passage » n'est pas unilatéral, que, pour le

28. Jen. Log., G.W., Bd. 7, S. 197.
29. *Ibid.*, S. 203.

dire rapidement, la pensée hégélienne n'est pas simplement le bergsonisme renversé qu'y décèle Heidegger. C'est dans la perspective ainsi définie de l'unité dialectique, qui s'oppose à la simple unilatéralité, que doit être abordée la question des « dimensions » de l'espace et du temps, laquelle engage celle de la « ponctualité », si décisive pour l'interprétation heideggerienne.

Hegel distingue, à Iéna comme dans l'*Encyclopédie,* deux catégories de dimensions ; ainsi pour l'espace :

– les contingentes, dont on peut faire une énumération extérieure (longueur-largeur-hauteur) ; la mathématique est incapable de les déduire, et de déduire leur nombre [30].

– les nécessaires, qui récusent *l'aussi* de l'énumération : ce sont des différences qualitatives portant leur nécessité à même elles-mêmes. Il s'agit du point, de la ligne, du plan *(Fläche).* Le § 256 du texte de l'*Encyclopédie* est consacré au développement du point en ligne et en plan ; le développement en sens inverse *est tout aussi nécessaire* : du plan à la ligne et au point. Cette dernière présentation est justement celle du texte de Iéna.

Le développement de ces dimensions est, comme le souligne Heidegger, celui de la négation comme limite *au sein de* l'espace lui-même ; sa nécessité consiste en ce que ses moments sont saisis dans leur abolition réciproque, ce que ne fait pas la représentation, même si elle prétend décrire une « genèse ».

Cette première distinction appelle deux remarques.

L'espace est *pensé* dans une philosophie de la Nature, alors qu'il n'est que *représenté* dans la mathématique. De l'espace au temps dans la philosophie de la nature, on ne passe pas, comme le veut Heidegger, du représenter au penser. En réalité, c'est dès le début de la *Logique* qu'on est dans l'élément de la pensée.

La deuxième remarque concerne le point. Celui-ci n'est ni premier ni dernier, parmi les déterminations spatiales. Il n'est donc pas privilégié parmi les autres dimensions ; il n'est nullement porteur à lui seul de la négation de la négation. Certes, le point est pour l'espace une négation qui n'en est pas une, une limite qui ne saurait le délimiter, puisque cette limite est elle-même spatiale, et qu'aucun point

30. *Enc.*, § 255, p. 73-74 ; G.W. Bd.7, S. 201. Hegel ici s'oppose à Kant, ce qui place sa réflexion à un niveau épistémologique plus élevé que celui de l'*Esthétique transcendantale*.

n'est ultime : pour être tel, il devrait tomber hors de l'espace. Mais c'est là la caractéristique de la limite quantitative en général : l'espace et le temps purs peuvent être considérés comme des exemples de quantité, puisqu'en eux la déterminité est toujours indifférente [31].

Reste alors à comprendre le passage, qui fait le nœud de l'argumentation heideggerienne, du point à la *ponctualité.* Le *Zusatz* au § 254 est *le seul* texte, parmi ceux évoqués par Heidegger, où Hegel emploie, une seule fois, le mot *Punktualität,* mot au demeurant assez peu fréquent chez lui. Conformément à la référence permanente de l'espace (et aussi d'ailleurs du temps) à la quantité en général, l'enjeu de ce texte est de montrer que la continuité et la discrétion, déterminités que la représentation oppose, passent en fait l'une dans l'autre, et n'ont de vérité que dans leur unité : *dès lors, si l'on veut dire que l'espace est « ponctualité », cela n'a de sens que moyennant cette restriction que la ponctualité en question est nulle* [32]. L'espace, comme toute grandeur, est aussi bien continu que divisible [33] : cette situation fonde l'impuissance, notée plus haut, du point, à être pour l'espace une véritable limite.

De là résulte que la prétention de Heidegger de faire de la ponctualité la « penséité » de l'espace s'effondre. Le *Zusatz* du § 254, dans la mesure où il prend son point de départ dans la représentation, rejette, sous le nom abstrait de *ponctualité,* une possibilité de séparation et de discontinuité dont la pensée récuse l'absoluité. Aussi bien la pensée est-elle pensée du réel, et non du possible : seule la représentation se cantonne au possible.

S'il est vrai qu'aucune des dimensions de l'espace n'a de privilège sur les autres, on comprend que nulle part chez Hegel le passage de l'espace au temps se fasse sur le point. Au § 257, il est question non de ponctualité, mais de la *négativité,* qu'on a vu se développer comme point, comme ligne et comme plan dans le milieu de l'extériorité et qui, s'y réfléchissant, accède à la totalisation de ses moments : alors elle est posée pour-soi. Dire que le temps est la négativité pour-soi, c'est dire la même chose que : le temps est l'infini, ce qui était la formulation de Iéna. Les dimensions du temps sont donc *négatives* ; autrement dit la limite du temps *n'est pas* : le maintenant se pose

31. *Enc.*, § 99.

32. *Enc.*, p. 72 « *der Raum ist [...] Punktualität, die aber eine nichtige ist, vollkommene Continuität* ».

33. *Enc.*, § 100.

immédiatement comme le contraire de soi-même[34]. (A l'inverse, on voit s'éclairer le caractère *positif* reconnu à l'espace: en tant que l'égal-à-soi-même, l'espace est le repos, le calme de l'extériorité et de l'indifférence réciproques: ses limites *sont*: elles sont elles-mêmes espace, ce qui les détruit en tant que limites). Le présent se sursume, et pour autant que le futur devient en lui, il est lui-même ce futur. Il n'y a en fait ni présent, ni futur, mais leur relation réciproque: l'un est, en même façon que l'autre, négatif, et la négation du présent se nie aussi bien soi-même: Hegel écrit:

> Le maintenant a son non-être à même soi-même, et devient immédiatement son autre, mais cet autre, le futur, en lequel le présent devient, est immédiatement l'autre de lui-même, car il est maintenant présent; mais il n'est pas le premier maintenant dont on parlait [...] mais un maintenant devenu à partir du présent à travers le futur, un maintenant en lequel le futur et le présent se sont sursumés en même façon, un être qui est un non-être des deux, l'activité sursumée absolument apaisée des deux l'un par rapport à l'autre [...] et ce sursumer posé des deux est l'autrefois[35].

Dans ce texte admirable, et admirable par sa rigueur, Hegel dit clairement que le maintenant qu'il a en vue n'est pas le maintenant « nivelé » dont parle Heidegger. La sursomption réciproque de la négation et de ce qu'elle nie invite à penser un *résultat*: à savoir que le temps n'est ni maintenant, ni futur, ni autrefois, mais qu'il est leur totalité, il est infini. Il ne s'agit pas pour autant du «mauvais» infini, de l'infini de la répétition, car «le répété est indifférent à ce dont il est le répété»[36]. Hegel dit encore: «La totalité de l'infini n'est pas dans sa vérité un retour au premier moment »[37], répondant ainsi par avance à la formule de Heidegger : «Le se-poser pour-soi de chaque point est un ici-maintenant, ici-maintenant, et ainsi de suite»[38]. Penser le temps comme l'infini véritable, c'est justement pour Hegel refuser de le penser à partir de l'un de ses moments, refuser en d'autres termes de le poser comme la simple répétition de ce moment.

34. C'est la dialectique de la certitude sensible de la *Phénoménologie de l'Esprit*.
35. G.W. Bd. 7, S. 195 p. 204.
36. *Ibid.*, S. 196.
37. *Ibid.*, S. 196.
38. *SuZ*, p. 430.

La valeur spéculative du discours hégélien sur l'espace et le temps est explicitée par Hegel lui-même : il s'agit pour lui de s'élever à la pensée de la chose même et non aux simples conditions de possibilité qu'a en vue la représentation[39]. Si donc la pensée met à jour une « réflexion », celle-ci n'appartient pas électivement au « sujet », mais au sujet et à l'objet ensemble. L'unilatéralité d'une analyse transcendantale, situant la penséité dans la seule subjectivité, se trouve ainsi dépassée. C'est ce qui s'exprimait à Iéna sous le mot : « absolu ». La philosophie de la Nature, à la différence de la mathématique, étudie l'espace et le temps absolus et non relatifs. Il en résulte qu'elle n'a pas un statut ontologique différent de celui de la Logique et inférieur à lui. La philosophie de la Nature, même si elle prend souvent en compte des concepts utilisés dans les sciences positives, comme fait d'ailleurs la Logique elle-même, s'élève à partir d'eux à l'accomplissement d'une tâche qui est différente de celle de ces sciences. Il s'agit pour la philosophie non de quantifier les phénomènes, c'est-à-dire en fait de les décrire, mais d'accéder à leur vérité qualitativement comprise, à cela même que Heidegger entend par l'être. La Nature n'est pas étrangère à l'Idée : elle est son autre. Elle est l'Idée devenue extérieure, c'est-à-dire retournée à l'immédiateté. Mais comme aucun retour n'est répétitif, l'immédiateté de l'Idée réalisée n'est pas celle de l'être seulement proféré au début de la *Logique* : c'est celle de l'être, du non-être et du devenir *comme intuitionnés.*

Entre la dialectique initiale : être-non-être-devenir, et la dialectique : présent-futur-passé, il y a bien, assurément, une homologie structurelle, mais qui se trouve démentie si on passe à l'ordre, *qui est précisément celui de l'intuition* : passé-présent-futur. Là, on voit que l'être (le présent) est cette fois non pas premier, mais second, et que le non-être est dominant : le temps est le négatif se rapportant à soi. Pour l'intuition donc, le contenu de la dialectique logique initiale est purement et simplement renversé. En nommant le temps « le devenir intuitionné », Hegel ne fait ainsi que rappeler son rang dans la pensée qui, prenant le temps comme totalité véritablement infinie, voit dans le passé la négation de la négation : le repos, qui résulte de la suppression/conservation du maintenant devenu véritable présent. S'il en est ainsi, si toute la dialectique pointe vers sa réconciliation et sa paix, il n'est pas vrai que Hegel ait privilégié le *détruire* aux dépens du

39. Cf. *Enc.*, *Zusätze* aux §§ 254 et 257.

surgir[40]. Mais répondre à une critique unilatérale par la mise en évidence d'une unilatéralité opposée est insuffisant. Si l'autrefois mérite d'être dit le temps réel, c'est comme temps réfléchi en soi par conséquent le passé ne demeure pas plus que les autres dimensions du temps. Il n'est que moment de la réflexion totale qui, se posant, passe à son opposé, à l'égal-à-soi, et se présente donc comme *espace*.

Le reproche fait par Heidegger à Hegel de privilégier le maintenant devient caduc par la même. La disparition du maintenant tandis que je l'énonce, c'est la représentation qui en est la victime, en suite du privilège « monstrueux » dont elle-même l'a doté[41]. Le présent véritable *(Gegenwart)* n'est pas le maintenant *(jetzt)*; c'est le présent pensé, c'est l'éternité, comme totalité infinie des dimensions du temps. Heidegger lui-même apportera la description de cette dialectique accomplie, mais c'est à Schelling qu'il en fera l'hommage:

> Qu'appelle-t-on *éternité*? Le devenir de Dieu ne se laisse pas sérier en différentes périodes selon la succession du « temps » vulgaire, car dans ce devenir tout est « contemporain » ; mais la contemporanéité ne signifie pas ici que le passé et le futur perdent leur essence pour se convertir et « passer » en un pur présent. Au contraire, la contemporanéité originelle consiste en ceci que l'avoir-été et l'être-à-venir se maintiennent, qu'ils se rejoignent co-originellement à l'être-présent jusqu'à coïncider dans la plénitude essentielle du temps lui-même[42].

On examine maintenant la valeur de la critique heideggerienne qui est présentée dans la Seconde Partie du § 82: successivement sur le point de l'essence de l'esprit hégélien, et sur la parenté de cette essence et de celle du temps.

Heidegger est passé sans précaution du *Je* fichtéen au *cogito* cartésien, de la conscience à l'Esprit: ces glissements ont leur origine dans la mise en suspens de la différence hégélienne entre conscience et conscience de soi, l'Esprit n'étant lui-même pour Hegel que la conscience de soi dans sa *réalité*. L'assimilation, déjà soulignée, qu'opère Heidegger entre *begreifen* et *erfassen* aboutit à faire tomber le Concept (l'unité du singulier et de l'universel) du niveau spéculatif

40. *Jen. Log.*,S. 195-196.
41. *Enc.*, § 258, *Zusatz*.
42. *Schelling*, ouv. cité, p. 196-197. Peut-on avancer l'hypothèse que c'est l'attention portée alors à la pensée nietzschéenne qui permet à Heidegger, aux alentours de 1935, de ressaisir la pensée romantique de l'éternité dans ce qu'elle a de positif ?

au niveau descriptif. Ainsi entendu, le Concept devient la réflexion au sens de la simple répétition du saisir : le saisir du non-moi comporte une différence, le saisir du saisir du non-moi instaure une différence à l'égard de la différence. C'est le mauvais infini, le jeu de miroirs. Par là, Heidegger méconnaît non seulement l'origine *pratique* de la réflexion fichtéenne, qui n'est pas en question ici, mais surtout la dénivellation radicale du sens qui se produit chez Hegel dans l'avènement de la conscience de soi. Dénivellement qui s'inscrit comme une dissymétrie entre vérité et certitude, la vérité devenant vérité *de la* certitude, au lieu qu'elle était jusque là à côté d'elle. Le contenu antérieur de la certitude, autrement dit de la visée intentionnelle, est *nié* : ce qu'il n'est pas dans l'acte de réflexion simple *(cogito me cogitare rem),* c'est-à-dire dans le redoublement pur et simple de la différence. Cette négation signe l'éclatement de la représentation [43]. La conscience, devenue conscience de soi par sa propre disparition, expose son expérience dans une *Phénoménologie de l'Esprit,* qui est le livre de son dépassement dans le maintien de soi.

Qu'est-ce alors que le *Je* hégélien ? Pourquoi est-il thématisé dans une Logique, ainsi que le souligne Heidegger ? Il s'agit d'une partie de la Logique, encore appelée « Métaphysique » à Iéna, qui expose le Concept « en tant qu'il n'est pas autre chose que le moi ou la conscience de soi pure ». Cette pureté signifie la conscience dans son égalité simple à soi, comme le résultat de l'abstraction de toutes les déterminités. A la différence de l'âme, qui est le *Je* appréhendé par la représentation comme une chose, le *Je* qui est ainsi entendu est bien une réflexion, mais une réflexion *immédiate* en chacun de ses contenus déterminés. C'est pourquoi sa présentation relève d'une Logique, car, dit Hegel, « à la Logique appartient seulement la présentation de la *forme* du concept », et il l'explique ainsi : « de même que l'espace et le temps n'appartiennent pas à la Logique, de même (les) figures

43. Il est significatif que M. Henry, dont l'interprétation de l'hégélianisme est directement issue du § 82 de *SuZ,* affirme simultanément que « l'avènement de la réalité est dans l'hégélianisme l'histoire d'une chute » (cf. *Essence de la Manifestation,* II, p 895) et que « la dialectique qui conduit de la conscience à la conscience de soi est vaine » *(ibid.,* p. 902). L'interprétation que fournira Heidegger lui-même en 1942 de l'Introduction à la *Phénoménologie de l'Esprit* repose sur la même mise en suspens, et par suite sur l'attribution à Hegel d'un concept unique de la présence, englobant la présentation objective, et la présence absolue, cette dernière nommée par Heidegger Parousie.

concrètes n'appartiennent pas à la Logique, mais à l'Esprit»[44]. Les figures concrètes ainsi visées sont: l'intuition, la représentation, et l'esprit conscient de soi. Pour le dire autrement, la Nature est le moment du Concept aveugle, l'Esprit celui du Concept se pensant. Le *Je,* quant à lui, simple forme du Concept, s'expose dans une science abstraite: la Logique, précisément, distincte d'une Philosophie de la Nature, et d'une Philosophie de l'Esprit.

Au contraire, dans le texte cité aussitôt après par Heidegger, emprunté à la *Raison dans l'Histoire,* il ne s'agit plus du *Je* abstrait, mais de l'Esprit qui saisit son universalité concrète et s'élève au Savoir. Alors, la liberté est réelle, et non plus formelle, car la nécessité, la nature et l'Histoire sont au service de la révélation de l'Esprit à lui-même. La philosophie de l'histoire en effet porte le mouvement de l'Histoire au savoir de soi. L'Esprit veut atteindre son propre concept, mais il n'y parvient pas selon la ligne d'une simple *évolution (Entwicklung).* Hegel souligne que l'évolution véhicule toujours des contingences et qu'en particulier son *terme* est contingent[45]. Dire donc que « l'évolution de l'histoire tombe dans le temps », c'est tout au plus une platitude, qui n'est pas éclairante quant au dessein d'une philosophie de l'histoire. Car pour se constituer en vérité de l'histoire, c'est-à-dire en Savoir, l'histoire conçue élimine le temps.

L'Esprit donc ne se réalise pas « dans le temps » ; il ne faut même pas dire qu'il se réalise « dans l'histoire », mais plutôt *comme* Histoire, c'est-à-dire comme disparition/récollection de ses propres figures. Cette réalisation comporte certes une sortie hors de soi *(Entäusserung)* mais aussi une réflexion, de même que la réalisation du temps en général est sa sortie hors de soi et sa réflexion dans l'espace. Cela signifie que, pour se réaliser effectivement, l'Esprit, comme conscience de soi, doit parvenir à sa réconciliation avec son extériorisation, qu'il doit donc se réconcilier avec ses figures représentées. La *Phénoménologie de l'Esprit* décrit l'extériorisation de la conscience de soi *dans la forme de la conscience,* c'est-à-dire dans la forme de l'être-là simplement trouvé. Le temps y est « le concept seulement intuitionné », et s'il prend les allures d'un *destin,* comme le souligne Heidegger, c'est parce qu'il n'est pas *saisi par le Soi,* qu'il n'est pas

44. *W. der L.*, G.W., Bd. 12, S. 20.

45. *Vernunft*, p. 151-152 : il s'agit d'un texte de la main de Hegel, qui précède immédiatement celui qui est utilisé par Heidegger.

« achevé au-dedans de soi-même »[46]. Ces formules expriment justement l'exigence de la réconciliation accomplie.

Heidegger fait appel enfin au § 258 de *l'Encyclopédie, où* Hegel réaffirme le caractère abstrait, idéel, du temps. Que le temps à ce niveau, qui est celui de l'intuition, puisse « être le même principe que le Je », c'est la Musique (dont on s'étonne que Heidegger ne fasse même pas mention) qui en témoigne. Les pages que Hegel lui consacre dans les *Leçons sur l'Esthétique* montrent que la « ressemblance » liminaire notée par Hegel entre l'unité subjective abstraite et vide s'affirmant comme telle par la suppression de toute objectivité, d'une part, et l'unité simple du maintenant, d'autre part, est nulle tant qu'elle n'est pas travaillée : elle l'est précisément par l'art musical. Celui-ci permet que le temps échappe à son homogénéité vide ; et ainsi, par les procédures de la mesure et du rythme, il permet à la conscience de retrouver son unité concrète, c'est-à-dire de se rassembler et de retourner en soi ; par les coupures qu'elle pratique en lui grâce à la mélodie, elle se libère de l'extérieur[47]. La « parenté » de l'Esprit et du temps, bien loin d'être un don originaire, est toujours un résultat.

L'examen des textes de Hegel utilisés par Heidegger dans la Seconde partie du § 82 montre donc qu'ils relèvent de niveaux logiques et phénoménologiques, c'est-à-dire « ontologiques » au sens heideggerien, distincts. Heidegger, en se bornant à les juxtaposer, rend impossible leur mise en perspective. Or la dialecticité, ce que Heidegger appelle la systématicité, de la pensée hégélienne est là : elle n'est pas un « carcan » ; elle est la production de concepts selon des degrés de réflexion, par suite de concrétion, toujours plus élevés. Mais aussi la convergence de sens de ces textes est manifeste. En particulier, on voit bien que ce n'est pas la *chute,* comprise comme un événement eschatologique, qui est à l'avant-plan de la pensée de Hegel ; on peut même soutenir que c'est plutôt le mouvement inverse qu'il retient partout : l'Esprit se constituant, à partir du temps[48].

46. *Phénomélogie de l'Esprit*, tr. fr., t. II, p. 305.

47. *Cf.* G.W.F. Hegel, *Asthetik*, Europäische Verlagsanstalt GmbH, Frankfurt am Main, Bd. II, pp. 274-285.

48. Derrida (texte cité p. 265, n. 16) écrit : « quelles que soient ses déterminations, l'être hégelien ne tombe pas plus dans le temps comme dans son da-sein qu'il *n'en sort simplement* dans la parousie ». Il faut noter à cet égard que Hegel emploie souvent le verbe *fallen* et ses composés *(auseinanderfallen, herausfallen, wegfallen, zusammenfallen....),* mais pour indiquer la situation de déterminités les

S'il n'y a pas pour Hegel de chute de l'Esprit dans le temps, c'est qu'on ne peut penser l'Esprit et le temps séparément, ni leur séparation et leur extériorité comme préalables à leur unité et comme conditions de celle-ci. L'Esprit dans sa réalité se gagne par le travail du négatif, mais ce n'est pas la même négation qui est présente dans le temps et dans l'Esprit. La négation temporelle est la négation dans l'intuition qui s'exprime par l'opposition non résolue du singulier et de l'universel. La négation de l'Esprit est le temps retrouvé, ou retourné à l'intériorité, et devenu ainsi l'emblème de la liberté. C'est l'éternité du concept qui est la vérité du temps intériorisé, mais l'éternité n'est pas extérieure au temps : elle n'est pas *sans* lui ; elle n'est pas non plus le temps immédiat de l'intuition : c'est pourquoi la puissance est *de l'Esprit,* non *du temps* : cela est dit à l'encontre de la représentation vulgaire. A la fois en effet Hegel obéit à une double tradition, grecque et chrétienne, qui oppose le temps et l'éternité ; à la fois il comprend l'éternité comme la réflexion du temps en lui-même, c'est-à-dire comme immanente au temps. Heidegger pour sa part annule radicalement, dans le § 82, le thème hégélien de l'éternité, qui pourtant recueille effectivement toute la vérité de la pensée du temps[49].

*
* *

On doit répondre négativement à la question posée plus haut : Heidegger a-t-il rendu justice à Hegel dans le § 82 de *Sein und Zeit* ? Le caractère sommaire, hâtif, non seulement de sa lecture des textes de Hegel, mais du jugement qu'il porte sur eux, contraste avec le soin qu'à la même époque il accorde à la pensée kantienne et qui va aboutir à renouveler en profondeur l'interprétation du schématisme. On le voit en effet prêter d'abord à Hegel une conception du temps qui consiste à penser le temps à partir du maintenant, conception que les textes démentent. C'est au point qu'on peut se demander si cette critique explicite ne masque pas une autre critique, non dite celle-là, et

unes par rapport aux autres : elles tombent en extériorité réciproque, elles éclatent dans leur conflit, etc. Il s'agit en d'autres termes de situations dialectiquement déterminées ; le fait de tomber y est dépouillé de toute connotation mythique. M.K. Papaioannou, quant à lui, évite le verbe *tomber* dans la traduction qu'il donne de la phrase choisie par Heidegger (p. 181, ouv. cité : « Il est conforme au concept de l'Esprit que l'évolution de l'histoire se produise dans le temps »).

49. *Enc.*, § 258 *Zusatz* : la différence entre *durée* et *éternité*.

adressée à un tiers. La liste en effet de ceux qui sont appelés par Heidegger à l'occasion de cette méditation sur le temps (Aristote, Kant, Bergson, Hegel...) fait apparaître un grand absent: Husserl, dont Heidegger édite en 1928 les *Leçons sur la conscience intime du temps*[50]. Ce silence de Heidegger éclaire peut-être son attitude à l'égard de Hegel. Le temps comme répétition, le temps nivelé du pur maintenant, c'est le temps que décrit la phénoménologie husserlienne, un temps où l'etc. est la forme unique, homogène, d'une position qui, pour se poser, n'a d'autre instrument que sa propre disparition. C'est le temps husserlien qui accorde un droit « monstrueux » au maintenant, d'où résulte l'extrême difficulté de la phénoménologie à penser la durée. Dès lors, ne pourrait-on faire l'hypothèse qu'à travers Hegel, Heidegger se livre ici à une sorte de parricide philosophique ? Qu'en tout cas, ce qui obsédait sa pensée à ce moment, c'était le contenu lui-même de ce qu'il fallait détruire, ce contenu étant « reconnu » dans, et en fait projeté sur le texte hégélien ? Un tel déplacement, si on accorde qu'il est au moins vraisemblable, a bien pu ne pas être opéré en toute clarté par Heidegger: on le suggère ici, dans l'intention de rendre un peu moins énigmatique l'étape présente de son dialogue avec Hegel[51].

Mais il y a plus: Heidegger veut trouver dans la pensée de Hegel les prémisses de sa propre ontologie, et il doit bien s'avouer qu'elles en sont absentes. « Fondamentalement, Hegel ne voit pas la fonction du temps pour l'interprétation de l'être, car, s'il l'avait vue, il aurait dû déjà l'introduire dans l'élucidation de l'être en général, ce dont on ne trouve aucune trace chez Hegel, mais bien plutôt le contraire pur et simple »[52]. A cette critique véritablement fondamentale est liée celle concernant l'obscurité dans laquelle baigneraient les concepts hégéliens de la chute et du temps « originaire ».

En revanche, il a cru voir, dans la distinction hégélienne de la pensée et de la représentation, l'opposition du temps originaire et du temps *vorhanden,* c'est-à-dire déchu. Mais la pensée dialectique annule la différence en tant qu'opposition figée, la supprime en la

50. A vrai dire, l'œuvre de Husserl est évoquée, mais sans être nommée, par une brève allusion dans la note des pp. 432-433 (*cf.* Derrida, p. 225, 11-5).

51. Que Husserl soit présent de manière permanente à la pensée de Heidegger à l'époque de *Sein und Zeit*, cela n'a pas à être démontré: en fait foi notamment la reprise de concepts husserliens, par exemple ici celui de « structure apophantico-formelle »).

52. Bd. 21, p. 257, 1.3 et *sqq.*

maintenant : le temps vulgaire est sauvé *en lui-même,* et l'histoire conçue est l'essence de l'Esprit. Pour lui au contraire, la différence en question s'inscrira dans l'histoire comme une malédiction : comme métaphysique, comme dévastation, comme errance, si bien qu'il sera conduit, après la *Kehre,* à défier l'histoire par une finitude absolutisée, parlante et non concevante, pure réceptivité au don de l'Etre.

D'une manière générale, comment Heidegger aurait-il pu se reconnaître chez Hegel, puisque Hegel était crédité par lui, dès le départ, de la mise en forme conceptuelle la plus radicale de l'interprétation vulgaire du temps ? Le dualisme de l'originaire et du déchu interdit à la pensée qui s'exprime dans *Sein und Zeit* d'accorder au déchu, ou au vulgaire, un statut affirmatif en son genre : nul dépassement ici, mais seulement la fuite mythique et poétique dans l'originaire. Pour cela aussi, Heidegger ne peut faire œuvre d'historien de la philosophie : sa pensée ne peut procéder que par reconnaissances ponctuelles ; elle ne saurait accomplir la tâche de justification à laquelle Hegel fait allusion dans le texte cité plus haut. On aboutit ainsi à ce résultat que c'est l'histoire de la vérité, et donc la vérité, elle-même, qui est conçue de manière fondamentalement divergente chez Hegel et chez Heidegger.

LE TEMPS HÉGÉLIEN*

La thématisation hégélienne du temps passe ordinairement pour un bon point de vue d'où apercevoir l'ensemble du hégélianisme. Ainsi Marcuse, Heidegger, Kojève ... ont choisi cette thématique pour point de départ, et même parfois pour centre de leur lecture. D'autres nœuds de la doctrine (par exemple la substance, Dieu, ou l'Esprit...) pourraient sans doute remplir une fonction analogue. Mais il est vrai que, du devenir à l'Histoire, c'est-à-dire de l'onto-logique à la philosophie de l'Esprit, la pensée du temps traverse de façon explicite le texte hégélien, en souligne les principales articulations, dégage ses lignes de fracture.

On la voit ainsi s'installer à des niveaux différents du Savoir, d'où elle recueille à chaque fois une nouvelle valeur de vérité. Il appartient au lecteur de respecter l'originalité et la spécificité de chacun de ces niveaux, et aussi de saisir leur mouvement l'un dans l'autre, la vérité ne pouvant être ici que le fruit d'une totalisation.

Une référence à Kant peut faire entendre ce qui est en jeu ici. – Pour Kant en effet, le temps, exposé parallèlement à l'espace dans une *Esthétique transcendantale,* est une « intuition *a priori* », ce qui signifie notamment, et négativement, que le temps n'est pas un concept.

Or, on trouve chez Hegel deux approches du temps qui en font, l'une le « devenir intuitionné » (une formule qui à bien des égards renvoie délibérément à Kant), l'autre qui dit de lui qu'il est « le concept qui est là ». Entre les deux, on trouve aussi une sorte d'homologie du temps et du Soi. Le temps est le même principe, dit Hegel dans le même paragraphe 258 de l'*Encyclopédie* où il l'a caractérisé comme « une pure forme de la sensibilité », que le Je = Je de la pure conscience de soi.

* Conférence donnée à Montpellier le 5 mai 1984.

Ainsi sont en concurrence des déterminations que le texte kantien sépare soigneusement les unes des autres : intuition, concept, mais aussi intuition, concept et forme pure de la réflexivité. A la fois le temps hégélien est, en tant qu'appartenant à l'intuition, du côté de ce que je vise, et à la fois il est du côté du Moi, au point de s'identifier avec le principe de ce Moi. Mais aussi il est la pensée même, puisqu'il est de l'ordre du Concept : à ce titre, il appartient à l'unité du Soi et du réel. C'est cette apparente hétérogénéité des approches du temps qu'il faut tenter d'expliciter, et de reconduire à sa cohérence proprement hégélienne.

*
* *

On sait qu'il y a au début de la *Phénoménologie de l'Esprit*, dans le chapitre consacré à la « Certitude sensible » un relevé des principales énigmes qui affectent cette prétendue certitude, et la font basculer. L'une de celles-ci concerne *le maintenant.* A la question : qu'est-ce que le maintenant ? – si l'on répond : le maintenant est la nuit, et que l'on note par écrit cette vérité, on s'aperçoit maintenant, à midi, que cette vérité « s'est éventée » : Hegel emprunte au scepticisme une argumentation devenue l'un des *topoi* parmi les plus sensibles de la métaphysique occidentale. Il s'agit de la disparition incessante du présent ponctuel, disparition qui interdit au maintenant de jouer le rôle de sujet d'un discours. « Maintenant est la nuit », cette proposition ne peut être écrite, ni même proférée, alors que l'on peut écrire, moyennant certaines précautions, « cette table est rectangulaire ». L'aspect immédiat du temps, à savoir le point du maintenant, n'a aucunement le caractère d'un substrat. Le maintenant ne subsiste pas, il s'effondre dans le maintenant qui le remplace : l'instant présent est constamment nié par son futur.

Pourtant, j'écris, je prononce : « maintenant ». Bien que disparaissant incessamment, le maintenant a un sens. Il faut donc croire qu'il se conserve, que *dans* sa disparition, et *par* sa disparition, il demeure. C'est là ce que Hegel exprime par le verbe *aufheben*, traduit ici par *sursumer.* – Autrement dit, pour lui, il n'y a pas, entre ce maintenant-ci et le maintenant qui figure dans mon discours, la différence simple que Husserl établit entre « signification occasionnelle » d'une part, et

« signification objective » de l'autre[1]. Il y a bien plutôt un travail s'opérant à même l'occasionnel, le contingent, le singulier, travail qui, le faisant tomber dans l'abîme, le produit comme signifiant : une négation qui se redouble en négation de la première négation.

La critique opposée par Hegel à l'exposé par Kant de la première antinomie prend son sens par là[2].

Cette antinomie concerne le point de savoir si le monde a un commencement dans le temps, et une limitation dans l'espace. La thèse affirme ce commencement et cette limitation ; l'antithèse les nie. Le dessein de Kant est de montrer que la thèse et l'antithèse, qui sont toutes deux rationnellement démontrables, sont toutes deux également fausses. Soit la démonstration de la thèse. Elle se fait par l'absurde (« apagogiquement ») : si le monde n'avait pas de commencement dans le temps, il y aurait à chaque moment une série infinie d'états successifs des choses du monde, c'est-à-dire une série non achevable dans une synthèse successive, ce qui est impossible s'agissant d'une série *du* monde, *dans* le monde. – Il faut donc conclure que le commencement du monde dans le temps est une condition nécessaire de son existence.

En s'attaquant à cette preuve, Hegel dénonce une pétition de principe, puisqu'on suppose qu'en un point donné du temps une éternité est révolue. On identifie par là le point et la limite (*Grenze*). Le maintenant est pris comme terme du temps auparavant écoulé, mais la preuve requiert aussi que le maintenant soit montré comme commencement d'un futur. Dans ce second aspect, il perd son caractère de limite qualitative, puisqu'il se continue en se sursumant soi-même. C'est selon une représentation populaire, non scientifique, que le maintenant est assimilé à une limite, ayant la fonction de clôturer le passé. A cette représentation, celle d'un temps constamment interrompu, Hegel oppose que le temps partage avec la quantité

1. Cf. 1ère *Recherche logique*, § 26. – Husserl veut entendre par « expression objective » une expression dont la signification est comprise sans qu'il soit nécessaire de faire référence à la personne qui s'exprime ni aux circonstances de l'expression. De telles expressions sont par exenple les énoncés théoriques des sciences abstraites. Husserl s'attache à réduire les significations qui se présentent comme essentiellement occasionnelles (celles des pronoms personnels ou démonstratifs ou des déterminations comme : ici-là-maintenant-hier-demain. ... qui se réfèrent au sujet parlant) à des significations objectives (*cf.* § 28) au nom du principe de l'absence de limites de la raison objective.

2. *Cf.* G.W., Bd.21, S.228 ff.

en général cette propriété de comporter une *limite qui n'en est pas une*; autrement dit, d'être limité par un terme qui est toujours hors de soi. Dans le temps, pas plus que dans la quantité comme telle, les déterminations que la représentation oppose : continuité et discrétion, ne sont, en réalité, exclusives l'une de l'autre. Elles sont des moments de la grandeur. Si on prend le temps comme une grandeur continue, cela signifie que la discrétion immédiate des différents maintenants est alors anéantie : leur répulsion réciproque est devenue continuité accomplie. Or, cet anéantissement ne vient pas du dehors : il n'est pas un autre « point de vue ». Il est l'immédiateté niée du maintenant *à même lui-même* : son repoussement dans l'autre maintenant *et* son demeurer en lui, mais comme nié [3].

S'il en est ainsi, cette situation renouvelle celle, bien connue, du début de la *Science de la Logique*, qui décrit l'avènement du devenir. On y voit l'être immédiat s'identifier par son absence de déterminité, au néant, en lequel il passe, ou plutôt : en lequel il est toujours déjà passé, et duquel il se restaure au titre de devenir. – De même, le temps est « *l'être qui, pour autant qu'il est, n'est pas, et, en tant qu'il n'est pas, est : le devenir intuitionné* » [4]. *Intuitionné* : ici en effet la destruction/conservation de l'immédiat (sc. : du maintenant) relève de l'expérience originaire où les deux (la destruction et la conservation) sont proprement données à voir. Au contraire, la destruction/-conservation de l'être dans le devenir est *pensée* dans la *Science de la Logique*, c'est-à-dire dans l'exposé abstrait des essentialités pures [5].

3. On n'évoque pas ici la critique hégélienne à l'antithèse (« *le monde n'a ni conmencement ni limites dans l'espace ; mais il est infini dans le temps comme dans l'espace* ») qui met en jeu la notion de « mauvais infini ».

4. Cf. *Encyclopédie*, § 258.

5. Lorsque Heidegger, dans son Commentaire aux premiers Chapitres de la *Phénoménologie de l'Esprit* (*cf.* G.A, Bd.32 S. 208 ff ; tr. fr. *La « Phénoménologie de l'Esprit » de Hegel*, Gallimard, 1984, p. 221 et *sqq.*) dit que chez Hegel « l'*être est l'essence du temps* », alors que pour lui « *le tenps est l'essence de l'être* », cette opposition brillante n'est pas très éclairante pour le texte hégélien. Pour être intelligible,il faut d'ailleurs qu'elle soit référée à l'acception de l'être que Heidegger prête à Hegel : c'est-à-dire la vie, l'inquiétude absolue qui reprend constamment en soi les différences qui émergent de son sein. (C'est d'ailleurs cette acception qui fait la base du Commentaire de Marcuse : *Hegels Ontologie und die Theorie der Geschichtlichkeit)* Mais, outre que « l'essence » n'est pas ici le terme hégélien, ce n'est pas *l'être* qui est l'« essence » du temps chez Hegel, mais l'être *nié*, le devenir. Le principe de la négation est constamment masqué dans ce que Heidegger appelle « la vie ».

Dire que le maintenant, autrement dit le présent, est incessamment détruit, anéanti, par la morsure à même lui du futur, d'où il se restaure, mais au titre de maintenant sursumé ou devenu, c'est évoquer ce qu'on désigne ordinairement comme les « dimensions » du temps, respectivement : présent-futur-passé. L'ordre dans lequel elles sont mentionnées doit être souligné.

Partir du présent et non du passé marque une rupture par rapport à la représentation commune, pour qui la ligne : passé-présent-futur est le temps lui-même. Cette rupture n'est pas sans signification. De même que la *Logique* part de l'être et va de l'être au néant, non à l'inverse, de même ici on part de ce qui est là immédiatement, ou prétendument tel, et on assiste à son enfoncement dans le néant, à sa sursomption comme présent médiatisé, c'est-à-dire comme présent devenu passé à travers le futur. C'est ce que Hegel écrivait à Iéna :

> Le maintenant a son non-être à même soi-même et devient immédiatement son autre, mais cet autre, le futur, en lequel le présent devient, est immédiatement l'autre de lui-même, car il est maintenant présent ; mais il n'est pas le premier maintenant (d'où l'on est parti), … mais un maintenant devenu à partir du présent passé par le futur, un maintenant en lequel le futur et le présent se sont sursumés en même façon, un être qui est un non-être des deux, l'activité sursumée absolument apaisée des deux l'un par rapport à l'autre… Et ce sursumer posé des deux est *l'autrefois*, le temps réfléchi en soi, autrement dit le temps réel[6].

Le présent restitué est donc la totalité des dimensions. A ce titre, il est le temps lui-même, et, si l'on veut le désigner par l'une de ces dimensions, c'est le passé qui est choisi, parce que le passé est le révolu, l'accompli.

Ce que le temps donne à penser, c'est le tout de la négation et de la reproduction, et non pas simplement le : « et ainsi de suite » d'une série discontinue de maintenants. La reproduction est reproduction de moments niés.

Le passé, dans la mesure où il est par essence ce qui est tenu, retenu, est des trois « dimensions » celle qui est la mieux propre à jouer le rôle que jouait le devenir dans la première dialectique de l'être. Il n'y a là, contrairement à ce qu'y voit Heidegger, aucune préférence

6. *Cf.* G.W., Bd. 7, S. 195.

mélancolique pour ce qui est défunt[7], mais l'effacement d'une présentation en extériorité, qui oppose le passé au présent et au futur, au profit d'une pensée de la totalité.

Il faut aller plus loin encore. – Si le passé, identifié au temps dans sa totalité, récuse la représentation rectiligne et répétitive des différentes «dimensions», faut-il dire alors que cette représentation courante est remplacée par une autre, plus savante, représentation circulaire en l'occurrence, puisque le présent, rédimé par et dans sa négation en futur, est, comme présent devenu, ou «passé», le résultat d'un «retour»? Alors l'interprétation hégélienne rejoindrait en fait l'interprétation schellingienne du temps, puisque, pour résoudre l'opposition entre l'infinité dans la succession des représentations, et la limitation de celles-ci, Schelling évoque la circonférence et écrit: «*La succession n'a lieu qu'apparemment en ligne droite, et reflue constamment en soi-même*»[8]. – En réalité le texte hégélien propose bien une boucle, mais il s'agit d'une image qui est contestée dès lors qu'elle est évoquée. Car c'est une boucle qui ne se boucle pas, puisque le résultat ne coïncide pas avec le point de départ. C'est bien pourquoi le temps en totalité peut être dit aussi bien «présent» que «passé»; en d'autres termes, la restauration du présent n'est pas la restitution du même, le retour du même, mais son élévation à une autre puissance[9].

Dans la métaphysique, c'est l'éternité qui est la totalité du temps. Ici, le rôle traditionnellement tenu par l'éternité est joué *par le temps lui-même*, c'est-à-dire par le temps réfléchi en soi, dit «temps réel». Le temps, dans son immanence à soi, est sa propre totalisation.

C'est sans doute sur l'espace que la détermination hégélienne des dimensions du temps est le mieux propre à montrer sa fécondité et son originalité. L'espace en effet a lui aussi des dimensions: le point, la

7. *Cf. Suz*, Tübingen, 1949, S. 431-432.

8. *Cf. System des transzendentalen Idealismus* (Meiner Verlag – Ph. Bibl. 1957), S. 157. – Schopenhauer et Nietzsche reprennent eux aussi le schéma circulaire du temps cosmogonique pour résoudre la même difficulté.

9. Utilisé ordinairement comme un symbole de l'éternité, le cercle selon Hegel a l'avantage de ne pas présenter l'aspect inachevé ou arbitrairement limité d'une ligne droite, ou d'une ligne «*qui ne revient pas sur elle-même*»; mais, en tant que symbole, il laisse demeurer une inadéquation entre le sensible et le sens (*cf. Ästhetik*, Frankfurt am Main, 1955, Bd. 1, S.300). Hegel répète à plusieurs reprises que l'éternité peut être pensée dans la langue sans qu'on ait recours à des figurations sensibles (cf. *Einleitung in die Geschichte der Philosophie*, Meiner Verlag, Ph. Bibl., 1966, S. 215-216).

ligne, le plan. Mais celles-ci ne sont en lui que des différences indifférentes : on le voit en ce que leur énumération commence aussi bien par le point que par le plan. Le négatif ici « *ne parvient pas à son droit* ». Le point est bien, comme le maintenant, une limite qui n'en est pas une, en ce que sa négation par un autre point est, ici aussi, la prémisse de la continuité de la grandeur spatiale ; mais, à la différence de la négation des maintenants, la négation des points s'accomplit dans le milieu du pur subsister, dans la simple extériorité du « l'un à côté de l'autre » [10].

Tandis que les points spatiaux se maintiennent, les maintenants se détruisent : leur négation est un véritable « aller à l'abîme ». De l'accent mis ainsi sur le côté négatif ou sur le côté positif du processus total, il résulte que le temps et l'espace présentent, comme en miroir, une intuition de la quantité qui est renversée. Dans l'une, celle de l'espace, c'est ce que Hegel appelle l'égalité à soi qui domine ; dans l'autre, celle du temps, ce qui domine est la négation de l'égalité à soi, sa négation *infinie* : le mouvement réflexif par lequel la détermination cesse de valoir comme ce qu'elle est immédiatement, mais se pose comme ce qu'elle n'est pas. C'est l'infinitisation par soi du fini, c'est-à-dire de la différence immédiate.

Mais les deux modes de la quantité que sont l'espace et le temps ne sont pas seulement opposés ; ils sont complémentaires. Le lien traditionnel établi entre eux par l'exposé philosophique est en réalité un lien essentiel : espace et temps ne sont pas deux formes de la sensibilité simplement juxtaposées. C'est leur unité qui est leur vérité : d'abord comme mouvement, puis comme matière. Hegel traite de l'espace et du temps dans une Philosophie de la Nature, non pas dans une philosophe transcendantale, car « *la différence entre l'objectivité et, face à elle, une conscience subjective, ne concerne pas plus le temps que l'espace* » [11].

A cet égard, Heidegger a raison de souligner qu'il y a une ressemblance, au moins quant à leur statut, entre la théorie aristotélicienne et la théorie hégélienne du temps, la première relevant d'une *Physique*. On peut même aller encore plus loin que Heidegger en rappelant que le dessein des deux penseurs est de dépasser les apories de l'éléatisme et, en traitant le temps comme une grandeur, de

10. *Cf.* G.W., Bd. 7, SS. 197-202 ; *Enc.*, § 256-257.
11. *Cf. Enc.*, § 258, Rem.

montrer sur lui l'unité de la discrétion et de la continuité, afin de rendre possible une pensée du mouvement. Mais il faut également rappeler que la philosophie hégélienne de la Nature fait suite, à l'intérieur de la présentation encyclopédique, à la *Logique*, ce qui en fait un exposé du Savoir qui n'est pas indifférent, encore moins opposé, à celle-ci. La philosophie de la Nature décrit l'Idée dans son extériorité, après que la *Logique* l'a présentée dans sa pureté et dans son abstraction.

*
* *

Il est sûr que la présentation du temps dans une thématique de l'extériorité constitue un obstacle immédiat à la compréhension de ce que dit Hegel au paragraphe 258 de l'*Encyclopédie*, à savoir que le temps est « la subjectivité », même s'il ajoute qu'il s'agit de la subjectivité *abstraite* : « *Le temps est le même principe que le Je = Je de la pure conscience de soi ; mais ce principe, autrement dit le concept simple, encore dans toute son extériorité et dans toute son abstraction* ».

On demandera comment on peut avoir affaire, au seuil d'une philosophie de la Nature, au principe même de la subjectivité. Ici, Heidegger dénonce une incohérence principielle de l'hégélianisme : il faut, dit-il, que l'Esprit se réalise dans le temps. Il est le temps lui-même ; mais aussi il a « puissance » sur lui. A l'inverse, Heidegger crédite Kant d'une « séparation » du temps et du *Je pense*, ce qui permet au temps d'imposer sa loi à l'entendement[12].

Il est aisé de remarquer que, comme on vient de le souligner à la lecture du paragraphe 258, ce n'est pas l'Esprit, c'est-à-dire la subjectivité dans sa concrétion, que Hegel identifie au temps ; néanmoins l'affirmation d'une identité de principe entre le temps et la tautologie par laquelle on résume ordinairement la conscience de soi est tout à fait insolite. – On se propose ici d'examiner ce rapprochement avant de le considérer du côté du Je = Je.

On a vu que son élucidation au début d'une Philosophie de la Nature fait du temps la négativité encore abstraite qui trouve sa réalité dans l'unité avec l'espace, en tant que mouvement. Ce caractère abstrait fonde la critique que, comme Heidegger, Hegel adresse à la « représentation », c'est-à-dire à l'appréhension courante du temps.

12. *Cf. SuZ* (*op. cit.*) respectivement §§ 82 et 81.

Mais cette critique n'aboutit pas, chez Hegel, comme c'est le cas chez Heidegger, à distinguer deux temps : l'un, authentique, l'autre, vulgaire et inauthentique. On pourrait aller jusqu'à dire que chez Hegel, c'est le temps lui-même qui, d'une certaine manière est condamné.

« L'on dit que c'est dans le temps que tout advient et disparaît ; si l'on fait abstraction de tout, à savoir de ce qui remplit le temps, de même de ce qui remplit l'espace, alors il reste le temps vide, l'espace vide : c'est-à-dire qu'alors sont proposées ces abstractions de l'extériorité ; elles sont représentées comme si elles étaient pour soi. Mais ce n'est pas dans le temps qu'adviennent et disparaissent toutes choses ; c'est le temps lui-même qui est ce devenir : advenir et disparition, il est l'acte d'abstraire en son être (*das seiende Abstrahieren*), Chronos, qui engendre tout et détruit ceux qu'il a engendrés »[13].

La confusion délibérée commise sur Chronos[14] souligne ce que Hegel veut dire. A l'origine du Panthéon grec, il y a la disparition incessante, le mouvement pur du naître et du périr. Que Zeus ait échappé à la loi apparemment implacable de la destruction signifie qu'avec lui une puissance s'est imposée au temps. Cette puissance est le devenir comme unité de l'être et du non-être ; mais aussi cette puissance est le temps lui-même au titre de sa propre totalisation, par laquelle l'une de ses dimensions, l'autrefois, en le recourbant sur lui-même, en le réfléchissant, le pose en ce qu'il est. De la sorte, l'échappement au temps ne se fait pas hors de lui, mais en lui.

Le temps qui est condamné, c'est le temps vide, le contenant que la représentation oppose aux choses qu'il contient, le temps que Kant justement réduit à une simple forme. Or, le temps est, comme devenir des choses, leur être même : l'être de ce qui est comme n'étant pas, de ce qui n'est pas en tant qu'étant. C'est l'être du fini. Affirmation banale : la métaphysique entière fait de la temporalité le prédicat de la finitude. Mais cette banalité prend ici une acuité et une étrangeté qui consiste en ce que l'être de ce qui n'est pas, l'être du fini, se résout dans sa propre contradiction. – La représentation, quant à elle, voyant le temps comme une forme vide, ne voit de la disparition des choses qu'un seul côté, celui de leur simple destruction. Dès lors, l'échappement au temps, la délivrance à l'égard de la mort ne peut se faire pour elle que dans la suppression de tout mouvement, dans une sorte d'im-

13. *Cf. Enc.*, § 258, Rem.
14. Confusion qui remonte au traité pseudo-aristotélicien du *Monde*.

mobilisation qu'on appelle la *durée.* Certaines choses échapperaient en quelque façon à la destruction : Hegel cite le soleil, les éléments, la nature inorganique en général, mais également des choses humaines, ainsi les Pyramides. De ces choses, on dit communément qu'elles « *défient le temps* »[15].

C'est par un autre défi que Hegel choisit de répondre à ces représentations, en leur opposant d'abord d'autres représentations. D'une part, la durée n'est toujours qu'une altération et une mort différées ; en d'autres termes, elle n'est qu'un remède relatif à la disparition des choses ; car la non-temporalité, c'est l'éternité. D'autre part, ce qui dure peut bien n'être en fait que le médiocre ; et à l'inverse on peut trouver le beau dans ce qui disparaît, dans la vie brève d'Achille, d'Alexandre le Grand. On entend ici bien sûr l'écho du texte célèbre de la *Préface* à la *Phénoménologie de l'Esprit* : « ... *ce n'est pas cette vie qui recule d'horreur devant la mort et se préserve pure de la destruction, mais la vie qui support la mort et se maintient en elle qui est la vie de l'Esprit* »[16].

Derrière le ton provocant, il y a là une pensée du réel et non pas, en tout cas non pas seulement, un goût romantique de la mort. Il y a cette appréhension de l'être qui conjugue délibérément l'être et le non-être, le fini et l'infini.

L'infini devenu réel, c'est le fonctionnement du calcul infinitésimal qui l'atteste, en marquant son effectivité et pour ainsi dire sa présence actuelle. Assurément, ce n'est pas de la mathématique que la philosophie reçoit sa loi : c'est elle, bien plutôt, qui détient la véritable rigueur, en donnant à l'infinitisation du fini son sens spéculatif. – De même, il y a dans la dogmatique chrétienne, dans l'Incarnation et dans la Rédemption, une représentation de l'infini selon laquelle sa vérité et sa vie consistent dans son unité au fini.

Des deux côtés, dans l'expérience théorique et dans la pratique des mathématiques, ainsi que dans la représentation du Dieu chrétien, le fini et l'infini sont réunis ; leur séparation, qui fait le centre du discours métaphysique, a cessé d'être signifiante en tant que telle pour les Modernes. Si le propre du fini est son infinitisation, l'infini se pro-duit à même l'infini. Aucun étant fini n'est ce qu'il est hors de ce mouvement : le soleil, les éléments, la nature inorganique, sont eux-

15. *Enc.*, § 258 Add.
16. *Cf. Phénomenologie de l'Esprit*, Préface, al. 32 (G.W., Bd. 9, S. 27).

mêmes des moments de la processualité naturelle. Isolés, posés pour soi, ils ont l'apparence de l'autonomie, mais l'apparence seulement. Car la détermination, c'est-à-dire la négation de ce qu'ils ne sont pas, le principe en eux de la différence, met en mouvement leur être immédiat. L'universel, qui contient en soi les côtés de son opposition interne, est le tout du procès. Il est le véritable infini.

Dès lors, le temps n'est pas seulement le chaos, le passage renouvelé du naître au mourir, la dévoration perpétuelle de ce qui s'engendre. Comme devenir, retour à l'être, que symbolise Jupiter, il est sa propre totalisation, l'unité devenue de ses différences internes.

Ce même Jupiter est le Dieu inventeur des lois, celui qui pose la Cité face à la Nature, et qui, comme tel, accomplit l'œuvre de l'esprit. D'une manière générale, la pensée représentative, à la condition de se hausser à la réunion des opposés, indique le lieu, pour la pensée, de l'infinitisation du fini : ce lieu est le Concept.

Faut-il dire alors du temps qu'il est déjà, comme éternité vraie, Concept ? – Contre ce que cette assimilation pourrait avoir de hâtif, il faut rappeler un texte de Iéna : « *Le temps* [dit Hegel] *est la puissance absolue, seulement aveugle, de la Nature : c'est pourquoi il est l'un des plus anciens dieux, auquel rien de ce qui appartient à la Nature ne peut résister, mais qui, là où l'Esprit se réalise, est lui-même repoussé dans les frontières de la nuit* »[17]. – Il est suggéré par là que le temps relève exclusivement de la Nature, que l'Esprit lui est opposé, que par conséquent le temps et le Concept ne sauraient être tenus pour le même. On se heurte ainsi à ce qui fait la difficulté d'une exposition du temps : le niveau où l'on essaie de la saisir est toujours mauvais : soit par défaut, quand on veut le fixer à l'intuition ou à la représentation, soit par excès, quand on l'identifie sans précaution, comme fait par exemple Kojève, au Concept. En se tournant maintenant vers le pôle de la subjectivité abstraite, auquel Hegel l'identifie, on va essayer de n'omettre aucune des médiations nécessaires à son interprétation.

On notera d'abord que Hegel ne formule pas le principe de la subjectivité dans les termes, qu'on pourrait attendre, du *cogito* cartésien. Il prend appui sur le texte contemporain de l'idéalisme : celui de Fichte et de Schelling. L'un et l'autre penseurs accèdent à l'égalité du Moi à lui-même par une abstraction radicale à l'égard du contenu de la conscience. L'un et l'autre entreprennent alors d'engendrer ce conte-

17. *Cf.* G.W., Bd. 7, SS. 204-205.

nu, comme contenu de la représentation, par des synthèses successives, destinées à supprimer les contradictions ; contradiction chez Fichte entre le Moi et le Non-Moi, contradiction chez Schelling entre l'idéal et le réel. Dans les deux cas, il s'agit d'engendrer la limite, comme le point où s'articule la sujet/objectivité.

Pour Hegel, la formule héritée du Je = Je est une « *tautologie sans mouvement* », l'égalité inerte à soi-même. Inertie et inanité vont de pair. Or, pour Hegel, le Moi est tout ensemble le contenu de la relation *et* le mouvement au cours duquel son égalité à soi-même vient à l'être. Le remplissement du Mien vide est l'ensemble des médiations par lesquelles l'égalité en question, bien loin d'être détruite, est réalisée. « ...*La médiation n'est pas autre chose que l'égalité-à-soi-même se mouvant ; en d'autres termes, elle est la réflexion en soi-même... ; elle est la pure négativité, ou, réduite à sa pure abstraction, le* simple devenir »[18]. La mention du « *simple devenir* », de l'équivalent donc du temps abstrait, dans un texte qui veut donner une caractéristique générale de la médiation du Je avec lui-même, fournit un fil conducteur pour l'exposé de ce mouvement du Moi qui est sa propre réalisation.

Le Je, né de l'abstraction de tout contenu, n'est que l'un des côtés du processus total. Il est l'Esprit qui toujours nie, et s'épuise dans le pur désir, qui détruit successivement tout être-là présent ; mais il n'en tire aucune satisfaction, puisque justement l'objet n'a pour lui aucune indépendance. De même que, au sein de la représentation rectiligne du temps, les maintenants se reproduisent dans leur destruction incessante, de même ici l'insatisfaction engendre l'ennui, jusqu'à ce que la conscience singulière se heurte à une nécessité sans nom, incompréhensible pour elle, qu'elle appelle un destin : ainsi Don Juan rencontre « *la puissance qui le consume* », sa propre mort, qui se dresse vide en face de lui, le concept en réalité de ce qu'est sa propre individualité, mais sans autre contenu que le néant de cette singularité[19].

Pour échapper à cette destruction, Fichte postule l'unification du fini et de l'infini, du temps comme intuition et de l'absoluité du Moi ; mais cette unification en tant que postulée est seulement ce qui *doit* être. Car l'absoluité du Moi exprimée au principe a une valeur seulement régulatrice pour toutes les synthèses représentatives, de sorte que

18. *Cf. Phénomenologie de l'Esprit*, Préface, al. 21 (G.W., Bd. 9, S. 19).

19. On fait ici une interprétation libre du texte de la *Phénoménologie de l'Esprit* : « *die Lust und die Notwendigkeit* » (*cf.* G.W., Bd. 9, S. 200).

si l'on veut penser la réflexion et l'identité du Moi avec lui-même, il faut faire intervenir sans doute la temporalité, mais *pratiquement*: c'est en tant que sujet moral que le Moi fini, le sujet de la représentation rejoint, mais idéalement, le Moi absolu dans un progrès infini. Dès lors, l'infinitude exclut toute multiplicité ; elle est hors du temps réel, qui est le règne de l'opposition à soi. L'effort est ainsi dirigé contre le monde sensible extérieur, et posé comme l'intériorité absolue du Moi pur. « *Cet être-là prolongé* (*verlängert*) *ne pallie l'opposition que dans la synthèse du temps, dont l'indigence n'est pas compensée pas cette liaison mystifiante avec une infinité qui lui est absolument opposée ; au contraire elle frappe davantage* »[20]. Le progrès à l'infini est ainsi rapporté par Hegel à une interprétation appauvrie de la subjectivité, et, corrélativement, du temps ; ce dernier, comme synthèse inachevable, est le cadre abstrait d'un Moi lui-même abstrait, de ce Moi qui se dresse en face de la réalité effective comme en face d'un objet étranger. – Pour briser cette double abstraction, on ne saurait bien entendu « sauter hors du temps », ce qu'on fait, au demeurant, en se plaçant idéalement au terme de toute synthèse. Il faut bien plutôt accéder au remplissement du Je par la mise en évidence du travail qui s'opère sur l'intuition et sur sa forme.

De même que dans la Nature extérieure l'espace et le temps se sursument en *matière*, et que c'est là leur vérité, de même l'intelligence est la dialectique des formes de l'extériorité immédiate. S'emparant de l'intuition, elle la fait sienne, l'intériorise et s'intériorise en elle. Ce moment, celui de l'*Er-innerung*, est le moment de la représentation, moyen terme entre le se-trouver immédiatement déterminé, et la liberté de la pensée. Comme productrice de signes, la représentation sursume la présence de la chose en un son, c'est-à-dire en une présence disparaissante, puisqu'elle est seulement temporelle. « *La négativité dans laquelle entre la matière vibrante constitue une suppression de l'être spatial... le son est une extériorisation qui, à peine née, se trouve abolie par le fait même de son être-là, et disparaît d'elle-même* »[21].

De cette première libération à l'égard de l'intuition, elle-même intuitive, la musique apporte témoignage. Car dans le temps de la musique, l'intériorité accède à son unité propre, à l'identité avec soi,

20. *Cf.* G.W., Bd. 4, S. 47.
21. *Cf. Ästhetik* (*op. cit.*), Bd. 2, S. 261.

par la suppression de tout objet extérieur. Ici le temps du son et le temps du Moi sont le même. Dans l'agencement de la mesure et du rythme, l'intériorité subjective se reconnaît elle-même dans sa vie.

Mais c'est par la négation de l'intuition sensible que la représentation ouvre à la pensée proprement dite ; à travers la production des images et leur reproduction, l'intuition symbolique a remplacé l'intuition extérieure immédiate. *Gedächtnis* (la mémoire) est ainsi le prélude au penser (*Denken*).

Si le Je se remplit par le travail qu'il accomplit sur la forme de l'intuition, il faut rappeler que c'est parce que les choses qui prennent place dans cette forme ne sont pas indifférentes à cette forme même : la négation qui est leur loi en tant que loi de la finitude est la loi du devenir, la loi du temps. De son côté, le principe de la subjectivité n'est retour à soi que par le double mouvement de destruction et de recueil de l'étranger. Le même principe est bien à l'œuvre ici et là.

Le paradoxe apparent qui consiste de la part de Hegel à rejeter la subjectivité des formes de l'intuition tout en proclamant que le temps a le même principe que la subjectivité est ainsi résolu. La représentation relève de la subjectivité encore abstraite : *abstraite*, car elle n'a pas encore conquis son autonomie. Cette conquête a, comme dans l'idéalisme en général, l'aspect d'une réflexion, puisque le Je n'est égal à soi que dans et par la reprise qu'il opère à l'égard de l'extériorité. Mais il s'agit ici d'une réflexion multiple, dont le lieu n'est pas assignable une fois pour toutes ; surtout, il s'agit d'une réflexion qui ne se réalise pas par le simple biffage, par la réduction de l'extériorité.

Chez Kant non plus, le temps n'est pas thématisé en une seule fois. Il l'est dans une *Esthétique transcendantale*, dans une *Analytique transcendantale* et même dans une *Dialectique transcendantale*. C'est bien là ce qui contraint l'interprète à demander où est l'origine de la thématique kantienne du temps : Heidegger la découvre dans un chapitre de l'*Analytique transcendantale*, celui consacré au « schématisme des concepts purs de l'entendement », ce qui suggère que l'exposé philosophique ne correspond pas nécessairement aux étapes de la genèse réelle. – Il en va autrement dans le texte hégélien. Les niveaux de la réflexion, c'est-à-dire de la subjectivité, sont ceux du temps lui-même, lequel s'identifie également au tout de ces niveaux, c'est-à-dire au résultat du travail qui s'effectue en eux. Ainsi le temps comme forme de l'intuition ne saurait être séparé de l'Idée, puisque la philosophie de la Nature, où il est explicitement thématisé, déploie dans l'extériorité l'Idée elle-même. Le temps appartient à la sphère de l'être-hors-de-soi ; mais la négativité qui fait son essence y accède au pour-soi. Dès lors, s'il est vrai que la subjectivité concrète, ou remplie, est ce que Hegel appelle le Concept, le temps, qui est le principe même de la subjectivité, va se trouver compris comme Concept, *mais sans perdre ce caractère récurrent qui est le sien*: à savoir son extériorité à soi, son abstraction. Il faut dire donc que c'est assurément à la lumière du Concept que le temps, comme la subjectivité elle-même, est intelligible. Mais à cela, il faut joindre qu'il ne cesse pas, en tant que Concept, d'être le « devenir intuitionné »: il est le Concept « qui est là ». On va s'essayer maintenant au déchiffrement de cette formule.

L'élucidation du désir a montré que le Je = Je de la conscience de soi est condamné à la nécessité si son objet est un objet dépendant, comme est en général l'objet de la représentation. Cela confirme que la conscience de soi ne peut pas être pensée seulement comme le résultat de l'anéantissement de la conscience intentionnelle, comme elle l'est notamment chez Fichte et chez Schelling. Lorsque l'objet n'est plus seulement ce qui est nié, mais aussi ce qui nie, c'est-à-dire lorsqu'il est un objet indépendant, alors l'identité à soi du Moi est le résultat d'un rapport doublé. Car l'opération négatrice de chaque conscience est sur l'autre et sur soi. La négation de l'autre est en même temps négation de soi, puisque l'autre est un autre soi, mais elle est en même temps affirmation de soi, puisque le soi qui est nié est l'autre. Chacune de ces négations étant accomplie de part et d'autre, elle est chaque fois double. Si ce qui fait face au Moi n'est plus le Non-Moi, mais le Moi lui-même, au titre de l'Autre, le problème de la philosophie théorique : celui de l'unité de la spontanéité et de la réceptivité, fait place au problème de la philosophie pratique, qui est celui de la relation de deux spontanéités.

C'est pourquoi l'interprétation kantienne de l'universalisation du Soi n'est pas suffisante. L'universalité en effet ne saurait être l'universalité immédiate d'une loi purement formelle (celle de la non-contradiction, de la tautologie sans mouvement): elle est bien plutôt le résultat d'une universalisation qui va se réalisant, et le fait en remplissant l'égalité Je = Je. Il y va de l'unité de la conscience et de la conscience de soi, de la visée de l'étranger et de la reconnaissance de l'Autre. Le Concept est le savoir du monde comme soi et de soi comme monde, la substance devenue sujet.

L'identification du temps au « Concept qui est là » doit être replacée dans ce contexte. Car Hegel dit aussi que l'Esprit se manifeste dans le temps aussi longtemps qu'il ne saisit pas son concept pur, c'est-à-dire aussi longtemps qu'il n'« élimine » pas le temps. Toutes formules qui semblent bien renvoyer au dualisme métaphysique de l'éternel et du sensible, ce dernier identifié à ce qui naît et meurt[22].

Si le temps est concept, il est de l'ordre du savoir. Quel est donc le lien de ce savoir au savoir de soi de l'Esprit, c'est-à-dire quel est le lien de la succession temporelle immédiate, ou de la contingence qu'il faut éliminer, à la nécessité absolue du concept ? Se pose ici le problème de la vérité et de la réalité de l'Histoire, problème que Schelling, dans le *Système de l'idéalisme transcendantal*, résolvait par le partage entre conscience et inconscience, la conscience individuelle étant relayée dans son action singulière par le concert des actions des autres consciences, en vertu de la limitation originelle du Moi par d'autres Moi[23].

La difficulté de ce problème chez Hegel vient en partie des textes hégéliens eux-mêmes. Dans les *Leçons sur la philosophe de l'Histoire*, le cours de l'histoire est souvent présenté comme si sa fin, ou son sens, résidait dans une Raison omniprésente, agissant éventuellement par « ruse ». Ainsi le temps serait mû du dehors par le concept : quels que soient les buts poursuivis par les acteurs singuliers, et surtout quelle que soit l'intelligence qu'ont de l'histoire ces acteurs eux-mêmes, la Raison se servirait d'eux pour leur faire produire, par le jeu des passions individuelles, le sens universel qu'elle poursuit et qu'elle recèle. Sous l'apparence de la singularité et de la contingence, le temps ne serait en réalité que la manifestation du sens, c'est-à-dire de l'absoluité de l'Esprit. « *C'est l'Esprit, sa volonté raisonnable et nécessaire, qui a guidé et continue de guider les événements du monde...* »[24]. Alors la nécessité d'éliminer le temps pour accéder au Concept semble bien faire de celui-ci l'étranger à l'ordre du successif et du contingent.

Il convient de rappeler que les textes des *Leçons* n'ont jamais une valeur pleinement spéculative, mais seulement pédagogique, que leur style relève de la représentation, que les notions qui y sont véhiculées

22. *Cf.* G.W., Bd. 9, S. 429.
23. *Cf. System des transzendentalen Idealismus* (*op. cit.*), SS. 263-272.
24. *Cf. Vorlesungen über die Philosophie der Weltgeschichte* (Meiner Verlag, Ph. Bibl., 1955) Bd. 1, S. 22.

sont de celles qui sont familières aux auditeurs et usent d'images pour s'imposer (la Raison comme guide comparée à Mercure guidant les âmes individuelles…). La téléologie naïve qui s'exprime par là, celle d'un acteur qui agence moyens et instruments en vue d'une fin dont il a l'initiative, est en opposition avec la description spéculative de la téléologie qui est décision, ouverture du Concept à sa réalisation, par la conversion du réel en totalité concrète s'auto-déterminant. C'est l'Histoire elle-même qui est l'œuvre du Concept, et non un principe qui lui serait extérieur.

Pour comprendre cette œuvre, il convient, puisque le temps est Concept, de rappeler que sa vérité comme « temps réfléchi en soi » permet de l'identifier, en tant que totalisation immanente, à l'éternité. Alors la négativité fait passer la singularité éparpillée à l'universalité et à la continuité du passé, c'est-à-dire de ce qui paraît dans le présent et comme présent. De la pseudo-boucle du temps, il faut dire que son origine et aussi sa fin est le présent. C'est pourquoi elle doit être réaffirmée chaque fois que du présent se lève une interrogation sur le sens qui est le sien, en d'autres termes, chaque fois que l'unité de la conscience et de la conscience de soi, ou, de la substance et du sujet est en question. « *La scission* [dit Hegel] *est la source du besoin de philosophie... dans la culture, ce qui est manifestation de l'Absolu s'est* [alors] *isolé de l'Absolu et fixé comme un élément autonome...* »[25]. Le temps, pris dans la contingence de sa successivité, dans la fuite des instants, est le Concept qui est là, le Concept dans son extériorité à soi. Il est l'élément du savoir, mais il n'est pas ce savoir comme savoir.

L'« élimination » du temps par et dans le savoir est donc l'élimination d'une certaine organisation formelle, celle qui dans la représentation fait courir le temps du passé au présent et au futur. De l'ordre spéculatif qui va du présent nié par le futur au passé, on peut dire qu'il est l'ordre du *Logos*. *Geschichte* n'est pas lu par Hegel à partir d'une pensée destinale (*Schicksal*) comme ce sera le cas chez Nietzsche et chez Heidegger, mais se trouve orienté vers *Historie*, c'est-à-dire vers l'histoire sue. L'histoire vécue, entretissée de pratique et de théorie, inclut en elle la réflexion opérée sur elle-même, comme Histoire précisément, et comme philosophie.

La pure et simple suppression du temps n'aurait décidément aucun sens, tant il est vrai que la conscience de soi s'engendre, en tant que

25. *Cf.* G.W., Bd. 4, S. 12.

négation déterminée, de la conscience qu'elle nie. L'« élimination » du temps doit bien plutôt s'accorder avec l'affirmation répétée que la philosophie dit *ce qui est*, non ce qui *doit* être. Elle n'est ni prophétique ni moralisatrice. Elle « peint du gris sur du gris ».

> « L'Esprit porte encore à même lui tous les degrés du passé, et sa vie dans l'histoire consiste à être un cycle de ces divers degrés, apparus les uns dans le présent, les autres dans une figure passée... Nous ne traitons, lorsque nous parcourons le passé, si grandiose qu'il soit, toujours que du présent. La philosophie a affaire au présent, à ce qui est effectif. Les moments que l'Esprit paraît avoir derrière soi, il les a aussi dans sa profondeur présente. De même que dans l'histoire, il a parcouru ses moments, de même a-t-il à les parcourir dans le présent, dans le concept de soi... »[26]

L'Esprit est certes le résultat de l'Histoire, mais il est aussi au principe de ce résultat : sursumant sa contingence et son immédiateté, il les sursume en une nécessité qui n'est pas séparée de cette contingence, mais en est la vérité.

Ainsi se trouvent récusées les apories soulevées par Heidegger (l'Esprit a-t-il puissance sur le temps ? ou bien « tombe »-t-il dans le temps ? ou encore : est-il le temps lui-même ?) : ces apories reposent toutes sur une représentation dualiste, oppositionnelle, du temps et de l'Esprit. Si l'Esprit est son propre résultat, c'est que les moments de l'extériorité, ce que la conscience saisit comme l'étranger, cela est pour l'Esprit son élément, et non pas un ailleurs duquel il s'efforcerait de se garder.

L'« absoluité » du savoir, celle du Concept, ne contient pas l'aveu que Hegel regarderait vers un savoir éternitaire. L'absolu, cela n'est pas l'opposé du relatif, mais bien plutôt son produit. Le rapport qu'entretiennent l'une avec l'autre la conscience et la conscience de soi admet une situation limite dans laquelle l'un des termes serait égal à 0, dans laquelle par conséquent le rapport lui-même disparaît. Le zéro de la conscience de soi, c'est l'absence de reconnaissance réciproque, c'est la situation que Hegel décrit sous le nom de « fanatisme », le règne exclusif du désir. N'y ayant pas d'Esprit, il n'y a pas ici de monde : les traces du fanatisme ne sont que « *ruines et destructions* »[27].

26. *Cf. Vorlesungen über die Philosophie der Weltgeschichte* (*op. cit.*), Bd. 1, S. 183.

27. *Cf. ibid.*, S. 176.

Mais lorsque le rapport exprime une réconciliation, même précaire, on est en présence d'une figure de l'Esprit, et la disparition de l'opposition permet de parler de l'*absolu*. «*L'Esprit du monde a dans chaque figure son sentiment de soi, plus sourd ou plus développé, mais absolu, et dans chaque peuple, sous chaque tout de coutumes éthiques et de lois, il a son essence, et il y a joui de lui-même*»[28]. L'absolu reçoit ainsi du temps son contenu concret, à chaque fois particulier.

Pour autant, l'Histoire n'invite pas à un relativisme sceptique. A l'inverse de l'Histoire de la Nature, qui est cyclique, l'Histoire humaine est orientée, en ce que le dépassement de la figure ancienne est transformation de ce qui fut, son maintien dans sa destruction et par elle. C'est pourquoi il faut dire que l'Esprit repousse «dans les frontières de la nuit» le temps de la Nature. Il ne le repousse qu'en tant qu'il le sait, et le savoir du temps est sa propre réflexion. Dans l'Histoire universelle, l'Esprit parvient au savoir de ce qu'il est, il fait de ce savoir la réalité d'un monde, et il se produit en ce monde.

Mais si c'est dans le présent, et non dans un passé ou un futur infiniment lointains, que l'absolu a son lieu, il a son lieu, semble-t-il, dans les écrits de Hegel lui-même, par lesquels le temps accède à sa propre clôture. – Cette interrogation, quand elle est énoncée avec passion, soupçonne le texte hégélien d'absurdité : le temps après lui serait détruit, ou, ce qui revient au même, condamné à la répétition. Elle n'en indique pas moins une difficulté qu'on peut énoncer ainsi : comment Hegel a-t-il rendu compte, dans sa présentation de l'Histoire, de cette présentation elle-même ?

La méditation de cette question commande en un sens tout le hégélianisme. La *Phénoménologie de l'Esprit* comme telle en témoigne. Hegel estime que «de nos jours», c'est-à-dire à l'aube du XIXe siècle, la réalité de l'Esprit, son devenir-monde, se caractérise par la réunification de la substance et du sujet. C'est que la rencontre de l'idéalisme abstrait (ou : subjectif) et de la Révélation chrétienne fait venir au jour une essence spirituelle dont l'absoluité est le *oui* de la réconciliation[29]. Pour les Modernes, ce *oui* est le «*le Dieu se manifestant au milieu d'eux*» : Dieu est donc révélé ici «*comme il est*» ; il *est là* comme il est en soi ; il est là comme Esprit. Ce que la Religion

28. *Cf.* G.W., Bd. 4, S. 479. Tr. fr. *Des manières de traiter scientifiquement du droit naturel*, Vrin, 1972, p. 96.
29. *Cf.* G.W., Bd. 9, SS. 361-362.

justement dite *révélée* offre à la représentation, c'est la propre vérité du Concept : l'unité de l'être et de l'essence. En tant qu'elle est seulement représentée, comme elle est dans la Religion, la réconciliation du Soi et de l'être-là entre dans la conscience comme quelque chose de lointain : lointain dans le passé (la personne du Christ) ou lointain dans l'avenir (le Jugement dernier). Mais elle est présente pour la pensée spéculative ; elle est l'œuvre, ou la tâche, du présent, l'élévation de ce Soi-ci au Soi universel, non pas ailleurs, mais ici même.

Il en résulte que dans la Religion, le concept précède ses moments : la totalité est première, comme, dans la représentation, le flux temporel comme forme vide précède la distinction de ses dimensions. Au contraire, dans le concept qui se sait comme concept, « *les moments surgissent plus tôt que le tout plein dont le devenir est le mouvement de ces moments* »[30]. Le concept allant hors de soi se *sacrifie* : son devenir prend la forme de l'advenir contingent : il « *intuitionne son Soi pur comme temps hors de lui* ». Mais cet aller hors de soi (*Entäusserung*) devient retour à soi, car l'Esprit n'est pas seulement le temps du dehors, de l'intuition, il est le temps entier. Alors l'Esprit se sait. La Religion dit une fois pour toutes la structure de l'Absolu : son temps est le temps répétitif de la liturgie. La philosophie épelle cette structure dans les figures distinctes que l'Esprit se donne et dans chacune desquelles se produit une réconciliation du théorique et du pratique, de l'effectivité et de la conscience agissante.

La différence dès lors entre la philosophe de l'Histoire et la phénoménologie est une différence dans le mode de l'« élimination » du temps. La philosophie de l'Histoire ne l'élimine pas à proprement parler. En elle, le concept atteint à la conscience de soi, en ce que la liberté y est sue de mieux en mieux dans son unité avec la nécessité. Ce qui est éliminé, c'est la contingence, ou plutôt cette représentation de la contingence (le nez de Cléopâtre, le retard de Grouchy, ...) qui en fait un ingrédient du réel mystérieux, étranger à toute raison. Mais le contingent est en réalité un moment du nécessaire, et appartient à sa totalisation. La *Phénoménologie de l'Esprit*, quant à elle, montre la production du Concept : elle en est la preuve. Elle s'y achève, alors que la philosophie de l'Histoire est inachevée, puisque les figures de l'Esprit s'y enchaînent selon la loi implacable de l'extériorité, celle de l'être-là, du temps *vorhanden*.

30. *Ibid.*, S. 429.

Ce que dès lors la *Phénoménologie de l'Esprit* élimine, c'est la différence du point de départ et du résultat. Le chemin réel qui va des Grecs aux Modernes, elle peut le présenter selon deux sens opposés : au lieu d'y faire voir une chute, la perte d'un Paradis, y faire voir une rédemption. Si les deux lectures ne se valent pas, si la deuxième est meilleure, alors le temps de la successivité se précède lui-même[31]. L'ordre de l'expérience (le pour-soi de la conscience) et celui du concept (le pour-nous du philosophe, ou l'en-soi) alternent l'un avec l'autre, de sorte que le sens du temps y est pris tantôt comme sa direction vers le futur, et tantôt comme rebroussement vers sa propre totalisation, jusqu'à ce que le pour-nous du philosophe, et donc le sens du sens, l'emporte.

Ensemble avec la philosophie de l'Histoire, sur laquelle le système s'achève, la *Phénoménologie de l'Esprit*, par laquelle il s'ouvre, manifeste l'ambition de Hegel qui était, en faisant droit à l'empiricité immédiate, à l'être-là dans son extériorité spatio-temporelle, de parvenir à penser cet être-là, non pas ailleurs, mais en lui-même. C'est l'ambition de toute la philosophie occidentale que Hegel s'assignait comme tâche dès les premières années de sa réflexion : celle de «penser la vie». Il y répond par l'enracinement de la philosophie dans le présent compris comme la totalisation immanente du cours du temps.

31. *Ibid.*, SS. 195-198.

LA TÉLÉOLOGIE

LA VOLONTÉ*

La méditation de la volonté est à la fois décisive pour le hégélianisme, et cependant, toujours suspecte d'être en porte à faux, comme si le concept de volonté devait être désavoué dans le geste même de son repérage.

De son caractère décisif témoignent nombreux textes, notamment le parag. 468 de l'*Enc.* par lequel se clôt, à l'intérieur de *l'Esprit subjectif*, la considération de l'Esprit théorique. L'intelligence, dit Hegel, devient volonté en tant qu'elle « va dans soi », c'est-à-dire que *pour elle* (et donc non pas seulement pour le penseur qui la réfléchit) le contenu auquel elle a affaire est déterminé *par elle*. Ainsi prend-elle possession de la déterminité qu'elle s'opposait d'abord immédiatement à elle-même, de sorte que ce n'est plus uniquement la *forme* de cette déterminité qui est sa propriété, mais aussi son contenu. La pensée est devenue entièrement objet à soi-même.

Or ce passage du contenu de la déterminité de l'en-soi au pour-soi est ignoré de la conscience ordinaire ou représentative, pour qui la pensée théorique (l'intelligence) et la volonté tombent l'une en dehors de l'autre, comme deux « facultés » qu'il faudrait étudier séparément. A quoi Hegel oppose que « sans la pensée il ne peut y avoir aucune volonté », ce qui confirme l'incapacité de l'animal à avoir la moindre volonté « puisqu'il ne pense pas »[1].

Etant identifiée à la pensée, la volonté s'identifie à la *liberté*. Non seulement, comme la plupart des philosophes classiques, et comme les Kantiens, Hegel traite le plus souvent de la volonté sous le nom de la liberté, mais il va jusqu'à dire que « la liberté est la substance et la

* Conférence prononcée à l'Université de Bourgogne (janvier 1993).

1. Cf. *Encyclopédie..., Philosophie de l'Esprit,* tr.fr. Vrin, 1988, p. 563-564.

détermination» de la volonté à la façon dont la pesanteur est la détermination fondamentale des corps[2].

Heidegger a été l'un des lecteurs de Hegel les plus attentifs à cette identité proclamée de la pensée et du vouloir. Il convient cependant de mettre à l'épreuve le sens qu'il accorde à cette identification, malgré la justesse apparente dont peut se prévaloir immédiatement son commentaire.

La difficulté de lecture des textes hégéliens concernant la problématique de la volonté vient donc de ce que ce ne sont pas seulement ceux qui en font mention explicite qui doivent être pris en compte, mais aussi tous les écrits où se fait jour une pensée de la décision et une pensée de l'action, singulière et universelle. Ils ont été regroupés ici selon la chronologie : d'abord ceux de Iéna, où s'exprime l'inspiration première de cette problématique, puis les textes de la *Science de la Logique*, de l'*Encyclopédie* et des *Principes de la philosophie du droit*.

Le *Système de la vie éthique* est de ceux d'où est omise la mention de la «volonté». Sous le titre de *Nature*, on y trouve les principaux aspects de la future description de la conscience singulière qui sera menée dans la «première Philosophie de l'Esprit». Cette conscience est envisagée dans son rapport aux choses et dans son rapport à autrui, et prend le visage tantôt du «concept», c'est-à-dire de l'entendement, tantôt de «l'intuition», c'est-à-dire du sentiment. L'avènement du «peuple», qui coïncide avec celui de l'«éthique», donne lieu à la distinction explicite et tout à fait importante de deux figures de la destruction de la conscience singulière.

La première de ces figures est sa mort, son annihilation sous la contrainte des puissances objectives, inorganiques. La deuxième est le maintien de la réalité de la conscience singulière, *à travers sa suppression.* Ainsi faut-il penser deux morts, deux vies, deux négations. La seconde de ces négations engendre «la vie éthique absolue», qui est la vie spirituelle du peuple, comme totalisation en acte des vies singulières. La réalité de celles-ci n'est pas promue comme magiquement à une idéalité «simple» (comme est simple l'idéalité du rouge pensé par rapport à la réalité du rouge senti) : l'idéalité de la vie singulière est

2. Cf. *Principes de la Philosophie du droit*, tr.fr. Vrin 1975, noté dans ce qui suit PPD, parag. 4, p. 70-72.

bien plutôt son universalisation, qui est pour elle sa propre vérité, non pas un terme extérieur.

Soit la première figure de la destruction. Elle « lèse la vie » sans accéder ailleurs qu'à l'objectif : au corps mort, au cadavre. C'est la dévastation, la Nature revenant comme l'opposé de la culture, par une sorte de revanche sur la détermination que celle-ci lui a imposée. C'est le moment de la fureur, le règne de l'« informe »[3], celui, indéfini, de la « justice vengeresse », c'est-à-dire de l'alternance du crime et de sa sanction immédiate dans l'indifférence, mais en vérité l'absence réelle de toute justice, car il y a de part et d'autre une égalité de violence (« Mars est un déserteur »).

Le Chapitre II auquel est consacrée cette description récuse par avance l'affirmation nietzschéenne : « La volonté aime encore mieux vouloir le néant que de ne pas vouloir ». « Vouloir le néant » ou la « liberté pure »[4], c'est là selon Hegel un *moment* indispensable du développement de la volonté : celui de la suppression de toute particularité. Mais dès lors qu'il s'autonomise, se fige, ce moment devient « liberté du vide » ; il produit dans l'histoire le monstre du fanatisme, que Hegel décèle dans la religion : c'est le brahmanisme, ou dans le politique : c'est l'épisode français de la Terreur révolutionnaire, qui sera analysé dans la *Phénoménologie de l'Esprit*.

On voit ainsi se dessiner les exigences d'une dialectique de la volonté. Ce qui est vrai de l'individu tout entier : à savoir qu'il ne conquiert sa pleine réalité, qui est son universalité, que par le passage à travers la mort reconnue et acceptée, cela est vrai de chaque acte déterminé. C'est en effet l'acte d'un individu concret, pourvu de tendances, penchants..., mais qui, niant ces mêmes tendances, penchants..., les maintient dans leur vérité par et à travers leur négation même.

Le refus hégélien, omniprésent, d'identifier la liberté au libre-arbitre, prend sa signification par là. Car le libre-arbitre ne fait que confirmer la contrainte objective des particularités immédiates : s'il y a « choix » entre des déterminités opposées, choisir l'une est rester soumis à la domination des autres. – En s'élevant au-dessus de toute opposition, l'individu singulier est bien, si l'on veut, « anéanti » dans sa singularité empirique; mais cet anéantissement n'est pas sa mort, il

3. Cf. *Système de la vie éthique*, tr. fr. Payot, 1976, p. 148-149.
4. Cf. *PPD*, § 5.

est son *se*-décider, c'est-à-dire sa vie, qui dépasse le ou bien… ou bien de l'empirie[5]. C'est l'échec à la particularité, comme échec à la partition du Moi lui-même.

La problématique du châtiment peut aider à ressaisir le sens du propos[6]. Il s'agit là d'un thème très fréquent chez Hegel, notamment à Iéna. Si le châtiment peut « résoudre » le crime, ce n'est sûrement pas par le renversement de son résultat objectif : le meurtre a eu lieu, et la vengeance qui, à sa façon, veut être un tel renversement, n'est pas la justice. Si donc il y a résolution, c'est parce que la peine réunit pour le criminel les deux déterminités que sont son acte d'une part, et la négation de celui-ci de l'autre[7]. C'est la restauration de l'individu dans son intégrité, la loi jouant le rôle de moyen entre les termes opposés, et permettant l'accès de la conscience singulière à l'universalité. Comme cette réconciliation des opposés (le crime comme enfoncement de la conscience dans sa singularité, et la revendication par cette conscience de son universalité) n'est pas et ne saurait être leur égalisation abstraite, elle est dite par Hegel « infinie ». Cette infinité confirme que le développement de la volonté ne s'accomplit pas selon le schéma mécanique du choix, même habillé d'une prétendue « dynamique ».

Il reste que l'insistance mise traditionnellement sur l'« arbitre » pour caractériser la volonté a l'intérêt de souligner le caractère réflexif de celle-ci, mais son contenu, et son enjeu, demeurent par là indéterminés.

Les deux Philosophies de l'Esprit de Iéna nous acheminent vers cette double détermination.

5. Kierkegaard ne passe pas par ce déni du libre-arbitre pour penser la liberté. Il reproche au « philosophe » (Hegel de tout évidence) une trop grande facilité à admettre la « synthèse supérieure » des opposés, et à se débarrasser du principe de non-contradiction. – Il entend, quant à lui, maintenir la réalité du choix comme la manifestation même de l'éthique. Mais lorsqu'il dit que le niveau inférieur à l'éthique (« l'esthétique ») n'est pas détruit, mais pour ainsi dire incorporé à l'éthique, et de la sorte relativisé, on le voit exprimer à travers le langage du libre-arbitre une absoluité du vouloir qui peut être rapprochée, par son intuition, de celle affirmée par Hegel (cf. *Ou bien… ou bien,* Gallimard, 1943, p. 509).

6. *Des manières de traiter scientifiquement du droit naturel*, tr. fr. Vrin, 1972, p. 18 et p. 53-54. Cf. *Phénoménologie de l'Esprit*, chap. *Entendement*, G.W., Bd. 9, S. 98.

7. Cf. *La philosophie de l'Esprit* (1805), tr. fr. PUF, 1982, p. 64-65. (Cf. G.W., Bd. 8, SS. 235-237).

La première (celle de 1803), qui ne contient aucun Chapitre consacré à la « volonté », articule initialement une théorie de la conscience individuelle à la philosophie de la Nature. La conscience est l'opposition *idéelle* de son être et de l'autre de son être, alors que dans l'organique le singulier est opposé à son essence, en l'occurrence à son espèce, *réellement*, cette opposition se résolvant ou plutôt se trouvant indéfiniment reportée par la mort de chaque individu vivant.

La conscience, quant à elle, par exemple sensible, est le bleu et la vue du bleu, donc l'unité des deux, mais une unité immédiate en ce que la conscience n'est pas cette unité pour elle-même. En d'autres termes, l'Esprit est en elle seulement posé, non réalisé. C'est en tant qu'elle s'objective comme Esprit d'un peuple que la conscience subjective se réalise et réalise l'Esprit. Ici la mort de la conscience singulière n'a plus le visage tragique de la mort de l'individu vivant. Car la mort du singulier est en réalité sa vie comme universel. Ainsi dans la langue de son peuple et par elle, la conscience singulière échappe à la contingence et s'infinitise. De même, l'amour familial se dépasse et s'accomplit dans le génie du peuple, comme le travail de chacun dans le travail de tous, où, l'instrument étant devenu machine, le but est la satisfaction non plus du besoin individuel, mais des besoins de tous.

On voit ici une description phénoménologique du devenir de la conscience individuelle englober une théorie du travail et du langage d'une part, de l'amour et de la famille d'autre part. Dans les deux cas, la sursomption (*Aufhebung*) du désir individuel est son universalisation. La conscience théorique n'est pas seule à réfléchir cette universalisation : la conscience pratique la porte tout autant, non par la simple extension formelle de la maxime comme chez Kant, mais bien plutôt par la reconnaissance mutuelle des consciences singulières à travers leur affrontement (affrontement parents/enfants – en général affrontement des désirs singuliers).

L'universalisation de la conscience singulière, qui est son objectivation, tient lieu d'une théorie de la volonté, qui demeure muette. Le souci de Hegel est de dépasser l'opposition fichtéenne du théorique et du pratique autrement que par le recours à la solution fichtéenne, justement, c'est-à-dire autrement que par le simple renversement du rapport déterminant/déterminé. C'est le devenir-œuvre du peuple qui fait l'unité du théorique et du pratique, du passif et de l'actif.

La deuxième Philosophie de l'Esprit (de 1805) thématise explicitement le vouloir[8] dans une théorie de l'action. Assurément cette théorie était en partie esquissée dans les premières pages du *Système de la vie éthique,* mais elle n'y avait pas la même prégnance, parce que la dichotomie intuition/concept ne permettait pas d'exhiber sa pleine portée spéculative. Ici l'instrument de la description est le *syllogisme.*

Hegel fait du développement du vouloir un enchaînement de syllogismes. Si l'on prend le sujet voulant comme enfermé (*beschlossen*) en lui-même, et tendant à devenir son propre objet, le contenu de son vouloir n'est pas déterminé par là : ce moment est bien plutôt le vide, le formel. – En réalité le sujet voulant est tout ensemble le point de départ de l'acte et sa fin, *et* l'entre-deux de ces extrêmes. Il l'est en tant qu'il est tendance, laquelle est contenu *et* forme. Dès lors que la tendance se satisfait par le travail, qui éventuellement engendre un instrument, l'objet de cette tendance n'est plus seulement annihilé, comme il est dans l'assouvissement immédiat. Au contraire, sa différence d'avec le sujet vient au jour en ce qu'il se redouble : objet-fin d'une part, instrument d'autre part; en même temps, la réalisation-satisfaction de la tendance se trouve ajournée. Dans l'objet instrument, l'actif (le sujet) et le passif (la Nature) communiquent (*mitteilen*). Objet inerte d'un côté, l'instrument est en effet de l'autre le possible, l'universel. Par lui peut être accompli un renversement de la puissance aveugle de la Nature, dont les éléments (le feu, l'eau...) sont appelés à se nier et à retourner sur eux-mêmes. De tels objets cessent d'être les objets bruts que le sujet commençait par s'opposer à lui-même; d'autre part le côté qu'ils tournent vers la Nature reflète un aménagement déjà présent de celle-ci, une sorte d'humanisation en progrès.

Le langage syllogistique est ainsi au service d'une appréhension concrète du vouloir qui, au lieu d'être cantonné dans une schématique abstraite, est montré dans son infinité véritable. Celle-ci prend l'aspect d'une sorte de cercle de cercles ou de spirale, le sujet et l'objet s'enroulant l'un sur l'autre par le progrès d'un échange des puissances du concept et du réel. La réalité abstraite du point de départ (*Realität*)a fait place à l'effectivité concrète (*Wirklichkeit*).

De la *Phénoménologie de l'Esprit* on a évoqué précédemment le texte célèbre sur la Terreur. – Il s'agit là pour Hegel de la manifestation de la « liberté absolue » : à cette figure de l'Esprit, le monde est

8. Cf. *ibid.*, p. 28 et *sqq.* (G.W., Bd. 8, SS. 202 ff.)

purement et simplement son vouloir, et celui-ci est vouloir universel[9]. Cette universalité se pose comme l'opération immédiate et consciente de chacun, comme «la substance indivisée» de la liberté. C'est la traduction dans le réel du vide et du formalisme où s'enferme la conscience singulière dès lors qu'elle prétend à la pure suprématie de l'universel. L'évacuation de tout contenu se traduit par la suppression de toute médiation qui mettrait «en communication» le singulier et l'universel et leur permettrait de s'articuler l'un à l'autre. Comme les «masses spirituelles» (le monde de l'au-delà et le monde de l'ici-bas) se sont abîmées l'une dans l'autre, on n'a plus que l'«action réciproque des deux extrêmes»:

> [on n'a plus] que le mouvement de la conscience de soi universelle sous la forme de l'universalité, et de la conscience personnelle [...] Ce mouvement est par là l'action réciproque de la conscience avec soi-même [...] Il s'ensuit qu'elle ne peut accéder ni aux œuvres universelles de la langue ni à celles de l'effectivité, ni aux lois et aux dispositions universelles de la liberté consciente, ni aux actes et aux œuvres de la liberté voulante[10].

Si donc une telle liberté n'est capable d'aucune œuvre positive, il ne lui reste que l'action *négative*:

> [Son œuvre] est une mort qui n'a ni contenu ni remplissement intérieurs, car ce qui est nié est le point entièrement vide, non rempli, du Soi absolument libre, c'est donc la mort la plus froide, la plus plate, sans plus de signification que le fait de trancher une tête de chou ou d'engloutir une gorgée d'eau[11].

Ici la volonté joue le jeu abstrait du «se vouloir soi-même»; mais, en se condamnant au néant de toute détermination, elle n'aboutit qu'à la destruction de ce qui est.

Tandis que les écrits de Iéna évoqués précédemment affirmaient, et parfois se bornaient à affirmer de façon brutale, que, en s'articulant à l'esprit de son peuple, la conscience singulière échappe à son enfermement, la supériorité de la *Phénoménologie de l'Esprit* consiste en ce que s'y trouvent patiemment décrites les médiations du singulier et de l'universel, leur mise en place à travers les échecs rencontrés par la

9. *Cf.* G.W., Bd. 9, S. 317.
10. Cf. *ibid.*, SS. 318-319.
11. Cf. *ibid.*, S. 320.

conscience individuelle lorsqu'elle tente de coïncider avec elle-même selon l'immédiateté.

Un texte de la Préface est programmatique à cet égard[12]. La Raison, écrit Hegel, dès lors qu'elle est « faire finalisé » (*das zweckmässige Tun*) est l'enroulement réciproque du sujet et de son but, de repos et de mouvement, de sorte que le commencement et le résultat sont « le même », car l'immédiat qu'est le but accompli a en lui-même le Soi[13]. Il ne s'agit pas pour autant d'une égalité abstraite. La « mêmeté » en question doit être déployée selon les étapes d'une phénoménologie de l'Esprit, de façon que prenne son sens concret la formule future qui dira ensemble la rationalité du réel et la réalité du rationnel.

Le propos revient dans le Chapitre central de l'œuvre : la Raison[14]. Hegel vient d'évoquer le savoir dont la catégorie est porteuse : dans la philosophie transcendantale, se trouve affirmée, sur la catégorie précisément, l'égalité du Moi et du réel. Mais cette égalité n'est pas sue par le Moi, qui n'est là qu'une simple forme. Le Moi ne peut accéder au savoir de ce qu'il est qu'à travers sa corporéité, à travers aussi son éclatement en consciences distinctes, et à travers les conflits qui naissent de là. « L'individu ne peut savoir ce qu'il est avant de s'être porté par son faire à l'effectivité[15] ».

Les distinctions, voire les oppositions, entre le début, le moyen, la fin, l'intérêt et les circonstances de l'acte, et de tout cela avec l'œuvre réalisée ne se lestent de contenu que par l'échec du faire lui-même, qui est l'échec de l'adéquation du commencement et du résultat, et cela d'abord de par la dispersion des images de l'œuvre qui sont présentes dans la multitude des consciences singulières. L'individu se livre alors au travail qui consiste à rassembler ces différentes images, en vue d'édifier son propre Soi. Autrement dit, la conscience individuelle est confrontée à la contingence de son expérience, contingence dans le faire et dans la réflexion sur celui-ci, et elle doit apprendre que c'est *là* la dure école de la nécessité. D'abord, « la conscience, hors de son œuvre éphémère, se réfléchit en soi-même, et affirme son concept et sa certitude comme ce qui est et ce qui demeure à l'encontre de

12. Cf. *ibid.*, S. 20.
13. C'est auprès d'Aristote que Hegel va chercher la caution de cette vue.
14. *Cf.* G.W., Bd. 9, SS. 216-228.
15. *Ibid.*, S. 218.

l'expérience de la caducité du faire »[16]. Cette réflexion cesse d'être un pur et simple entêtement lorsque la conscience accède à la compréhension de la nécessité comme nécessité *du* contingent, et non comme le simple opposé de celui-ci. Leur unité que Hegel appelle la *Chose* est justement ce à quoi la catégorie ne saurait atteindre.

Si la nécessité est reconnue comme la totalisation du contingent, alors l'élévation à l'universel de la conscience singulière n'est plus formelle, elle n'est plus seulement la réflexion du penseur. Elle est devenue le savoir de la conscience singulière elle-même, le savoir que le vouloir de chacun s'accomplit dans le vouloir de tous, à travers un double rapport : positif et négatif.

De ce dernier l'un des visages est celui de la répression par le châtiment qui sanctionne le crime ; un autre est la guerre, avec le risque de la mort couru par l'individu qui voit dans son peuple sa propre universalisation.

Quant au rapport positif, il est en particulier celui du travail, ayant pour enjeu la satisfaction commune des besoins. Il est aussi le rapport de domination des gouvernants sur les gouvernés, et la régulation de l'économique par le politique.

Corrélativement, l'élévation médiée de la conscience singulière à l'universel a pour contre-épreuve le rejet par Hegel de toute théorie contractualiste de la « volonté générale », la sanction historique du rousseauisme étant précisément à ses yeux la Terreur[17]. De même que les médiations posées dans le moyen terme fonctionnent, pour l'action individuelle, comme l'effectivité même de la relation téléologique, de même le rapport du sujet singulier à l'universel exige les multiples médiations de la particularité pour que l'universel soit réel, c'est-à-dire pour qu'il soit le réel *des* singularités dont il est l'universel. Or ce sont ces médiations qui sont délibérément récusées par Rousseau. Seule demeure alors la négation simple, avec la mort pour résultat.

* * *

On peut résumer l'enseignement de ces quelques textes de Iéna, et notamment de la *Phénoménologie de l'Esprit*, en disant que le triple rapport à soi, à l'autre et au monde, c'est l'Esprit qui le porte, en tant

16. *Ibid.*, S. 223.
17. *Ibid.*, S. 320 et *PPD*, § 258 Rem.

qu'il est l'unité de la conscience singulière et de la conscience universelle, comme unité du théorique et du pratique.

La *Science de la Logique* donne la formule de cette dernière :

> Le connaître ne se sait lui-même que comme un acte de saisie; le remplissement, à savoir l'objectivité déterminée en et pour soi lui est un donné, et l'étant véritable (lui est) l'effectivité qui est là (*vorhanden*) indépendamment de l'acte subjectif de position. Pour l'Idée pratique au contraire, cette effectivité vaut comme ce qui est en et pour soi nul (das Nichtige), comme ce qui devrait tenir sa détermination véritable et son unique valeur des fins du Bien... [18].

Que la volonté soit dite Idée[19], cela exprime justement l'unité de détermination et de réflexion ou : du concept et du réel, du Soi et de l'autre, à laquelle n'atteignent ni l'idée des Empiristes, ni le concept socrato-platonicien, ni l'Idée schellingienne, car dans tous ces cas, la détermination de l'Idée lui est extérieure, venant du sensible, ou des autres Idées, ou d'une intuition intellectuelle...

Le texte de la *Science de la Logique* qui vient d'être cité n'oppose l'Idée théorique et l'Idée pratique que comme les deux faces de l'Idée absolue, de sorte, dit Hegel, que « le vouloir s'oppose lui-même à l'obtention de sa fin dès lors qu'il se sépare du connaître, ce qui fait que l'effectivité extérieure n'a pas pour lui la force de ce qui est vraiment... ».

A la philosophie appartient la tâche de saisir le développement de la liberté. « Configurée en l'effectivité d'un monde »[20], elle reçoit d'abord la forme de la nécessité : tel est le système de ses déterminations objectives : le droit, qui est son être-là, la moralité, qui est le moment de sa réflexion, la vie éthique qui est sa substantialité. En cette dernière, la volonté singulière se sait comme l'universel, et devient conforme à ce qu'elle est : à la pensée, à l'Esprit.

On voit ainsi la méditation entière de la volonté justifier en retour le déni initial opposé à l'entendement et à la représentation. Car l'entendement, c'est l'Esprit en tant qu'il s'en tient à l'en-soi et au possible[21] : il n'envisage la liberté que comme s'appliquant à une matière donnée, et manque ainsi son Idée. La volonté rationnelle

18. *Cf.* G.W., Bd. 12, S. 233
19. Cf. *Philosophie de l'Esprit* (*Encyclopédie,* tr. citée), § 482.
20. Cf. *ibid.*, § 484.
21. Cf. *PPD*, § 10 Rem.

comprise comme Idée fait valoir au contraire un rapport infini, en ce qu'elle n'est pas le concept tel qu'opposé à l'Etre, mais au contraire la résolution de leur opposition comme opposition du Soi et de la Nature.

Dans le kantisme, cette opposition non résolue fait que la liberté n'est jamais en acte : elle est le postulat du devoir-être, non pas l'être de l'homme. De même pour Fichte, la liberté relève de la croyance, non de la Science. Comme la vie morale repose sur le dualisme des tendances (inférieures/supérieures), la liberté du sujet a pour lieu le supra-sensible, opposé au phénomène. Elle est le Soi du Soi, un absolu d'indépendance à l'égard de l'extérieur, d'où résulte que l'adhésion au Bien est toujours formelle ; le moindre contenu la ferait tomber dans l'hétéronomie. Œuvre du Moi absolu, elle laisse à leur divorce la réalité et la rationalité au sein de l'empirie, c'est-à-dire de la subjectivité finie. Le monde de l'ici-bas posé par l'intelligence représentative est simple néant face au monde de l'au-delà dont la réalité tout à la fois exprime et garantit notre croyance à l'absolu de la moralité. « Je dois être libre » écrit Fichte[22].

« Par ma volonté, je suis [...] citoyen du royaume de la liberté, » royaume qui s'annonce à travers la moralité comme le lieu d'une vie supérieure à celle, sensible, de l'être fini. Ce platonisme moral anime une conception de l'Histoire et du progrès qui renvoie le mal et le malheur qui accablent les hommes ici-bas à leur origine : à savoir à la confrontation incessante de l'humanité avec une « Nature ennemie ». La foi dans l'au-delà reflue en une foi dans le progrès imprescriptible de l'humanité vers sa destination suprême : domination de la Nature par la puissance de l'intelligence, et perfection croissante de l'humanité dans la voie de la culture...

Pour Hegel, l'Idée de la liberté[23] a son origine dans le christianisme, c'est-à-dire dans la religion qui dit de l'homme qu'il a avec Dieu un rapport absolu, *dans la présence* et *comme présence*. Comme unité du fini et de l'infini, l'Idée de liberté est « l'effectivité des hommes, non pas celle qu'ils *ont* par là, mais celle qu'ils sont » : non pas une tendance, un manque à combler, mais une plénitude réelle. Que ce soit là pour Hegel la liberté des Modernes, cela désigne la

22. Cf. *La destination de l'homme*, tr. fr. 10/18, 1965, p. 244. Hegel a formulé sa critique de la théologie morale à partir de ce texte de Fichte dès *Glauben und Wissen*.

23. Cf. *Philosophie de l'Esprit (Encyclopédie*, tr. citée), § 482, Rem. p. 278-279.

suppression de toute aliénation par une transcendance, d'où le caractère seulement métaphorique des formules qui présentent dans certains écrits (notamment dans les Cours) le mouvement de l'Histoire en termes dualistes. D'où aussi la constance de son opposition à la théologie morale de Fichte. Comme la Raison, en tant qu'elle s'identifie à la volonté, est de l'ordre de la décision, bien loin d'être le résultat arbitraire de l'in-différence, on comprend que son développement, c'est-à-dire son universalisation, puisse toujours être stoppé. C'est là ce qu'on impute ordinairement à la « finitude ». Au niveau des grandes masses qui font l'Histoire, celle-ci consiste en ce qu'il y a des régressions, des répétitions, qui rendent inepte l'image (*cf.* Lessing-Condorcet) d'une progression rectilinéaire de l'humanité vers un Bien qui, en tant que terme fixé à l'avance, se trouve frappé d'abstraction.

Bien plus : si le vouloir doit être compris comme sursumant sa propre présupposition, à savoir l'immédiateté de l'« objet » ou de la Nature, la médiation renouvelée du « moyen » dans les extrêmes le fait échapper à la détermination unilatérale de l'« instrument » qui est celle en général du fini, et par suite du Mal, dans les physico-théologies, par exemple chez Leibniz.

On peut dire la même chose à partir de la considération de l'essence du temps. Celle-ci est la négativité. La négation de cette négativité est ce qu'on a en vue en parlant du *combat* de l'Esprit contre lui-même, combat sans lequel il n'y a pas de manifestation de l'Esprit, pas plus qu'il n'y a de « Bien », si ce n'est dans le combat contre « le Mal », lequel prend dans le déroulement de ce combat un visage toujours nouveau. L'Histoire est ainsi le champ d'une véritable bataille que l'Esprit mène contre lui-même, en direction de lui-même. Ce champ a certes un sens : en lui la liberté s'oppose à elle-même en s'opposant à son autre. « L'Esprit se répand dans l'Histoire en une inépuisable multiplicité de formes. Chaque création dans laquelle il avait trouvé sa jouissance s'oppose de nouveau à lui comme une nouvelle matière qui exige d'être œuvrée. Ce qu'était son œuvre devient ainsi matériau que son travail doit transformer en une œuvre nouvelle... »[24]. Ce sens, celui que l'Esprit se forge au fur et à mesure de sa manifestation, s'il était préalable à cette manifestation elle-même, serait une loi formelle, ou un Idéal abstrait : dans ce dernier cas, les

24. Cf. *Vorlesung über die Philosophie der Weltgeschichte*, Bd 1 (Ph. Bibl. Meiner Verlag, 1955), SS. 35-36.

prédicats qu'on lui reconnaîtrait (par exemple l'éternité, l'immuabilité...) s'inscriraient en dehors de l'action humaine. Or, selon Hegel, le Bien est tout autant accompli que s'accomplissant[25] : le temps n'est pas la scène de l'irréel, des ombres sans vie. Comme Histoire, il est l'infinité, et, dans son devenir, l'Esprit en est le principe et la fin, mais dialectiquement.

* * *

En manière de contre-épreuve à cette présentation de la volonté hégélienne, on évoquera ici l'interprétation heideggerienne de ce thème[26].

Le Cours consacré à Schelling en pose les linéaments. Le vouloir est, dans l'idéalisme post-kantien, se-vouloir, ou « comparution devant soi-même ». Telle est selon Heidegger l'Idée absolue de Hegel. Le vouloir est aussi un se-porter-au-delà-de-soi-même « en tant que surpuissance et commandement », formule dans laquelle se reconnaît la signification que Heidegger accorde ordinairement à la « volonté de puissance » nietzschéenne. Il est toujours « subjectivité inconditionnée », Heidegger précisant que « cela ne peut se révéler qu'à partir de l'essence du représenter ». – Le souci de Heidegger est de mettre en évidence la continuité de la philosophie *allemande*, notamment la filiation, qui vient d'être indiquée, de l'idéalisme jusqu'à Nietzsche, et même de poursuivre en amont le thème jusqu'à Leibniz. Schelling et Hegel en particulier proposent une théorie de la volonté qui peut bien présenter, de l'un à l'autre penseur, certaines divergences, mais qui est ici considérée selon ses similitudes.

Cette liaison de la représentativité et de la subjectivité inconditionnée comme volonté est aux yeux de Heidegger la marque de la « métaphysique traditionnelle » : la métaphysique hégélienne du Savoir absolu entendu comme esprit de la volonté est le début de l'achèvement de cette métaphysique, c'est-à-dire du point suprême de sa

25. Cf. *La science de la Logique (Encyclopédie)* tr. fr. Vrin, 1970, § 234 et *Zusatz* p. 621.

26. Parmi les très nombreux textes où cette interprétation est formulée,on a retenu ici principalement : *Schelling*, Cours professé en 1936 (tr. fr. Gallimard, 1977) p.31 ; *Nietzsche*, I Cours professé de 1936 à 1940 (tr. fr. Gallimard 1971) p.39 ; *Dépassement de la Métaphysique* (in *Essais et Conférences*, tr. fr. Gallimard, 1958) p. 86. *Lettre sur l'humanisme*, tr. fr. Aubier-Montaigne, 1964, p 237 ; *Qu'appelle-t-on penser* ? Cours professé en 1951-1952 (tr. fr. P.U.F., pp. 67-69) ; *Contribution à la question de l'Etre* (*Questions I*, Gallimard, 1968, pp. 199-252).

perfection, mais celle-ci s'accomplit chez Nietzsche par le redoublement : volonté *de* la volonté ; Hegel a saisi seulement la volonté *de l'Esprit,* et son auto-mouvement, mais non pas encore la volonté *en vue de* la volonté : à Nietzsche il appartiendra de franchir ce pas ultime. Dans l'idéalisme absolu, chez Hegel et chez Schelling, l'Etre est posé au sens de la réalité absolue, c'est-à-dire comme volonté inconditionnée qui se veut elle-même, mais l'Etre comme volonté de puissance n'y est pas pleinement explicité, bien qu'il soit réellement sous-jacent.

Il y a ainsi une grande constance de la lecture heidegerienne. Elle n'est pas centrée exclusivement sur Hegel, dans la mesure où elle prétend s'attacher à une tradition (celle de la « métaphysique »), à un technocentrisme que Heidegger fait la plupart du temps remonter à Descartes. Car si l'homme est destiné à « être le maître et le possesseur de la Nature », c'est en tant qu'il la connaît qu'il peut exercer ce pouvoir sur elle, et c'est le désir de ce pouvoir qui engendre et porte la connaissance qu'il en a.

En ce qui concerne le texte hégélien, cette lecture appelle un double commentaire.

D'une part on voit que Heidegger a d'autant moins de peine à identifier pensée et volonté chez Hegel qu'il ne se décide jamais à suivre Hegel lorsque celui-ci rompt l'assimilation de la pensée et de la représentation. Selon la norme de la représentation, la pensée est dite « pratique » par là qu'elle s'« applique » au réel, c'est-à-dire qu'elle réalise les buts qu'elle s'est fixés en tant que pensée théorique : le mouvement s'effectue unilatéralement de la pensée vers le réel. Les syllogismes de l'action qui, selon Hegel, enchaînent le réel et la volonté en cercles infinis sont ainsi omis. – En réalité, la représentativité est dépassée, chez Hegel, dès lors que s'instaure, dans une phénoménologie *de l'Esprit*, la vérité du rapport que la conscience entretient avec elle-même comme conscience de soi : non plus rapport fini (intentionnel), mais rapport infini. De même, si la philosophie de l'Esprit contient et exprime une théorie de la volonté, c'est en tant que cette théorie est l'aboutissement de celle de l'Esprit *subjectif*, et s'épanouit lorsque le rapport du Soi au monde ne peut décidément plus être pensé selon la représentation, c'est-à-dire selon l'« objectivité » qu'a en vue le transcendantalisme. Partout c'est de façon délibérée que Hegel rejette l'emprise de la représentativité pour accéder à la pensée de la volonté comme liberté. Par principe, l'interprétation heideggerienne s'interdit de faire droit à cette démarche.

D'autre part Heidegger oppose constamment, de manière plus ou moins explicite selon les textes, à cette vue qu'il appelle « métaphysique » de la pensée comme volonté, une tout autre interprétation de la pensée elle-même. Celle-ci n'a plus son *telos* dans la domination de la Nature, mais dans un certain accomplissement du rapport à l'Etre, que la pensée a en commun avec la poésie [27]. Alors la pensée est « à l'écoute de l'Etre » : elle l'est en tant qu'elle « lui obéit », c'est-à-dire qu'elle fait siennes les injonctions de l'Etre. Heidegger laisse entendre par là que, comme Hegel, il identifie l'Etre et la volonté ; mais, tandis que Hegel selon lui tombe dans une interprétation « vulgaire » du vouloir, celle que défend l'humanisme, qui consiste à subordonner le vouloir à l'utile, Heidegger a le dessein de faire valoir une fidélité à l'Etre, fidélité originaire que la métaphysique en son entier a oblitérée. Schelling est crédité d'une vue de cet apparentement de l'Etre et de la volonté. Certes, il pense, comme Hegel, le vouloir comme se-vouloir, comme subjectivité inconditionnée. Comme lui, c'est dans la perspective de la représentation et du système qu'il élabore une théorie de la volonté. Mais, tandis que Hegel reste tributaire du « Savoir » en ce qu'il pense la philosophie comme la Science, et par suite pense la volonté en fonction de la puissance, Schelling penserait la volonté selon l'amour, comme le laisser-agir le fond ultime du réel. Heidegger suggère qu'il y a là une prémisse de sa propre tentative de restauration d'une vérité enfouie par et dans la métaphysique. De cette tentative fera partie la décision ultime qui sera la sienne de penser la technique comme un avatar de l'Etre lui-même, et ainsi de réduire le technocentrisme de la métaphysique au profit du *Zusehen*, c'est-à-dire de la vue pure comprise comme acquiescement à l'Etre. La volonté cesse par là d'être l'origine d'une violence faite au réel; s'identifiant à une pensée qui n'est plus connaissance, elle se trouve englobée dans l'ad-venir du fond, et pourvue ainsi d'une valeur poiétique.

Tous ces traits opposent la reconstruction heideggerienne aux grandes lignes qui sont celles de la pensée hégélienne du vouloir. Celle-ci, par son identification liminaire de la volonté et de la liberté,

27. *Contribution à la question de l'Etre* (in *Questions I*, Gallimard, 1968) p. 242-243

ne se meut pas, comme Heidegger le suggère, dans le champ de la présentification, et par suite son « affairement » ne se trouve pas ordonné à l'Etre. Bien plus : le biffage de l'Etre auquel se livre Heidegger, dans la mesure où il ne signifie pas seulement la mise à l'écart de la frontalité de la présence, mais aussi, et surtout, l'appartenance de l'homme au cadran et au rassemblement des régions de l'Etre[28], ce biffage est très éloigné de la conjugaison hégélienne de l'Etre et du Néant, par laquelle se trouve engendrée l'unité de la Pensée et de l'Etre qui s'accomplit dans l'Histoire comme la boucle du spéculatif et du réel.

L'effort hégélien pour penser la volonté, c'est-à-dire la liberté, a sans doute le double horizon du technicisme des Lumières et de la théologie chrétienne. Mais la domination de la Nature n'est pas chez lui celle d'une nature « morte », et la théologie enseigne l'unité du fini et de l'infini, non pas leur irrémédiable séparation. L'Esprit, dans le mouvement qui l'achemine au savoir de soi, récuse tout présupposé autre que celui qu'il *se* présuppose.

28. *Ibid.*, p.232.

TÉLÉOLOGIE ET MÉTAPHYSIQUE HÉGÉLIENNES *

...(die) unendliche Freiheit (des Geistes) läßt (die Natur) frei und stellt das Tun der Idee gegen sie als eine innere Notwendigkeit an ihr vor, wie ein freier Mensch der Welt sicher ist, daß sein Tun ihre Tätigkeit ist.
(*Enz.*, § 376, Zusatz)

Cette étude a pour point d'ancrage le Chapitre *Téléologie* de la *Science de la Logique.* Ce Chapitre, placé au cœur de la dernière Partie de l'œuvre, la Logique subjective, ne peut être éclairci que par la prise en compte du dessein entier de la Logique elle-même. Mais, comme, d'un point de vue chronologique, l'examen de la téléologie a été entrepris par Hegel à Iéna, notamment dans les Philosophies de l'Esprit de *1803/04* et surtout de *1805/06,* il convient d'apprécier la spécificité du traitement logique de la téléologie relativement à ces premières thématisations.

L'enjeu d'une telle lecture est une décision sur la « métaphysique » hégélienne, cela à deux égards. D'une part en effet, Hegel se situe dans ce texte par rapport au criticisme ; d'autre part il faut se demander si l'appartenance éventuelle du hégélianisme à la métaphysique ou à l'« onto-théologie » pourrait être justifiée par la place et la signification données par le système à l'élaboration de la cause finale. Dans la 2e Section de la Logique du Concept, consacrée à l'Objectivité, les deux premiers Chapitres, respectivement *le Mécanisme* et *le Chimisme,* traitent de la relation causale telle qu'elle s'accomplit entre substances distinctes, et se trouve par là entachée d'obscurité. Il faut donc augurer qu'avec l'émergence de la téléologie, une certaine transparence va s'instituer, corrélative de la disparition de « substances distinctes ».

* Texte paru dans *Hegel und die* Kritik der Urteilskraft, H.-F. Fulda et R.-P. Horstmann (ed.), Klett-Cotta, 1990, p. 191-204 ;

Hegel écrit: «*und dies ist die zum Begriffe befreite Substanz*» [1]. La libération qui conduit la substance au Concept a donc sa place originaire dans la relation téléologique, au seuil de l'Idée. Comme le Concept a lui-même été identifié au Je, au sujet, la téléologie permet de penser le Vrai «non comme substance, mais tout autant comme sujet» selon la formule célèbre de la *Préface* à la *Phénoménologie de l'Esprit.*

L'appartenance qui vient d'être ainsi rappelée du Chapitre *Téléologie* à la Logique «subjective», le fait d'autre part que les textes de Iéna qui traitent de la relation finale se rattachent aux problématiques du désir, du travail, en général de la volonté, tout cela propose à la lecture ce qu'on pourrait appeler une «pente douce», qui a été délibérément suivie par certains des plus grands interprètes de Hegel. En *1805/06,* Hegel commence par rappeler que ce qui veut (*das Wollende*) veut se poser, se faire objet. Il est libre, mais cette liberté n'est que le vide, tant que le sujet voulant est «enfermé» en soi (*beschlossen*); il est syllogisme (*Schluß*) en soi-même [2]. L'ambiguïté de *beschlossen,* qui marque la fermeture, certes, mais aussi la décision (l'«arrêt») est bien évidemment concertée, comme celle de *Schluß,* qui vaut non pas tant comme rapport différencié des prémisses à leur conclusion, que, plus fondamentalement, comme la médiation posée du singulier et de l'universel. Car le sujet voulant est l'universel, la fin, mais aussi il est le singulier, le soi, l'activité, l'effectivité, et il est aussi le moyen de ces deux extrêmes, en tant que *tendance* (*Trieb*) [3]. La tendance est le bi-latéral (*das Zweiseitige*): elle a le contenu, à savoir l'universel, la fin, et en ce sens elle est le fondement; mais elle est aussi le Soi actif de cet universel, et en ce sens elle est forme. On est alors en présence d'un syllogisme arrondi (*gerundet*), d'une véritable boule (*Kugel* [4]), puisque tous ses moments sont dans le Soi, dans l'universel comme conscience. L'universel est d'abord syllogisé avec la singularité par la tendance; ils ont la forme de l'être-indifférent l'un à l'égard de l'autre. Mais un deuxième syllogisme s'ensuit, qui est

1. *Cf.* Gesammelte Werke (noté dans ce qui suit: G. W.), Bd. 12, S. 16/5-6.
2. *Cf.* G.W., Bd. 8, S. 202.
3. Dans le *Differenzschrift* (*cf.* G. W. Bd. 4, S. 48-49), Hegel opposait la tendance, comprise comme l'activité objective prise dans sa borne, au concept de *fin,* qui est l'activité subjective prise dans sa borne, la borne correspondant les deux fois à la Nature qui, pour Fichte, est absolument opposée au sujet (elle est ce qui est mort).
4. *Cf.* G.W., Bd. 8, S. 202-213.

celui de la satisfaction de la tendance. Celle-ci comme moyen terme abolit l'indifférence des extrêmes[5]. Dans ce deuxième syllogisme, qui est donc satisfaction médiée de la tendance, le moyen terme est la même différence que précédemment, mais celle-ci de forme devient contenu, car l'objet de la tendance n'a pas été annihilé, purement et simplement détruit. Bien plutôt faut-il dire que par le travail la différence du sujet et de l'objet est *posée,* c'est-à-dire qu'elle est devenue un objet, un immédiat, l'instrument marquant que la jouissance est entravée et ajournée, devenue en cette mesure idéelle[6]. A travers ce moyen qu'est l'instrument, l'activité du sujet et la passivité de l'extrême objectif « se touchent », ce qu'on peut exprimer ainsi : il y a communication de l'activité et de la passivité (*Mit-teilung*). Cette communication désigne une sorte de participation, mais qui donne naissance elle-même à un double syllogisme, car d'un côté (sc. : du côté du Je) l'instrument se présente comme un objet inerte, et du côté de l'objet de la tendance, il est l'universel, ou le possible, qui embrasse la singularité de cet objet lui-même. Soit le côté du Je : les deux extrêmes, le Je et l'instrument, répètent le premier syllogisme, sauf que l'instrument est cette fois un extrême qui n'est plus la choséité immédiate, nue pour ainsi dire, bien qu'il ne possède pas encore l'activité à même lui (*an ihm*[7]). En d'autres termes : il ne revient pas en lui-même. Comment ce retour peut-il s'opérer, si ce n'est parce que l'activité du Je se trouve « prêtée » à l'instrument, et cela sous l'aspect d'un comportement retors, alias d'une ruse : par et dans l'instrument il y a une sorte de négation de la puissance aveugle de la Nature, laquelle est retournée contre elle-même. Ainsi l'eau, le vent, sont utilisés de façon à produire autre chose que ce qu'ils produisent selon l'immédiateté. Leur faire aveugle est changé en un faire qui est instruit par le Concept : il est changé en contraire de soi-même[8]. La tendance

5. Dans le *System der Sittlichkeit,* Hegel marquait de même que si la jouissance comme satisfaction du besoin est pure et simple annihilation de l'objet, elle consacre et pérennise l'indifférence des opposés. Au contraire, un moyen terme les réunissant se dégage, si la différence se fait jour comme différence dans le contenu, un contenu qui est l'œuvre du Moi. La différence est alors posée par le Moi et sue comme la sienne. La néantisation de l'objet se fait ainsi par une autre intuition, donc par un autre objet.

6. *Cf.* G.W., Bd. 8, S. 204-205.

7. *Cf.* G.W., Bd. 8, S. 206-209.

8. *Ibid.*, S. 206-207.

qui va vers le dehors est ainsi devenue savoir. Elle est savoir de ceci : que l'étant se sursume à même soi-même. Elle est un *Zusehen.*

Le résultat du processus qui vient d'être décrit est à ce titre l'unité du vouloir et de l'intelligence; cette unité sera l'élément de l'Esprit effectif, quand elle aura donné lieu à la reconnaissance réciproque de la tendance et de son objet dans l'Amour.

La «pente douce» de l'interprétation consiste à reprendre ces textes dans la perspective d'une anthropologie ou d'une phénoménologie du travail, celui-ci étant entendu d'une part comme le principe d'une élévation de la Nature à l'universel, d'autre part comme la base d'une reconnaissance réciproque des consciences singulières. Ainsi Lukács incline-t-il ces analyses sur les textes de Marx et de Lénine consacrés au travail, et en général à la technique, et en même temps il prend pour allant de soi que chez Hegel l'élucidation du travail et la résolution du problème métaphysique de la finalité se font dans un seul et même mouvement. La praxis de l'homme est l'origine réelle de la pensée téléologique, au point que lorsqu'il arrive à Hegel de rompre ou de masquer leur continuité, il retombe dans «l'ancienne téléologie théologique».[9] Alors la voie est ouverte à une Philosophie de l'Histoire où la différence avec Schelling est en réalité assez peu signifiante, car Hegel finit par s'égarer «dans le brouillard idéaliste de l'"activité" du démiurge mystique». – Habermas de son côté étend une telle lecture au Chapitre *Téléologie* de la *Science de la Logique*: «Hegel, dans la *Logique,* développe le concept de travail sous le titre de *Téléologie*» ; «celle-ci n'est autre en effet que le résultat de la réalisation de fins subjectives»[10].

Qu'une telle lecture cependant soit problématique, Lukács pour sa part le reconnaît implicitement lorsqu'il note qu'elle n'est pas parfaitement cohérente avec l'ensemble des textes. Il n'est à cet égard que de rappeler le passage de la Préface à la *Phénoménologie de l'Esprit*[11], où Hegel dit que le faire finalisé est la Raison même, et se réfère aussitôt à Aristote, qui identifie quant à lui la Nature à ce faire finalisé: la fin est pour Aristote l'immédiat, le «en repos» en tant qu'il se meut lui-même; elle est donc pour lui sujet, même s'il n'a pu thématiser la subjectivité qu'il avait en vue. Hegel poursuit là un

9. *Cf.* G. Lukács, *Le jeune Hegel,* Gallimard, 1981, II, p. 111.
10. *Cf.* J. Habermas, *Théorie et Pratique*, Payot, 1975, I, p. 231.
11. *Cf.* G.W., Bd. 9, S. 20/11.

dessein spéculatif tout à fait explicite : le recours à Aristote marque la nécessité de renverser le discrédit dans lequel les Modernes tiennent la fin en général. – Il serait aisé de montrer que la *Phénoménologie de l'Esprit* en son entier est une vaste répétition du concept de fin. Ainsi, faisant le bilan de la dialectique de la figure *Vertu et cours du monde,* Hegel souligne que le moment où l'individualité est conscience de soi comme de ce qui rend effectif l'étant en soi, elle prend son propre mouvement pour la réalité de l'universel[12]. Elle n'est plus une fin opposée à la réalité immédiate. Même si l'avidité que met aussitôt la conscience de soi (par exemple comme conscience honnête) à réabsorber en soi les moments que la conscience pure et simple place dans l'extériorité est entachée d'abord d'un certain formalisme, on est ici au principe de la reconnaissance de la Chose même comme essence spirituelle, dont Hegel dira :

> [...] la Chose même dans sa pureté est ce qui se déterminait ci-dessus comme catégorie : l'Etre qui est Moi, le Moi qui est Etre, mais au titre du penser, lequel se distingue encore de la conscience de soi effective ; mais ici les moments de la conscience de soi effective, dans la mesure où nous les appelons son contenu : fin, faire, et effectivité, de même que dans la mesure où nous les appelons sa forme : être-pour-soi, et être-pour-l'autre, sont posés en unité avec la catégorie simple elle-même, et par là celle-ci est du même coup tout contenu[13].

L'enjeu de la phénoménologie de la relation téléologique comme action individuelle est ici parfaitement précisé : la conscience éprouve pour la première fois l'inanité de l'opposition dans laquelle elle se tenait face à une Nature « morte » : elle découvre que le réel est habité par l'universalité qui est la sienne, parce qu'elle est elle-même ce réel, ou, identiquement, parce que ce réel est la même universalité qu'elle revendique pour soi. Encore devra-t-elle bien entendu élever cette certitude à une vérité toujours plus haute, justement par ce qu'on appelait ci-dessus la « répétition » de la relation téléologique. La Logique, la Science du penser dans sa pureté[14] recueille la sursomption de l'opposition entre un étant pour soi, subjectif, et un second étant, objectif ; le Concept y est su comme l'Etre, et l'Etre comme le

12. *Ibid.*, S. 213.
13. *Cf.* G.W., Bd. 9, S. 228/11-17.
14. *Cf.* G.W., Bd. 21, S. 45/1.

Concept véritable. Ils sont sus comme indissociables, mais aussi comme différents, ce qui fait que leur unité est concrète, non pas morte, immobile, abstraite. C'est d'ailleurs pourquoi il y a deux parties de la Logique : objective et subjective. Mais l'élément sur lequel reposent ces deux parties est la même unité du Concept en soi-même.

Cette unité marque qu'est franchie la borne d'une Logique transcendantale, qui présuppose l'opposition de la forme et du contenu. Dès lors la Logique «objective» est «l'exposition génétique» du Concept [15] ou du Sujet, non plus comme conscience, mais comme le libre, l'autonome, qui va se déterminant en soi [16]. La substance, prise dans son mouvement entier, à travers la causalité et l'action réciproque, en est le présupposé le plus proche, et de son côté le Concept est la vérité de la substance, ou : la liberté est la vérité de la nécessité. S'il revient au même de dire que l'Etre se donne dans le Concept le savoir absolu de son unité avec le Concept, ou que le Concept accède, à travers son propre développement, à son auto-réalisation, c'est que la Logique objective a élevé la substance au sujet, tandis que la Logique subjective identifie le sujet à la substance, cela non pas en fermant une boucle, c'est-à-dire en reparcourant symétriquement la même ligne, mais par le procès de la différence, c'est-à-dire de la négativité qui, d'excluante, devient déterminante. La double négation se multipliant elle-même, on a, dans la Logique subjective, d'abord l'exposition de la Subjectivité comme moment privilégié et premier du Concept, puis celle de l'Objectivité, et enfin leur unité comme Idée.

La téléologie relevant de l'Objectivité, dont elle est le terme ultime, cette situation est l'élément de sa vérité. Ainsi Hegel dit de la fin qu'elle est le Concept, ou le rationnel lui-même dans son existence [17]. Or, l'existence n'est pas, pour l'Objectivité, toute la plénitude de son effectivité. Dans la fin, ou plutôt en tant que fin, le Concept ne fait encore qu'apparaître, et c'est ainsi à *l'Erscheinung,* au phénomène qu'appartient alors son visage.

Des étapes qui, en amont, permettent de comprendre ce statut du Concept comme fin, on retiendra trois d'entre elles : le fondement, la substance et la cause, et, à l'intérieur du Concept, on citera ses présupposés les plus proches : le Mécanisme et le Chimisme.

15. *Cf.* G.W., Bd. 12, S. 11/26.
16. *Cf.* G.W., Bd. 21, S. 49/17-18.
17. *Cf.* G.W., Bd. 12, S. 155/17 ; S. 157/5 ; S. 160/31.

Dans le fondement, la relation finale est anticipée, dès lors qu'on exige, à la suite de Leibniz, une raison *suffisante* des choses. Le « suffisant » faisant échapper le fondement, selon Leibniz, à la causalité au sens strict, c'est-à-dire au mode d'action mécanique, Leibniz voit bien que ce qui fait l'essentiel d'une existence, par opposition à l'extériorité et à la contingence de ses déterminations posées, cela réside dans le concept, alias dans la fin, car celle-ci est l'unité des déterminations de la chose. Mais le fondement est une catégorie trop petite pour que cette unité soit saisie dans sa concrétion : c'est une détermination simplement réflexive, une essentialité (*Wesenheit*) qui se détruit dans la survenue de la Chose dans l'existence.

La substance est identifiée par Spinoza à la cause de soi[18] car elle est, dit-il, ce dont l'essence enveloppe l'existence. Mais dans la mesure où la déterminité est pour Spinoza la négation nue, immédiate, et non la négation absolue, c'est-à-dire médiatisée et médiatisante, on ne comprend pas pourquoi la substance à la fois est ses accidents et cependant diffère d'eux. Spinoza ne peut accéder à ceci qu'elle *se* pose elle-même en eux, c'est-à-dire dans la particularité. Pour penser la substance, il ne faut pas craindre l'ombre de la contingence ; autrement dit, il faut accéder à la nécessité comme déterminée, et non pas seulement à la nécessité formelle. Car la nécessité absolue est l'Etre comme médiation de soi par soi-même[19]. Lorsque la substance se sait comme cette médiation, elle se détermine : elle est puissance, elle est cause[20], et l'accident posé, ce qu'elle a posé, est effet. Mais, que la cause soit identique à l'effet ou différente de lui, le rapport de causalité disparaît également : dans le premier cas, par la perte de tout contenu dans une identité entièrement vide, dans le second, par suite de l'extériorité des termes en présence (par exemple : l'ambition de César, et la décadence de la république romaine, ou : le climat de l'Ionie et les œuvres d'Homère). La réflexion d'entendement veut pallier cette disparition du rapport dans le non-rapport en transférant l'unité perdue dans le progrès à l'infini, lequel exprime bien plutôt l'impuissance de cette même réflexion.

La pensée quant à elle restaure l'unité comme unité déterminée. Elle dit que la causalité est ce qui *se présuppose soi-même,* ce qui *se*

18. *Cf.* G.W., Bd. 11, S. 376/29-31.
19. *Ibid.*, S. 394/4-5.
20. *Ibid.*, S. 396-397.

conditionne. La disparition de tout substrat permet de comprendre que l'être-posé de la cause est son propre retour en soi, le retour en elle de ce qu'elle avait placé hors d'elle comme «effet». Dans l'agir réciproque de la substance active et de la substance passive, c'est alors l'infini véritable qui vient au jour, comme repoussement absolu de soi (*Abstoßen von sich selbst*). Ou encore: l'immanence réciproque des opposés est leur infinitisation. Le Concept est cette infinité comme sue.

Dans le moment de la Subjectivité, le Concept s'est assurément réalisé, comme la Métaphysique en avait eu le pressentiment lorsqu'elle énonçait la preuve syllogistique, dite «ontologique», de l'existence de Dieu. Mais, ce faisant, elle pensait un passage du Concept au simple être-là, de sorte que cette réalisation s'inscrivait pour elle dans l'immédiateté[21]. On peut dire que la Métaphysique allait trop vite, trop impatiemment, faisant violence au Concept lui-même. Pour Hegel, la concrétion de la forme, qui résulte de la médiation syllogistique, se pose comme le propre remplissement du Concept, l'Objectivité étant alors la totalité conceptuelle elle-même, transposée, donc posée en unité avec soi. Le mécanisme quant à lui veut être cette totalité, mais comme il retombe au concept abstrait, il place celle-ci dans l'ensemble des «objets», et il est la pensée d'un univers, le renvoi indéfini d'un objet à tous les autres. – Le chimisme lui-même, pour relever de la partition originaire (*Ur-teil*) qui fait l'essence du jugement, ne parvient guère mieux à la saisie effective de la totalité, car entre les extrêmes autonomes qu'il cherche à réunir, il recourt à la mise en connexion (*Zuteilung*), c'est-à-dire à une unification partie par partie. Il y a là sans doute une certaine victoire remportée sur l'indifférence et l'extériorité, mais qui s'accomplit seulement dans la neutralité, c'est-à-dire dans le retour au zéro.

Que l'objectivité de la téléologie soit celle de *l'existence,* cela signifie dans ce contexte qu'il s'agit d'une immédiateté sans doute, mais d'un degré plus profond, spéculativement, que celle de l'Etre. Car cette immédiateté est venue au jour par la sursomption des médiations du fondement et de la condition, qui relèvent de l'Essence, et par celle des médiations du mécanisme et du chimisme, qui appartiennent

21. C'est là ce qui exposait la critique kantienne de cette preuve, dès lors qu'elle se plaçait sur son propre terrain, à assimiler l'existence de l'Absolu avec l'être-là de 100 thalers dans ma poche.

au Concept. En ces dernières, une présentation de la totalité s'est seulement amorcée. L'unité dite « négative » du Concept est l'unité réfléchie en soi de soi et de l'autre : c'est en ce sens que le Concept s'« est repoussé de soi »[22]. A l'encontre de Fichte, il faut dire que le Je = Je n'est pas soumis à un choc (*Anstoß*) qui serait le fondement simple de son identité et de sa différence. S'il est vrai que la substance accède en lui à sa présentation au titre de sujet, et cela par sa propre sursomption, alors « il tient la différence objective dans son unité absolue »[23]. Car il est universalité intérieure, laquelle ne « passe » pas dans le contenu extérieur et singulier, à travers un particulier interposé, mais cette universalité « s'ouvre » (*erschließen*) à la singuarité par la décision (*entschließen*) qu'elle est comme unité qui est en relation à soi[24]. Le recours au syllogisme qu'opéraient, de façon apparemment déroutante, les écrits de Iéna, accède ici à sa vérité. Le syllogisme en effet s'est démontré comme n'étant pas une forme d'emprunt simplement extérieure[25] : le Concept est bien plutôt syllogisme en lui-même. C'est dans l'articulation interne de ce dernier que s'accomplit la sursomption de la relation finale subjectivement comprise, par où s'éteint la finité d'une analyse phénoménologique ou transcendantale. Dès lors la « subjectivité » de la fin ne signifie pas son unilatéralité, comme singulière et immédiate, mais son universalité, laquelle se transmet par participation (*Mit-teilung*) à tous les termes du syllogisme, et d'abord au moyen, qui perd ainsi la particularisation qu'on lui décerne ordinairement au vu de sa fonction médiatrice. En réalité, le moyen est l'universel véritable, car il est réflexion en soi, subsumé dans la première prémisse, subsumant dans la seconde ; il est à la fois objectivité et activité. Il est la totalité du syllogisme, puisque, traversé par l'œuvre de la participation, c'est lui qui syllogise le sujet avec la fin elle-même.

De cette participation l'entendement essaie de s'emparer ; mais, faute de penser que l'activité de la fin, dans et à travers le moyen, retourne en soi (par *Abstoßen von sich selbst*), il en reste à l'opposition de deux termes extérieurs et indépendants : le sujet d'une part, l'objectivité immédiate de l'autre, et il établit entre eux un pont dans

22. On note 7 emplois de *abstoßen* (*von sich selbst*) dans le Chapitre *Téléologie*.
23. *Cf.* G.W., Bd. 12, S. 160/33.
24. *Ibid.*, S. 162/8.
25. Comme il en était dans la preuve « ontologique » de la Métaphysique.

l'intention de les relier; mais par là reparaît le progrès à l'infini, qui aménage entre les extrêmes des intermédiaires toujours nouveaux, selon un processus qui gouverne toutes les représentations de la finalité qui utilisent le langage de la violence, et en particulier celui de la « ruse »[26]. La relativité du moyen et de la fin qui désespère la représentation marque en fait la disparition du syllogisme formel, ou syllogisme de l'immédiateté. Ainsi l'on voit, dans le 3e syllogisme, l'activité subjective de la fin et l'objectivité extérieure qu'elle se présuppose être également retournées en soi dans la totalité qu'elles forment par leur commun être-posé. Chacun des termes de la médiation syllogistique est le tout de cette médiation : l'intériorité originaire du Concept est la présupposition d'un objet extérieur ; le moyen est médiation avec soi de la fin dans l'objet ; enfin la sursomption de l'objet par l'objet (sc. : de l'objet extérieur par l'objet-moyen, ou instrument) est sursomption du moyen. Le progrès à l'infini de la représentation se résout dans la circularité du processus véritable. Rien d'étonnant que tous les étants finis que véhicule la représentation courante de l'activité technique ne répondent à la fin visée en eux que par leur propre négation : leur caducité (*Vergänglichkeit*) est leur vérité. La syllogisation achevée de la relation téléologique fait apparaître celle-ci non plus comme une forme indifférente, mais comme la transposition ou la traduction (*Übersetzung*)[27] du Concept dans l'existence, et par là comme la sursomption de l'extériorité « morte ».

Telle est la liberté du Concept. En lui, le contenu et la forme, que l'entendement sépare, sont en communauté. La fonction, entre autres, du mot *Mit-teilung* est de faire saisir cette communauté. Dans la syllogisation de la relation finale, on assiste à l'auto-détermination du Concept, en ce que l'ouverture, ou la décision à l'autre, y est retour en soi. La fin accomplie ouvre ainsi au règne de l'Idée, qui est non plus celui de l'existence, mais de l'effectivité.

*
* *

Ce rapide survol permet de mesurer la continuité profonde de la pensée hégélienne de la finalité. L'aspect phénoménologique, ou

26. Ces langages ont certes leur valeur; mais ils ne sauraient faire droit à l'infinitisation véritable du fini. C'est pourquoi Hegel les mentionne, mais pour ainsi dire du bout des lèvres (*cf.* G. W., Bd. 12, S. 166/3 : *kann [...] angesehen werden* – plus loin il les retrace au conditionnel).

27. *Cf.* G.W., Bd. 12, S. 167/1, 2, 10...

même transcendantal, des textes de Iéna trouve sa vérité spéculative, rétrospectivement, dans la *Science de la Logique*, où la relation téléologique est traitée comme l'unification, ou plutôt comme la totalisation de la Subjectivité et de l'Objectivité, dont l'insistance mise dans les premières Philosophies de l'Esprit sur sa syllogisation est l'annonce et même l'ébauche. Il n'est pas vrai que les textes de Iéna se distinguent par un caractère « vivant » ou par une « souplesse » que le logicisme des écrits ultérieurs aurait effacés[28]. La maîtrise de la forme qui aboutit à la rédaction de la *Science de la Logique* de 1812 à 1816 est identiquement la conceptualisation accomplie du contenu qui s'exposait à travers les médiations imparfaites, et en cette mesure abstraites, de Iéna. Que ce soit le syllogisme, ou plutôt le syllogisme de syllogismes, associé au langage du cercle, qui exprime dans son infinité le mouvement commun de la forme et du contenu, cela signifie que le syllogisme est pour la pensée le moment privilégié de la médiation, comme le cercle est pour l'Analyse l'infinitisation de la droite. Le premier est la vérité du partage originaire (*Ur-teil*) du Concept selon l'opposition de l'universel et du singulier; le second est la vérité de l'extériorité entendue comme simple grandeur, dans le retour à la Qualité. De part et d'autre, c'est un retour qui s'accomplit, le retour au « chez soi » (*bei sich*) que la double négation accomplit dans la détermination.

S'il en est bien ainsi, la distance prise par rapport au criticisme dans la pensée de la finalité a un double enjeu : théorique et pratique.

L'enjeu théorique est le plus visible, puisque c'est au début du Chapitre *Téléologie* que Hegel procède à l'examen de la 3e antinomie des Idées transcendantales (causalité naturelle/liberté), où Hegel accuse la même opposition (finie) du fini et de l'infini que dans la Dialectique transcendantale en général. C'est d'ailleurs pourquoi cette critique n'a pas une signification seulement ponctuelle ; en particulier elle n'est pas dissociable de celle de la 4e antinomie, où s'exprime la distinction du réel et du nécessaire, distinction que Hegel a dialectisée sous le titre *Effectivité,* à la fin de la Logique objective.

Or c'est précisément cette opposition que Kant, dans la *Critique du Jugement,* reconnaît comme l'opposition majeure pour la pensée

28. Cette vue a eu en partie pour origine en France le travail de J. Wahl sur « le malheur de la conscience » ; on peut considérer par ailleurs qu'elle est sous-jacente à l'interprétation heideggerienne du hégélianisme.

critique de la finalité [29]. De là résultent, entre Kant et Hegel, des divergences fondamentales qu'on exposera ici sous trois chefs.

Le premier concerne le lieu de la pensée de la finalité : celui-ci est, chez Kant, le jugement. Jugement réfléchissant et non déterminant, certes, mais que sa forme de jugement destine à exposer le moment de la pensée où le sujet et son prédicat se trouvent séparés. On a voulu montrer ici que ce lieu est chez Hegel le syllogisme, là où « communiquent », l'un avec l'autre les extrêmes que l'entendement oppose, chacun étant appelé à se totaliser avec l'autre et avec leur « moyen ».

En deuxième lieu, on note que la fonction régulative, et non constitutive, de la pensée de la finalité chez Kant en fait une pensée hypothétique et hyperbolique. C'est pourquoi elle est une pensée analogique : le travail humain d'une part, le processus vital d'autre part sont des repères pour le discours téléologique. Mais ce ne sont que des repères, puisqu'aussi bien le processus vital n'a pas encore trouvé son Newton. Hegel quant à lui n'a pas déchiffré l'infinitisation du fini en regardant les hommes au travail ; c'est bien plutôt cette infinitisation qui est la condition du travail, étant liberté. Le défaut des lectures de Lukács ou d'Habermas, évoquées précédemment, consiste en fait à appliquer au texte hégélien des schémas hérités du kantisme et à ne penser la métaphysique en général que comme l'exposition d'une transcendance, même si cette exposition se fait simplement dans le discours en « comme si » de l'analogie.

Enfin, dès lors que la démarche de la pensée déterminante est, selon Kant, exclusivement de l'ordre de la subsomption, celle-ci, s'emportant toujours plus loin, ne saurait retourner à son point de départ. La réflexion n'opère alors de retour que dans l'absence de toute détermination. – Le propre de la dialectique spéculative, et non plus seulement antinomique, est au contraire de réunir la réflexion et la détermination, cette réunion s'accomplissant par le travail du négatif, par l'aller à l'abîme des déterminations immédiates, et tout ensemble par leur élévation à un niveau supérieur, c'est-à-dire par leur sursomption. La réflexion de l'Essence est en cette mesure le moyen au travers duquel l'Etre et le Concept s'identifient, non pas dans l'ailleurs d'un entendement intuitif, mais dans l'Idée de la Raison, que, selon Hegel, le système kantien « met à mort » [30]. De l'Idée, c'est-

29. *Cf.* Kant, *Kritik der Urteilskraft,* § 76.
30. *Cf.* G.W., Bd 4, S. 235.

à-dire du Concept dans son effectivité, relève la Vie, laquelle est enveloppée chez Kant dans une analogie qui, englobant l'art humain, joue de leur convenance réciproque. La chose qui, selon les termes kantiens est « cause et effet de soi-même »[31], à savoir l'individualité vivante, appartient pour Hegel à l'identité réalisée du Concept et de sa réalité, même si cette réalisation est encore frappée d'immédiateté.

L'enjeu pour la pensée pratique de la distance prise par Hegel à l'égard de Kant est au moins aussi important que celui qui concerne la pensée théorique. Kant pensait, par la téléologie, jeter un pont entre les deux fonctions de l'esprit : l'entendement objectivant d'une part, la Raison législatrice de l'autre. Mais cette entreprise est pour Hegel vouée à se perdre dans le mauvais infini du progrès indéfini, comme en témoigne selon lui l'inachèvement spéculatif de la théorie de l'imagination transcendantale, lequel trouve sa sanction dans l'Analytique du Sublime. – Chez Fichte se manifestent le plus nettement les conséquences d'une opposition décidément irrésolue entre la liberté et une Nature « morte », où se renouvelle la 3e antinomie[32]. A la dureté et à la fixité de cette opposition répond l'unité dialectique du Concept et de l'Etre, qui se répète dans l'unité de l'Idée théorique et de l'Idée pratique sur laquelle s'achève la *Science de la Logique*. Cette unité désigne la réalité comme étant celle d'un monde où l'homme non seulement construit des maisons, des montres ou des charrues, mais aussi réalise le Bien. Car le Bien est tout autant réalisé que devant être réalisé[33]. Dans la téléologie, l'existence du Concept annonce en son ordre l'Idée comme Vie, l'Idée comme Connaître (à la fois Idée du Vrai et Idée du Bien) et l'Idée absolue, comme Nature et Esprit. Le début de la Préface à la *Science de la Logique* de 1812 témoigne que par là Hegel est bien conscient de renouer avec les ambitions imprescriptibles de la Métaphysique, mais en échappant aux limites de la représentation. Celles-ci seront justement transgressées par la refonte spéculative de la relation du sujet à ses fins et à ses actes[34], qui signe la déchéance de l'opposition de l'être au devoir-être.

En 1812, Hegel est d'ailleurs tout près de rendre Kant responsable de la lecture « populaire », « exotérique » de sa pensée, qui aboutit à la dépréciation de toute métaphysique. Le texte de la Préface à la

31. Kant, *op. cit.*, § 64.
32. *Cf.* G.W., Bd. 4, S. 51/26 ; S. 53/27 ; S. 408-409.
33. Cf. *Enz.*, § 234, *Zusatz*.
34. Cf. *Enz.*, § 245.

Phénoménologie de l'Esprit déjà cité s'en trouve éclairé : en dévaluant la finalité externe, Kant prête les mains à la dévaluation de toute pensée téléologique. C'est pour résister à un tel dépérissement que Hegel prend alors l'exemple d'Aristote, pour qui « le résultat n'est cela même qui est le commencement que parce que le commencement est fin », à savoir l'Idée elle-même, le Concept identifié à son effectivité. Il ne s'agit nullement de restaurer pour autant la finalité « externe », ni *a fortiori* de récuser la distinction kantienne entre finalité interne et finalité externe[35]. Hegel prend acte de la relativité du monde de la Métaphysique, monde des déterminations d'entendement élevées indûment au rang de choses en soi ; mais, tandis que Kant se borne à dénoncer cette relativité, il entend quant à lui élever « positivement » la philosophie au-dessus des déterminations de la réflexion.

Parmi ces déterminations, il y a la cause. Lorsque Hegel reprend le mot et veut entendre en lui la Chose prise en son originaireté (*Ursache*), il ne le fait pas en aveugle. Il a été montré précédemment que cette reprise est critique, en ce que dans la Métaphysique la cause et son effet sont irréductiblement séparés tout en étant reconnus comme le même, mais sans que cette séparation et cette mêmeté parviennent à être pensées, c'est-à-dire à être pensées ensemble. Pour la pensée, la Chose, en tant qu'elle est originaire, est retournée sur soi, elle est « un moteur qui se meut soi-même, [...] causa sui » ; or c'est justement la fin qui doit être dite « *Ursache ihrer selbst* » [36], ce dont l'effet est immédiatement la cause. C'est en cela que la fin est la vérité de la cause, ce que ne voit pas la Métaphysique, qui les juxtapose dans le monde des étants, et cherche à juxtaposer leurs domaines de validité. Malgré sa profondeur un peu vertigineuse, la formule classique « causa sui » ne fait que fixer le sens de la causalité : celle-ci, bien loin d'y disparaître, y est au contraire soulignée et confirmée, comme par une obscure précession d'elle-même, dont Kant demande si elle est dans le temps ou hors du temps. Mais cette question même montre que Kant ne fait que reprendre telles quelles les catégories de la représentation, se bornant à leur assigner le champ de leur application légitime : « l'expérience possible ».

L'accès hégélien à la *causa sui* est au contraire la ruine du rapport causal *stricto sensu*, sa négation, advenue, non par une réflexion

35. *Cf.* G.W., Bd 12, S. 157.
36. *Cf.* G.W., Bd 12, S. 160/27.

extérieure, mais par son propre « aller au gouffre », en d'autres mots par la disparition de l'opposition du soi et de l'autre. Cette disparition accomplit en son ordre celle du rapport fondant/fondé. Dans ces différentes négations, il s'agit de l'infinitisation des contenus finis, par la mise en évidence de leur immanence réciproque, dans leur autoréflexion. La « Chose originaire », comme résultat des négations qui l'ont produite, est à ce titre le point de départ de ces négations ellesmêmes. S'il est vrai que toute détermination est négation, cela veut dire donc que la philosophie positivement prise est indissociable de la critique. Les contenus niés ne sont ni supprimés, ni restaurés tels quels, ce qui ôterait à la négation tout sérieux ; mais le résultat de leur réflexion est le retour au soi.

L'Idée, ou l'unité parménidienne de la Pensée et de l'Etre, est présente à des niveaux d'intégration plus ou moins concrets, auxquels la philosophie a la tâche de donner une expression. Que l'Etre ne soit pas univoque, cette leçon héritée d'Aristote signifie que la Chose est à chaque fois la position de ce dont elle résulte, comme retour à soi, médiation qui est à elle-même sa propre sursomption. Rien là qui s'apparente à l'« oubli de l'Etre » ; c'est bien plutôt la répétition de l'Etre, mais non la répétition morne du Même. C'est pourquoi Heidegger ne fait pas droit à la pensée hégélienne lorsqu'il jette sur elle sans précautions le filet des concepts de la Métaphysique. La Chose originelle (*ursprüngliche Sache*), primordiale, est pour lui causa prima ; c'est l'*ultima ratio*, le dernier compte à rendre[37], « et c'est là, dit-il, nommer le concept métaphysique de Dieu ». Si pour Hegel la pensée est l'unité de la Pensée et de l'Etre, penser cette unité, c'est penser la réalité de la pensée et penser l'Etre comme Pensée. La méditation hégélienne de la téléologie le confirme. Comme dernier moment de l'Objectivité, elle échappe à la représentation et à sa finitude ; elle pose la circularité du Réel dans l'infinité absolue de son retour à soi, et cette infinité, démontrée par la téléologie dans son existence, trouve sa preuve non dans une procédure extérieure, mais dans sa capacité interne à totaliser ses propres moments. Les schèmes symboliques, spéculatifs ou idéologiques (le cercle – le syllogisme – la causa sui) venus de la mathématique, de la logique ou de l'« onto-théologie », ne sont jamais repris tels quels par Hegel. Passant par le creuset de la dialectique spéculative, ils produisent un discours entièrement neuf,

37. *Cf.* M. Heidegger, *Identität und Differenz*, Pfüllingen, 1957, S. 51.

qui est peut-être bien, conformément au propos de Hegel, le discours même de la modernité. En tout cas, ni la métaphysique traditionnelle, ni la métaphysique en sursis de Kant ne sauraient en remplir le dessein.

CONCLUSION

LE HÉGÉLIANISME : UNE ONTO-THÉOLOGIE ? *

La question ainsi posée est celle de la validité de l'interprétation heideggerienne du système hégélien.

On rappelle pour mémoire que Heidegger utilise, pour caractériser le hégélianisme, et la métaphysique dans son ensemble, un vocable, celui d'« onto-théologie », que Kant a défini [1] comme étant celui d'une théologie rationnelle et « transcendantale » c'est-à-dire professant l'existence d'un être premier sans recourir à l'expérience. Elle relève du « déisme »; ses concepts sont ceux d'*ens originarium, ens realissimum, ens entium.*

Avant d'examiner les textes les plus importants où Heidegger opère cette imputation, je rappelle brièvement le contenu de la Conférence de 1927 [2], intitulée *Phénoménologie et théologie*, où il confronte la philosophie et la théologie.

Dans ce texte, on le voit éliminer d'abord les formulations « vulgaires » du rapport entre ces deux « sciences », pour chercher le « type idéal » de chacune d'elles. Cela suppose que soit fixée l'idée même de *science*. – Pour ce faire, Heidegger distingue les sciences « ontiques » de la science ontologique qu'est la philosophie. Les premières ont pour thème un étant *donné*, déjà dévoilé *avant* que la

* Texte légèrement remanié d'une conférence donnée en juin 1991 à l'E.N.S. de Fontenay.

1. Cf. *Critique de la Raison pure* : Dialectique transcendantale, Livre II, chap. 3, 7e section. Dans son article, « La relation du scepticisme avec la philosophie », Hegel évoque la critique grossière de l'onto-théologie à laquelle se livre G.E. Schulze, critique qui exprime la vue étriquée que Schulze se fait de la philosophie, qu'il identifie au dogmatisme (*cf.* p. 64, tr. fr. Vrin, 1972).

2. Cette Conférence a été publiée partiellement en français en Appendice au *Débat sur le kantisme et la philosophie* avec E. Cassirer (Beauchesne, 1972).

science ne s'en empare. Si donc la théologie est une science ontique, c'est parce qu'elle a un *positum*, en d'autres termes qu'elle est une science positive, en cela toute différente de la philosophie et plus proche de la chimie ou des mathématiques que de la philosophie. Quelle est donc la positivité de la théologie ? Quel est son positum ?

Première réponse récusée : ce positum serait le christianisme. Heidegger estime en effet que la théologie n'est pas précédée par le christianisme, mais que bien plutôt le christianisme porte en lui la théologie dans son histoire, et permet de la définir. Le positum de la théologie est ce qu'il appelle la *christianité* (*Christlichkeit*), c'est-à-dire un événement historique : l'existence, la passion, la résurrection du Christ, événement qui n'est su que dans la foi. C'est donc la foi qui constitue l'événement chrétien en tant que tel et qui fait de cet événement le principe d'une renaissance[3]. La théologie est en ce sens la science de ce qui est dévoilé dans la foi, la science du comportement croyant : elle jaillit de la foi, tout en contribuant pour sa part à la former. Elle est systématique, car elle porte sur l'existence chrétienne concrète, ou totale ; elle est aussi historique et pratique, ces trois caractères renvoyant l'un à l'autre.

Ainsi se trouve écartée la définition de la théologie comme « science de Dieu », ou « connaissance spéculative de Dieu ». Ecartée aussi la définition de la théologie comme une histoire ou une philosophie de la religion, ou encore comme une psychologie de la conscience religieuse. La théologie n'est fondée que par la foi.

De là résulte selon Heidegger l'indifférence radicale de la philosophie à l'égard de la théologie. Non seulement la philosophie doit pratiquer une épochè méthodologique à l'encontre de toute considération relative à la foi[4] ; mais elle est radicalement autre que la théologie. Celle-ci de son côté ne requiert la philosophie que comme la requièrent en général les sciences positives, à titre de « correctif » des concepts qu'elles utilisent[5]. L'indépendance réciproque de la philosophie et de la théologie fait que parler d'une « philosophie

3. En 1920-1921, Heidegger, dans un Cours intitulé *Einführung in die Phänomenologie der Religion*, suivi de *Augustinus und der Neo-Platonismus*, a commenté la 1ère Epître aux Thessaloniciens et la 2e Epître aux Corinthiens.

4. Cf. *Sein und Zeit*, § 44, p. 229-230.

5. Heidegger se livre (cf. p. 17 et *sqq.* texte cité) à une mise en relation des concepts de *péché* (concept théologique) et de *faute* (détermination ontologique existentiale originaire de l'être-là). – Il faut noter que la « correction » évoque l'autorité ecclésiale s'exerçant sur les Frères.

chrétienne » est aussi insensé que parler d'un « carré rond », ou d'une « théologie néo-kantienne » par exemple.

De ce texte, d'où n'est manifestement pas absente une intention polémique dirigée contre Jaspers, il faut retenir la séparation jamais démentie ultérieurement entre philosophie et théologie, annonçant la séparation entre *Etre* et *Dieu*. On peut trouver également ici des allusions sourdes à l'hégélianisme : dans le rejet notamment d'une philosophie de la religion.

Les trois textes de Heidegger qui vont être étudiés maintenant font partie d'une réflexion explicite sur l'hégélianisme : les deux premiers ont pour thème la *phénoménologie de l'Esprit*, le dernier la *Science de la Logique*.

Dans le Cours de 1930[6], Heidegger étudie le chapitre « Conscience » de la *Phénoménologie de l'Esprit*, et le passage de ce chapitre au suivant : « Conscience de soi ». Le texte consacré par Hegel à l'entendement (sous le titre *Force et entendement*) est donc pour lui particulièrement sensible, puisqu'il fait la transition en question. Au début et à la fin du commentaire de ce texte, Heidegger élucide le terme d'« onto-théologie »[7].

La conscience, c'est-à-dire la visée intentionnelle de l'autre est, pour Hegel, toujours déjà à son insu conscience de soi. Cette présupposition banale de l'idéalisme est, selon Heidegger, ce que Hegel fait voir dans le développement de la conscience en entendement. En effet, la conscience va « s'absolvant » de l'illusion qui est la sienne d'être affectée par un quelque chose qui lui serait étranger. L'absolu, dans son opposition au relatif, est porteur des significations que la théologie lui associe originairement : bonheur, réconciliation, rédemption (*Glück, das Versöhnende, Erlösende,...*). L'étant proprement dit (*das eigentliche Seiende*) est pour Hegel tel que le savoir qui s'avance vers lui est une ontologie au sens d'une onto-théo-logie. C'est à partir de cet étant au sens le plus large que se détermine le *Logos*.

Dire que la philosophie est une onto-théo-logie ne signifie pas seulement qu'elle est orientée vers la théologie (ce qu'elle est au demeurant, à preuve la parole de Hegel : « la philosophie n'a d'autre objet que Dieu »), mais cela renvoie essentiellement à une inter-

6. Cf. G.A., Bd. 32 – tr. fr. *La* Phénoménologie de l'Esprit *de Hegel* par M. Heidegger, Gallimard, 1984.

7. *Cf.* S. 141-145 et S. 182-184 ; tr. fr. p. 157-161 et p. 195-196..

prétation de la philosophie qui remonte à Aristote, selon laquelle la problématique de l'ὄν, problématique logique, est orientée sur le θεὸς, en ce sens que l'essence de Dieu comme Esprit s'identifie avec l'essence du Concept, car c'est Dieu qui prescrit (*vorzeichnet*) l'essence du Concept.

Selon Heidegger, la pensée de Hegel n'a pas varié sur ces présupposés au cours de son évolution. De plus, l'allusion à Aristote n'est pas vaine: Heidegger entend marquer que la métaphysique antique a informé la conception chrétienne de Dieu, et notamment la doctrine de la Trinité [8].

A partir de Descartes, s'ajoute à l'interprétation grecque de l'ὄν comme θεὸς sa détermination à partir de l'*ego*, de sorte que la question de l'être devient: onto-théo-ego-logique.

> L'expression prégnante de ces rapports envisagés dans leur configuration originaire et leur fondation close consiste en ceci que pour Hegel l'absolu – c'est-à-dire le vraiment étant, la vérité – est *l'esprit*. L'esprit est savoir, λόγος: l'esprit est Moi, ego; l'esprit est Dieu, θεὸς; et l'esprit est effectivité, l'étant comme tel, ὄν [9].

La base de la compréhension du hégélianisme est cette vue d'ensemble (*Zusammensehen*) sur le tout de la philosophie occidentale: une procédure que Heidegger ne démentira jamais.

Du texte de 1942 consacré à l'*Introduction* de la *Phénoménologie de l'Esprit* [10], on retient deux passages.

Le premier se trouve dans le commentaire à l'alinéa 15 [11]. Heidegger réfléchit une nouvelle fois (il l'avait fait de manière assez scolaire au début du Cours de 1930) à la place qu'il convient d'accorder à la *Phénoménologie de l'Esprit* à l'intérieur du système, en fonction de la conception hégélienne de la *Science*. Il évoque alors Aristote, qui a donné le nom de « philosophie première » à un savoir de l'étant dans son étantité (*das Seiende in seiner Seiendheit*). Ce programme s'assortit chez Aristote d'une considération de l'étant suprême (*das höchste Seiende*), du divin (τὸ θεῖον) lequel « selon une étrange ambiguïté » (*in einer seltsamen Zweideutigkeit*) est également

8. *Cf.* S. 143; tr. fr. p. 159.

9. *Cf.* G.A., Bd 32, S. 183; tr. fr. citée, p. 196.

10. Cf. *Holzwege* (V. Klostermann, 1963), S. 105-192; tr. fr. *Chemins qui ne mènent nulle part* (Gallimard, 1962), p. 101-172.

11. Cf. *op. cit.*, S. 179; tr. fr. p. 161.

appelé « être » (*Sein*) et non pas seulement « étant » (*Seiendes*) ; Heidegger conclut :

> die erste Philosophie ist als Ontologie zugleich die Theologie des Wahrhaft Seienden. Genauer wäre sie die Theiologie zu nennen. Die Wissenschaft des Seienden als solchen ist in sich onto-theologisch [12].

C'est ce qui explique que Hegel puisse faire de la « science de l'expérience de la conscience » la 1ère Partie de la Science, faisant signe vers l'onto-théologie ; mais la 2e Partie ne vient pas *après* la 1ère, pas plus que la théologie ne vient, à l'intérieur de la philosophie première, *après* l'ontologie. Les deux Parties sont bien plutôt le Même. Reste que depuis Platon et Aristote, jusqu'à Nietzsche, le déploiement de la métaphysique en onto-théologie est demeuré si caché (*verborgen*) qu'il ne fut jamais questionné, en particulier sur le point de savoir laquelle des deux parties (ontologie ou théologie) est la « toute première » (*allererste*) et la plus propre. Au lieu de cela, l'histoire présente comme une oscillation hasardeuse entre les deux.

Le deuxième passage appartient à la conclusion d'ensemble du Commentaire. Heidegger rassemble les gloses qu'il a proposées sur le « dialogue » que la conscience entretient avec elle-même, sur le « scepticisme » s'accomplissant, comme le dit Hegel, en expérience de la conscience, sur la conception de l'absolu dans le « savoir absolu » qui est le terme de cette expérience.

> La science de la phénoménologie de l'Esprit est la théologie de l'absolu quant à sa parousie dans le vendredi saint dialectique-spéculatif. Ici meurt l'absolu. Dieu est mort. Ceci veut tout dire sauf : il n'y a pas de Dieu. Quant à la *Science de la Logique*, elle est la science de l'absolu qui est présent auprès de soi originairement en son se-savoir en tant que concept absolu. Elle est la théologie de l'absoluité de l'absolu avant la Création. L'une et l'autre théologies sont de l'ontologie, ont trait au monde. Elles pensent la mondialité du monde dans la mesure où *monde* signifie ici : l'étant en entier, lequel étant a le trait fondamental de la subjectivité [...] Cependant la science du savoir absolu n'est pas la théologie mondiale du monde parce qu'elle séculariserait les théologies chrétiennes et ecclésiastiques, mais parce qu'elle fait partie de l'essence de l'ontologie. Celle-ci est plus ancienne que toute théologie chrétienne [...] La théologie de l'absolu est le savoir de l'étant en tant qu'étant, qui chez

12. *Ibid.*

> les penseurs grecs fait advenir à la lumière son essence onto-théologique et suit cette sienne essence, sans jamais la poursuivre jusqu'à la source [...] [13].

Ainsi s'affirme, et se généralise, l'usage du mot « onto-théologie » qui, des Grecs, s'étend à toute la métaphysique occidentale, la pensée philosophique s'étant pour ainsi dire engouffrée dans une structure préparée par le platonisme. Du texte qui vient d'être cité, on peut retenir trois aspects.

Le premier concerne la récurrence de la différence que Heidegger poursuit depuis le Cours de 1930, et qu'il reprendra dans le Cours sur Nietzsche [14] entre Phénoménologie et Logique chez Hegel, différence qui se résout pour lui en leur intégration réciproque. Ici, les deux sciences sont vues comme « théologies de l'absolu », l'une, la phénoménologie, étant la théologie de l'absolu dans sa parousie comme « vendredi saint dialectique-spéculatif », l'autre la théologie de l'Absolu d'avant la Création (Nouveau Testament/Ancien Testament).

Il convient de noter en deuxième lieu le vocabulaire théologique : parousie-vendredi saint... La « mort de Dieu » conjoint deux thèmes : le vendredi saint « dialectique-spéculatif », qui fait manifestement allusion aux dernières lignes du texte de Hegel : *Glauben und Wissen,* et le thème nietzschéen de la mort de Dieu comme dévaluation universelle. Le thème chrétien est accentué ici, puisque « Dieu est mort » ne veut pas dire : « il n'y a pas de Dieu ».

Enfin Heidegger laisse entendre qu'il ne lui suffit pas d'avoir fait remonter l'onto-théologie à Aristote : elle aurait une source plus lointaine. Elle est en tout cas constitutive de la métaphysique entière, de sorte que le resserrement du thème autour de Hegel se fait particulièrement prégnant, s'il est vrai que « la métaphysique [...] pour la première fois chez Hegel porte au langage dans le système son essence pensée absolument » [15].

13. Cf. *Holzwege*, S. 186-187 ; tr. fr. citée, p. 167-168.

14. Cf. *Nietzsche II* (Neske, 1961) : « *Hegels "Logik" gehört in die "Phänomenologie", weil in ihr das Sicherscheinen der unbedingten Subjektivität erst unbedingt wird, sofern auch noch die Bedingungen alles Erscheinens, die "Kategorien", in ihrem eigensten Sichvorstellen und Erschließen als "Logos" in die Sichtbarkeit der absoluten Idee gebracht werden* » (S. 299).

15. Cf. *Lettre sur l'humanisme* (Aubier, éd. bilingue, 1964), p. 90-91.

La constitution onto-théologique de la métaphysique est un écrit qui provient de la Conclusion d'un Séminaire consacré à la *Science de la Logique* en 1956-1957[16].

On y voit Heidegger situer le hégélianisme dans l'héritage du transcendantalisme. Hegel penserait le transcendantal « absolument », et Heidegger dénomme cet absolu hégélien, *der Gedanke*, formule qui équivaut pour lui à l'Idée absolue de la fin de la *Science de la Logique*. Comme l'Idée absolue est identifiée par Hegel à l'Etre, c'est-à-dire à ce qui pour Heridegger désigne l'Affaire, ou la Chose de la pensée occidentale en son entier, il est clair qu'en ce point terminal de la Science, c'est-à-dire de la philosophie, le se-penser absolument du penser est la vérité de l'Etre, lequel s'est présenté d'abord comme immédiateté indéterminée, puis comme réflexion absolue, ou Essence. Dans le progrès de son développement spéculatif, la pensée a donc pour commencement et pour résultat le Même, à savoir l'Etre, considéré d'abord dans sa vacuité, et, au terme, comme sa propre plénitude : « *Anfang und Ende der Bewegung bleibt überall das Sein [...]* ».

Il y a ainsi un parcours circulaire, par l'Etre, du tout de ce qui est, de sorte que l'Etre est *totalité* et *fond*.

Soit d'abord le sens totalisateur de l'Etre. Si Hegel appelle *Logique* ce qui est en vérité un traité de l'Etre, c'est-à-dire un traité de Métaphysique, c'est que *Logos* a pour sens originaire le rassemblement de ce qui est là ; il a déchu de ce sens en *Parole*, jusqu'à devenir *Ratio* dans la transposition latine. Heidegger reprend ainsi une glose qui était explicitement développée dans *Introduction à la Métaphysique*[17] : quand le Nouveau Testament identifie *Logos* au Christ, la trahison de la pensée matutinale, celle d'Héraclite notamment, est consommée. L'appellation de *Logique* pour un livre de Métaphysique relève donc de cette déclive du sens qui est initiée par les premiers Pères de l'Eglise. Mais il faut croire que le sens originaire de *Logos* comme recueil, récollection, demeure à l'horizon de cette pensée déclinante puisque l'Etre peut valoir comme le tout de ce qui se recueille en lui.

La valeur fondatrice de l'Etre doit également être comprise à partir de la dérive sémantique de *Logos*. Comme raison, raison d'être,

16. *Cf.* M. Heidegger, *Identität und Differenz*, Neske, 1957 ; tr. fr. *Questions I* (Gallimard, 1968), p. 257-308.

17. Cf. *Introduction à la Métaphysique* (Presses Universitaires de France, 1958), p. 147.

il est en effet l'un des traits, sinon le trait décisif, de la métaphysique occidentale, jusqu'à son absorption dans la techno-science. Mais le sens de *Logos* comme *Grund* bifurque : Heidegger distingue entre *der ergründende* ou simplement *gründende Grund*, et *der begründende Grund*[18]. Dans le premier cas, on a l'Etre fondant l'étant ; dans le second, un étant, dit « suprême », fonde ou est censé fonder l'étant en totalité. Etre et étant se trouvent ainsi en un rapport de reflet, ou d'apparition alternée. Ils s'entrecroisent (*umeinanderkreisen*). Lorsque l'étant suprême fonde l'étant en totalité, il reçoit alors le nom de Dieu, et la philosophie est une onto-théologie, ce que confirme l'analyse lexicale.

Le suffixe *-logie*, commun aux savoirs les plus variés, indique qu'il s'agit là d'une science au sens dégradé du mot (comme sont sciences la bio-logie, la cosmo-logie, l'archéo-logie...). « *Die -Logia ist jeweils das Ganze eines Begründungszusammenhanges, worin die Gegenstände der Wissenschaften im Hinblick auf ihren Grund vorgestellt, d. h. begriffen werden* » [19]. En vertu de l'identification de *Logos* et de *Sein*, cette science est une ontologie. Le déploiement de l'Etre hégélien a bien cette fonction totalisatrice qui lui permet d'accomplir toutes les tâches des différents savoirs. Cette onto-logie est enfin une onto-*théo*-logie, car l'Etre reçoit comme *Logos* le titre de Dieu dans la tradition scripturaire néo-testamentaire, où le Créateur est, comme Auteur du Monde, Celui qui laisse le Monde s'épandre (*vorliegen*) devant soi.

On trouve dans cette détermination de l'onto-théologie une confirmation *a contrario* des principes que défendait la Conférence *Théologie et Philosophie*. La séparation de la théologie et de la philosophie, réclamée en 1927, est, dans l'onto-théologie, leur confusion. La séparation entre *Etre* et *Dieu* y est leur assimilation, laquelle tend vers leur équivalence (*Gleichgültigkeit* : indifférence). Le fond de ces dérives est l'« oubli » de la différence ontologique, celle de l'Etre et de l'étant. Cet oubli, où s'alimente la métaphysique entière, se fait ici au profit, si l'on peut dire, de l'étant dit « suprême », censé contenir et fonder la totalité des étants.

18. Cf. *op. cit.*, S. 48-49 ; tr. fr. p. 292 – S. 52 ; tr. fr.. p. 295. Le traducteur français de *Der Satz vom Grund* (Neske, 1957) donne *sonder* et *approfondir* pour *ergründen* et *fonder* pour *begründen* (cf. *Le principe de Raison*, Gallimard, 1962, p. 58). Ces distinctions ne nous paraissent pas éclairantes.

19. Cf. *op. cit.*, S. 50 ; tr. fr. p. 293.

*
* *

Quelle est la pertinence de cette lecture du hégélianisme ?

Avant d'interroger les textes de la *Science de la Logique* auxquels Heidegger se réfère explicitement dans *La constitution onto-théologique de la métaphysique*, on va, en manière d'ouverture, en évoquer un plus ancien, dont il est permis de penser qu'en raison au moins de son intérêt pour les écrits de Iéna, il l'avait aussi présent à l'esprit. – Il s'agit d'un texte datant de janvier 1802, tiré de l'article : « Comment le sens commun comprend la philosophie ». Hegel écrit :

> Ce qui plus généralement en ce moment intéresse avant tout la philosophie [...] [est] de redonner enfin à Dieu absolument la première place au sommet de la philosophie, comme le seul fondement de tout, comme l'unique principium essendi et cognoscendi [...] [20].

Ne doit-on pas voir là une anticipation de l'interprétation heideggerienne ?

En réalité, l'examen du contexte historique interdit de verser purement et simplement ces lignes au compte de la prétendue onto-théologie hégélienne.

L'article en question a en effet une intention polémique avérée : contre Krug, qui mettait au défi le philosophe idéaliste (Fichte était plus particulièrement visé) de déduire les choses de la quotidienneté immédiate, ainsi son porte-plume, Hegel répond d'abord qu'un tel exercice serait dépourvu d'intérêt. Cette fin de non-recevoir lui est inspirée par le fait que la philosophie contemporaine, et notamment la « philosophie populaire » issue de l'Aufklärung, est une philosophie du fini, qui ne cesse de rabaisser l'infini, Dieu, l'Absolu, au rang des choses finies, qui sont ce dont elle traite exclusivement. Contre un tel renoncement à sa tâche historique, Hegel veut rendre à la philosophie la dignité qu'elle a perdue ; il pense alors que le fichtéanisme peut contribuer à cette renaissance. Evoquant celle-ci, Hegel réutilise le vocabulaire qui était celui de la philosophie quand elle était reconnue comme Savoir de l'Absolu (*cf.* « Principium essendi et cognoscendi »).

20. *Cf.* Hegel, G.W., Bd. 4, S. 179 : « [das Interesse der Philosophie... ist] einmal wieder Gott absolut vornehm an die Spitze der Philosophie als den alleinigen Grund von allem, als das einzige principium essendi et cognoscendi zu stellen. » Tr. fr., Actes Sud, 1989, p. 49.

Pour autant, Hegel ne songe pas, même dans les premières années de Iéna, qu'il suffirait de revenir en-deçà du kantisme pour exorciser les faiblesses de la philosophie contemporaine, qui tiennent bien plutôt, comme le montreront la Préface et l'*Introduction* à la *Phénoménologie de l'Esprit*, à une mauvaise interprétation du kantisme. En d'autres termes, il ne veut pas faire revivre l'onto-théologie de Leibniz ou de Wolff. A cette époque, la pensée proprement hégélienne de l'Absolu est en gestation ; elle va se constituant, notamment par sa confrontation permanente avec celle de Schelling. On peut dire que Iéna sera le théâtre de cette conquête, par Hegel, de son originalité à la fois à l'égard du passé (la philosophie pré-kantienne et la philosophie kantienne), et du présent (les philosophies de Fichte et de Schelling).

L'un des indices de cette conquête sera l'abandon de la thèse de l'ésotérisme de la philosophie, et l'abandon corrélatif du ton « grand seigneur », comme disait Kant, qui est encore celui de l'article sur le sens commun. Hegel professera que la philosophie, sous peine de se dénier elle-même, ne saurait être une doctrine secrète réservée à un petit nombre de clercs. Si le monde de la raison est celui même du réel, alors devient superflue et proprement déplacée la première riposte à Krug : que la philosophie n'a pas à se soucier de son porte-plume. Car ce refus brutal se change en la nécessité de penser le contingent [21].

Tout se passe comme si Heidegger au contraire bloquait cette évolution, pour retenir seulement l'affirmation que la philosophie est pour le bon sens « le monde à l'envers » [22], ce qui ôte toute signification au développement consacré au « monde renversé » dans le chapitre *Force et Entendement* de la *Phénoménologie de l'Esprit*. Or ce développement est destiné par Hegel à ruiner le partage des mondes (sensible/supra-sensible) qui fait le présupposé de toute onto-théologie au sens propre du mot [23].

Les textes de la *Science de la Logique* qui servent à Heidegger pour étayer son imputation d'« onto-théologie » au hégélianisme vont être pris d'abord dans leur littéralité ; on tentera ensuite de s'élever à leur signification effective, afin de préserver autant que possible la dynamique de l'interprétation.

21. *Cf.* le Commentaire par J.M. Lardic de l'article cité (Actes Sud, 1989).
22. *Cf.* M. Heidegger, *Was ist Metaphysik*? (V. Klostermann, 1949, S. 22 ; tr. fr., Gallimard, 1968, p. 47) – texte de 1929.
23. Cf. D. Souche-Dagues, *Hégélianisme et dualisme*, Vrin, 1990, p. 13-20.

Soit d'abord la position de l'Etre comme totalité et comme fond que Heidegger prête à Hegel. En fait, c'est la seconde qui est ici dirimante, car si l'Etre est le fond de l'étant, il est du même coup ce qui contient l'étant en son entier.

Un texte de Hegel semble bien autoriser cette assimilation, texte qui recourbe l'un sur l'autre *Sein* et *Grund*: « *das Vorwärtsgehen (ist) ein* Rückgang *in den* Grund, *zu dem* Ursprünglichen *und* Wahrhaften, *von dem womit der Anfang gemacht wurde, abhängt und in der Tat hervorgebracht wird* »[24]. En mettant en œuvre la bifurcation du *fonder*, Heidegger veut imposer une acception de l'Etre doublement fondative : elle le serait *logiquement* et *théologiquement*. Il écrit : « *die Metaphysik denkt das Sein des Seienden sowohl in der ergründenden Einheit des Allgemeinen, d. h. des überall Gleich-Gultigen, als auch in der begründenden Einheit der Allheit, d. h. des Höchsten über allem* »[25]. Selon la conception qui fait de l'Etre « le plus universel », la formule « Etre de l'étant » est celle d'une génitif objectif; selon la seconde, l'étant est l'étant « de l'Etre », et alors on a affaire à un génitif subjectif[26]. Le glissement des deux acceptions du génitif l'une par rapport à l'autre, et l'ambiguïté concertée qui en résulte seraient au service de l'équi-valence, chez Hegel, entre Etre et Dieu.

Pour faire voir cette équivalence, Heidegger cite une incise, proprement une parenthèse, qui se trouve dans le chapitre introductif de la *Science de la Logique*, précédemment cité, consacré au *Commencement de la Science*. Hegel se justifie de commencer la Science par l'Etre, et non par l'Absolu, l'Eternel, ou par Dieu, et il écrit : « et Dieu aurait le droit le plus incontestable à ce que l'on commençât par lui »[27]. Même si on efface l'ironie manifeste de la formule (Dieu placé dans la posture d'un plaideur qui fait valoir ses droits), ce texte, à l'inverse de ce qu'y lit Heidegger, récuse toute équivalence entre *Etre* et *Dieu*. Si en effet *Dieu* n'a pas été choisi pour commencement de la Science, c'est parce qu'il y a dans l'intuition ou dans la pensée de Dieu *plus* que dans le pur Etre, et que le commencement du Savoir requiert justement un simple : seul l'immédiat est ce simple pur : tel est l'Etre.

24. *Cf.* G.W.F. Hegel, G.W., Bd. 21, S. 57.

25. *Cf.* M. Heidegger, *Identität und Differenz, op. cit.* (noté dans ce qui suit *IuD.*) S. 49 ; tr. fr. p. 292.

26. Cf. *IuD.*, S. 53 ; tr. fr. cit., p. 296.

27. *Cf.* G.W.F. Hegel, G.W., Bd. 21, S. 64.

D'autre part, en distinguant chez Hegel un Dieu abstrait (comme est prétendument abstraite toute universalité conceptuelle) et un Dieu Créateur du Monde, Heidegger suggère qu'en désignant le premier (ce qu'il ferait dans les premières pages de la *Logique*), Hegel en réalité penserait l'autre. Le plus abstrait, s'articulant à la relation causale, serait alors pris comme l'origine de tout ce qui est, la différence de l'Etre à l'étant demeurant dans l'oubli, même si c'est en fait le chiasme de la co-appartenance des deux termes qui se transpose dans la détermination unilatérale de « création ». Le pensant deux fois : dans sa vacuité et dans son abstraction de pur commencement, et dans sa plénitude achevée comme Idée, Hegel ne parviendrait jamais à penser l'Etre, empêtré dans la double abstraction du logique (c'est-à-dire, pour Heidegger, du formel) et du théologique, non moins abstrait.

En réalité, ni du côté de l'Etre, ni du côté du fond, l'assimilation de l'Etre et de Dieu n'est présente chez Hegel.

Du côté de l'Etre, l'abstraction du pur commencement étant son indéterminité, cela interdit qu'on confonde l'Etre du début de la *Science de la Logique* avec l'universel. Car celui-ci, comme genre, n'est pas, selon Hegel, séparé de ses espèces, ainsi qu'il le montre dans la parabole des fruits évoquée par Heidegger [28] qui veut y lire, pour sa part, l'invisibilité de la présentation de l'Etre. – De plus, cette concrétion de l'universel hégélien interdit de penser le mouvement de la *Science de la Logique* comme une vaste subsomption, ce que fait Heidegger [29].

Du côté du fond, l'assimilation par Heidegger du fond et de l'Etre est également fautive, car pour Hegel le fond étant une détermination réflexive, la relation de fond à fondé se médiatise avec soi à travers sa propre négation : de fond formel, le fond devient réel et fond complet. Il s'ouvre alors à l'immédiateté non de l'Etre, mais de l'Existence. Il y a là une situation qui ne se recouvre ni avec la fondation comprise abstraitement, ni avec celle comprise sur le modèle créationniste. Dans

28. *Cf.* M. Heidegger, *IuD.*, *op. cit.*, S. 58 ; tr. fr. cit., p. 301 : Heidegger évoque la Rem. au § 13 de l'*Encyclopédie* (édition de 1830) : *cf.* p. 180 tr. fr. Vrin, 1970.

29. *Cf.* M. Heidegger, *Holzwege*, *op. cit.*, S. 325 ; tr. fr. cit., p. 287 : « Ce n'est pas Parménide qui a interprété logiquement l'Etre ; c'est au contraire la logique, née de la Métaphysique et la dominant en même temps, qui a conduit à ce que la richesse essentielle de l'Etre, en réserve dans les mots fondamentaux de l'aurore, demeurât enfouie. Ainsi seulement, l'Etre a pu accéder au rang fatal de concept le plus vide et le plus général. »

la doctrine de l'Essence, à laquelle appartient la « réflexion », l'ontologie hégélienne reçoit l'empreinte d'une herméneutique, en tant que la Logique veut répondre à la question de savoir comment la pensée peut atteindre par son corps verbal à l'unité de l'Etre (1er Livre) et du Penser (3e Livre). Cette destination de la Théorie de l'Essence en fait un texte si inouï dans la tradition métaphysique que son renvoi exclusif à l'ontologie ne permet pas d'appréhender sa nouveauté. – Aussi bien lorsque Hegel, dans le texte évoqué précédemment[30] concernant la circularité du mouvement de la détermination, parle d'un progrès vers l'avant qui est retour au fondement, il ne fait pas de l'Etre un « toujours déjà présent », comme le prétend Heidegger. Par le retour de la Science dans son fond, ce qui s'exprime est bien plutôt ce caractère du vrai qui est son auto-médiation, de sorte que l'Etre n'est vrai que dans la mesure où, de son immédiateté initiale, il s'est déployé jusqu'à son propre résultat. Par là ce dernier peut être dit le fonder, mais il s'agit d'un fondement non substantiel, non « étant ».

C'est au contraire un substantialisme pré-critique que Heidegger impute à Hegel lorsqu'il suggère que, comme dans toute la Métaphysique, la Création divine lui sert de fondement pour l'être et l'essence des choses. Le propos de Hegel est en réalité de réconcilier la détermination et la réflexion, que Kant a séparées. Il le fait dans le devenir-sujet de la substance, que l'insistance mise par Heidegger sur la Parousie renverse en l'immobilité de la simple présence.

Que Hegel ait cependant pensé la *Science de la Logique* à l'aide et pour ainsi dire dans le sillage de l'ontologie, et même de l'onto-théologie, il y a là une sorte de truisme. Ainsi, dans la première *Préface*, il déplore que ses contemporains aient jeté par-dessus bord la métaphysique et ses investigations traditionnelles, notamment les preuves de l'existence de Dieu[31]. Un peuple cultivé dépourvu de Métaphysique présente à ses yeux un aspect quasi monstrueux, « comme il en irait d'un temple dépourvu de sanctuaire ». La théologie, quant à elle, qui était « la gardienne des mystères spéculatifs » a laissé place aux débordements aveugles du sentiment. Il appartient aux deux premières Parties de la Logique (l'Etre et l'Essence) de prendre la place devenue vacante de l'ontologie, et de traiter des substrats

30. Cf. *Supra*, p. 205, note 24.

31. *Cf.* G.W.F. Hegel, G.W., Bd 11, S. 5-6 ; tr. fr. *Science de la Logique* (Aubier-Montaigne, 1972), p. 2-3.

particuliers dont traitait la Métaphysique : l'Ame, le Monde, Dieu. Regrettant que le contexte historique dans lequel il écrit ne soit plus capable d'accueillir le discours de l'Absolu, Hegel soutient que la révolution critique a consisté à transposer la Métaphysique, non à la supprimer.

Certes, la 3e Partie de la *Science de la Logique* sursume la Logique « objective », l'héritière reconnue de l'ontologie. C'est qu'en elle les apories de la Métaphysique sont pensées, c'est-à-dire pensées dans leur unité qui est leur vérité. Moyennant leur négation *déterminée*, telle qu'elle est accomplie notamment dans la Théorie de l'Essence, Hegel peut substituer à la pensée de l'Absolu comme substance celle de l'Absolu comme sujet, et exorciser la chose en soi. C'est bien pourquoi cette 3e Partie ouvre à une répétition de la critique du spinozisme, philosophie exemplaire de la substance, emblème de l'onto-théologie[32]. Mais comme le Sujet (alias le Concept) tient en lui, comme le fond d'où il résulte, la substance elle-même, le spinozisme n'est pas tant détruit que conservé, ou plutôt il est détruit/conservé.

Enfin, pour en terminer avec un examen encore extérieur des textes hégéliens, il est clair que l'imputation d'« onto-théologie » s'autorise nommément d'un passage célèbre de l'*Introduction* à la *Science de la Logique*[33] selon lequel le contenu de la Logique « serait la présentation de Dieu, tel qu'il est dans son essence éternelle, avant la création d'une Nature et d'un esprit fini ».

Or ce texte marque en réalité que, l'Idée absolue s'extériorisant en Nature et revenant à soi comme Esprit, c'est la dimension encyclopédique qui porte dans toute sa concrétion la vérité de l'Etre. Autrement dit, la Logique ne présente que Dieu « en soi », le Dieu abstrait, celui de la théologie rationnelle, dont Hegel considère que la Religion révélée l'a proprement mis à mort[34], et non pas Dieu « en et pour soi ». Même si cette distinction (Dieu en soi/Dieu en et pour soi) n'a pas d'autre sens que de nous inviter à comprendre l'unité de ce qu'elle distingue, elle est ici commode en ce qu'elle permet de poser la nécessité d'outrepasser la lecture extérieure, et de tenter une saisie véritable de « l'onto-théologie » hégélienne.

*
* *

32. *Cf.* G.W.F. Hegel, G.W., Bd. 12, S. 14 et Bd. 11, S. 376.
33. *Cf.* G.W.F. Hegel, G.W., Bd. 11, S. 21 et Bd. 21, S. 34.
34. *Cf.* G.W.F. Hegel, G.W., Bd. 9, S. 418-419.

En introduction à cette entreprise, j'évoque le texte de *Foi et Savoir* de 1802, où Hegel prend parti dans le débat entre Raison et Révélation, débat que le siècle des Lumières a réactivé et dramatisé.

L'Aufklärung en effet n'a pas condamné la seule religion « positive » que Hegel a fustigée dans ses écrits de jeunesse, mais ses critiques tendent à condamner toute prétention à un savoir de l'Absolu, et par là à détruire la Raison elle-même. L'infini, posé face au fini, se trouve finitisé. La conscience est la foi ardente mais impuissante, en un infini qui se dérobe. « Etre pur et pensée pure sont de la même manière la finitude érigée en absolu ». Hegel assigne alors à la philosophie, maintenant qu'est parcouru le cycle de la métaphysique de la subjectivité (Kant – Jacobi – Fichte) la tâche de ressaisir l'infini en sa vérité, c'est-à-dire tout à la fois de reconnaître la perte d'un Dieu qui serait immédiatement offert, et de penser la mort de ce Dieu naturel par la transmutation du vendredi saint historique en vendredi saint spéculatif, selon la formule célèbre évoquée par Heidegger. Car si la religion est le cri de la douleur pour le Dieu perdu, la pensée prend cette douleur sur elle. Ainsi, elle en fait un moment de sa démarche, et rétablit dans sa vérité la dureté de la mort de Dieu. Le savoir, en d'autres termes, transfigure la douleur en liberté, accomplissant ainsi le sacrifice absolu, celui de Dieu même, en résurrection. Il faut dire non seulement que la spéculation prend le relais du sentiment chrétien, mais surtout que la parole chrétienne ne peut être recueillie en sa totalité que par la pensée. Car l'affirmation d'un Dieu ressuscité échappe à l'immédiateté de la foi et du sentiment. Si la foi peut dépasser la douleur et la mort, traverser la mort jusqu'à la vie, c'est qu'elle est déjà savoir. La foi enseigne que l'Absolu est historial, pour reprendre une lexie heideggerienne, c'est-à-dire qu'il se développe en lui-même par une auto-réflexion qui est sa propre infinité. La foi peut bien apparaître « absurde » au regard d'une raison elle-même infirme, d'un entendement figé. Elle n'en témoigne pas moins d'une vérité qui exige pour se dévoiler complètement que soient élucidées la sémantique et la syntaxe adéquates.

La *Préface* à la *Phénoménologie de l'Esprit* retrace cette invention[35].

35. Dans ce qui suit, les références se feront aux alinéas du texte, préalablement numérotés.

Ce texte si souvent commenté établit (al. 5) l'équation vérité = système scientifique de la vérité. La tâche du temps présent consiste justement pour Hegel à rapprocher la philosophie de la forme de la « Science », c'est-à-dire du système du vrai. Si donc la vérité n'existe qu'à même le Concept (al. 6), il faut récuser le propos de ceux qui dénomment cette existence tantôt « intuition », tantôt « savoir immédiat de l'Absolu », « religion », « Etre »... Enumération assez énigmatique puisqu'elle mélange ce que nous appellerions des termes relevant du subjectif et des termes relevant de l'objectif (intuition, savoir d'un côté, Etre de l'autre). Mais plus énigmatique encore est la parenthèse que Hegel ajoute à « l'Etre » : « non pas (l'être) au centre de l'amour divin, mais l'être de celui-ci même »[36]. Une distinction est ainsi énoncée entre l'être qui est au centre de l'amour divin, et l'être *de* ce centre. Refusant le second, Hegel laisse l'autre à lui-même, et donc le reconnaît. Il s'agit alors de l'Etre que décrit l'amour divin, celui-ci ayant la figure d'un cercle, et non de l'être du centre séparé de ce qu'il engendre.

Cette métaphore de la circularité appartient à un horizon théologique qui est celui de l'interprétation du *nom* de Dieu. Le « Je suis celui qui suis », la réponse donnée à Moïse en *Exode* III, 14, le texte fondateur de toute la tradition judéo-chrétienne, est interprété avec une grande prédilection par la mystique rhénane, notamment par Maître Eckhart.

Celui-ci y voit une proposition où sujet et prédicat sont identifiés, à la différence de ce qui caractérise les propositions du discours fini, où le prédicat, séparé du sujet, est ce qui le détermine. Ici le prédicat est l'ex-plication du sujet en ce qu'il fait voir l'identité de l'être et de l'essence en Dieu (*esse et essentia, Sein und Wesen*). Mais cette identité n'est pas vaine, c'est-à-dire tautologique : sujet et prédicat sont ici liés réflexivement l'un à l'autre, ou plutôt sont liés par là que le prédicat est l'auto-réflexion du sujet. Le prédicat est devenu l'auto-énonciation du sujet. Rien de fixe ici, comme serait un centre distingué du mouvement qui, à partir de lui, engendre un cercle. Ce mouvement est illustré aussi bien par les métaphores de la lumière que par celles de l'amour. La Trinité présente l'identité divine dans la différence des Personnes, de telle sorte que leur unité est dynamique, « efferves-

36. Cf. G.W.F. Hegel, G.W., Bd. 9, S. 12 : « das Sein – nicht im Zentrum der göttlichen Liebe, sondern das Sein desselben selbst – [...] ».

cente » (*bullitio – Aufwallen* sont les termes employés par Maître Eckhart). L'« engendrement de soi par soi » (*Gebären seiner selbst*) fait que le premier *Je suis* se répète sans qu'il y ait là une réduplication au sens quantitatif. Bien plutôt : le Père s'exprime soi-même dans et comme le Verbe, accomplissement de l'amour divin qui, comme amour de soi, est Esprit saint. Par l'amour, les deux termes ne demeurent pas dans leur fixité, mais ils sont reconduits circulairement au principe de leur distinction comme à leur résultat[37].

De telles exégèses, celles des Rhénans, et aussi celles de Luther, étaient bien évidemment présentes à la pensée de Hegel. Elles sont destinées à marquer, comme le note K. Barth, que le Nom de Dieu échappe aux règles de la nomination des choses créées. Dès lors qu'un Dieu vivant, celui de la Révélation, prend la place du Dieu abstrait de la théologie rationnelle, « la christianisation du Nom divin enraye le processus d'ontologisation », processus qui a été amorcé par la traduction des Septante. En retour, le Dieu trinitaire ne peut être exprimé à travers la Logique ordinaire[38], car le Logos de l'Absolu n'est pas séparé de l'Absolu lui-même : l'Esprit *se* dit. L'identification néo-testamentaire (dans l'Evangile de Jean) de Dieu et de Logos met fin à la séparation de la Vie et du discours, en faisant de Logos la Vie même de l'Absolu[39].

Hegel se consacre, comme le montre la suite de la *Préface*, à traduire spéculativement ce Logos absolu. La mise à jour progressive d'une prédication réflexive s'accomplit au long du texte dans l'horizon de la Science divine.

C'est ainsi qu'après avoir solennellement posé (al. 17) l'exigence de saisir et d'exprimer le Vrai non pas seulement comme substance, mais tout autant comme sujet, Hegel éclaircit en ces termes (al. 18) la signification de ce programme :

> [C'est] la réflexion en soi-même dans l'être-autre qui est le vrai, et non une unité originaire comme telle, ou une unité immédiate comme telle [...] Le vrai est le devenir de soi-même, le cercle qui présuppose sa fin comme son but.

37. *Cf.* W. Beierwaltes, *Platonismus und Idealismus* (Frankfurt, 1972), SS. 39-67.

38. Ainsi, pour saint Augustin, on ne peut dire : « Dieu est bon », puisqu'il est la bonté même, en vertu de l'identité en lui de l'être et de l'essence.

39. *Cf.* L. Couloubaritsis, « Transfigurations du Logos », *Annales de l'Institut de Philosophie de l'Université libre de Bruxelles*, 1984, p. 9-44.

Ces affirmations sont immédiatement traduites dans la vie et la connaissance de Dieu (au sens d'un génitif objectif et subjectif tout ensemble), comme unité de son essence et de sa forme : cette unité est son effectivité même. Il n'y a pas d'opposition entre le vrai et son devenir, car le vrai est sujet (al. 21 et 22). Si l'on prend *sujet* comme un simple sujet grammatical, on obtient des propositions du type : « Dieu est l'Eternel », ou : « Il est l'ordre du monde » (al. 3). Alors, *Dieu* est un nom vide, et un prédicat est requis pour remplir un tel commencement. Au demeurant, dès là qu'on profère le mot *Dieu*, on marque qu'on n'a pas en vue, malgré la vacuité provisoire de ce qui n'est d'abord qu'un nom, un Etre ou une essence abstraits ; mais on anticipe la pro-position d'un sujet, c'est-à-dire de ce qui est réfléchi en soi (*in sich*). Tant que la mise en relation des prédicats à ce sujet se produit dans une conscience extérieure (celle du théologien, du penseur), elle n'est pas le résultat du propre mouvement du sujet. Lorsqu'elle l'est, alors le sujet grammatical devient sujet réel : sa réalité effective est reconnue comme son acte propre[40]. L'alinéa 25 précise ce qui en est de cet auto-mouvement. Il est l'Esprit : *das sich Ver-haltende* : l'être-autre et l'être-pour-soi en leur unité, cette unité faisant la déterminité du sujet.

Ce que veut la Science, c'est dépasser la proposition abstraite, ou proposition d'entendement, en proposition spéculative. Ainsi (al. 31) est dépassée la représentation ordinaire du vrai qui ne va pas au-delà du bien connu, du familier, et se borne à poser des points fixes (Dieu – la Nature) et à se mouvoir autour d'eux en se demandant seulement si on n'outrepasse pas ce qui paraît communément valable à leur propos. Mais si c'est la substance elle-même qui se meut (al. 37), cela signifie qu'en tant qu'elle va vers le soi, elle n'est pas égale à soi-même (*selbstgleich*), mais bien plutôt inégale ; et son acte propre est de *se faire sujet*[41]. Il faut dire donc que l'Etre est médiatisé de façon absolue (*absolut vermittelt*) et que, devenu pour-soi, ou concept, il est l'élément du Savoir, c'est-à-dire du vrai, non pas comme un objet qui

40. Hegel écrit : « Cette anticipation que l'Absolu est sujet est par suite non pas seulement l'effectivité de ce concept, mais elle la rend même impossible, car celle-là le pose comme point immobile, mais celle-ci est l'auto-mouvement. » Ce texte confirme notre interprétation de l'al. 6 : tant que le savoir du sujet est extérieur au sujet lui-même, la vérité du sujet n'est pas en vue : il n'est qu'un point auquel on accroche extérieurement des déterminations prédicatives.

41. Il y a là bien évidemment une allusion négative au spinozisme.

serait extérieur au savoir lui-même, mais comme le vrai qui est dans la forme du vrai.

Ainsi Hegel dessine-t-il par avance le trajet de la *Science de la Logique* (al. 37), c'est-à-dire l'épopée de l'Etre, à la lumière du Savoir de Dieu en tant que Dieu est se sachant. La *Science de la Logique* est le dévoilement progressif de l'Absolu entendu comme son auto-mouvement. – Sont écartés par là, et dans le même geste, l'acception *logique* de l'Etre comme un universel abstrait, et celle de Dieu comme un étant, fût-il étant suprême.

Les alinéas 60 à 66 reprennent ces résultats et leur donnent leur expression définitive. Le Soi n'est pas inerte ; il est le Concept se mouvant en soi-même et reprenant en soi ses déterminations. Il pénètre dans ses différences : celles-ci sont les siennes par là qu'il les engendre et les reconduit dans le soi : « Le contenu est ainsi en fait non plus prédicat du sujet bien plutôt est-il la substance, il est l'essence et le concept de ce dont il est question ».

La « proposition spéculative », le lieu ou s'exprime l'identité du sujet et du prédicat, est la vérité de leur liaison, leur harmonie dans l'unité de leur différence, comme en poésie le rythme est le lieu d'un conflit entre le mètre et l'accent, et la résolution de ce conflit.

Pour mieux faire entendre cette situation, Hegel propose un « exemple »[42]. Quand on dit : « Dieu est l'Etre », le prédicat est : l'Etre ; Mais ce prédicat a une signification substantielle dans laquelle le sujet « fond» (*zerfliesst*). Dieu n'est plus le sujet fixe qu'il semblait au départ. Il faut dire que le sujet constitue lui-même sa propre unité avec le second terme, de sorte que la pensée ne passe pas d'un terme à

42. L'*exemple* (*Beispiel* : ce qui se joue à côté) est ce qui met en branle la destruction de la certitude sensible au début de la *Phénoménologie de l'Esprit* car il fait voir la médiation réciproque de ce qui est en jeu dans cette certitude : un celui-ci (comme Moi) et un ceci (comme objet). Egalement, l'exemple est évoqué dans l'*Introduction* de 1824 aux *Leçons sur la philosophie de la Religion* comme ce qui permet de passer de la représentation de la Chose à son extériorisation (cf. *Vorlesungen über die Philosophie der Religion*, Teil 1, F. Meiner Verlag, 1983, SS. 34 ff.). Dans tous ces cas, l'exemple pousse l'entendement vers la pensée concrète. Son jeu fait le jeu de la Chose : dans le sujet du contenu, il fait voir le sujet se faisant son propre contenu : « [...] *im Wort "Beispiel" [ist schon] die Äußerlichkeit als nur beiher Spielendes, der reine Gedanke aber als das Substantielle anerkannt. Und diese zweifache Bedeutung der Bedeutung deutet uns die Idee, als der innere Begriff, der reine Gedanke, welcher aber ebenso zur Entäußerung seiner fortgeht, sich Beispiele seiner selbst gibt und darin das Wesentliche bleibt und für sich selbst doch das Beispiel seiner wird.* »

l'autre, mais est bien plutôt repoussée à son point de départ, refluant au premier terme avant même d'avoir posé le second, puisque le prédicat *est* le sujet lui-même. Dans ce mouvement de flux et de reflux (image qui vient en concurrence avec celle du parcours circulaire), la pensée perd le sol fixe que lui offrait, ou semblait lui offrir le sujet en tant qu'ὑποκείμενον : elle revient au sujet comme au sujet *du contenu.* Hegel insiste sur ce qu'elle ne revient pas « en soi » (*in sich*), ce qui marque le refus d'une acception transcendantale, en tout cas idéaliste, du jugement, acception qui lui est imputée par Heidegger, comme on l'a vu précédemment.

Ainsi la proposition spéculative n'est-elle pas formellement, ou extérieurement, différente de la proposition d'entendement. Elle en diffère dans son contenu, et c'est là ce qui fait la difficulté ordinairement accusée des écrits philosophiques. C'est ce qui fait aussi que les philosophes manquent souvent de la vigilance nécessaire à la distinction des deux modes d'écriture. La destruction de la proposition non spéculative ne saurait se faire par violence : elle est « dialectique ». Le mouvement en lequel seule consiste la présentation scientifique du contenu, ou encore sa « démonstration », creuse un écart entre la nécessité (la « preuve ») philosophique et la nécessité mathématique, celle de la démonstration extérieure en général. Cette dernière exige toujours à nouveau un fondement, un fondement de ce fondement, indéfiniment, par un regressus à un inconditionné inaccessible. Dans la proposition spéculative, la nécessité du mouvement dialectique, comme mouvement *du sujet*, n'est pas la nécessité d'une forme vide. C'est pourquoi il faut peut-être en philosophie éviter le mot *Dieu*, qui est un nom plutôt qu'un concept : ainsi trouve-t-on une justification, spéculative cette fois, et donc exempte d'ironie, de la substitution de *Etre* à *Dieu* du début de la *Science de la Logique*.

Si la révolution épistémique (sémantique et syntaxique) hégélienne est sous-tendue et animée par une théologie, corrélativement, dans la présentation de la « religion révélée », Hegel écrit :

> [...] Le bon, le juste, le saint, le créateur du ciel et de la terre, etc. [...] sont des *prédicats* d'un sujet, – des moments universels qui trouvent en ce point leur soutien et qui sont seulement dans le retour de la conscience au sein de la pensée [...] [43].

43. *Cf.* G.W.F. Hegel, G.W., Bd. 9, S. 405.

Que la langue spéculative soit un savoir de Dieu (cette expression valant comme un génitif subjectif aussi bien qu'objectif), cela provient de ce que Hegel adopte la traduction latine de *Logos* en Raison éternelle, conjointe avec son usage néo-testamentaire de Parole, et de Verbe divin incarné. N. de Cues écrivait : « [Cette Raison] parle sous mode sensible en ceux qui existent sous mode sensible grâce au Verbe lui-même. Parler signifie révéler ou manifester »[44].

La Raison révélante, ou : auto-révélante, n'est chez Hegel ni la ratio calculatrice ni la recherche indéfinie des causes des choses.

On pourrait penser que Heidegger, dans un texte qui appartient au Séminaire du Thor de 1968[45] a accédé à la vérité de la « proposition spéculative » hégélienne en rattachant celle-ci à son horizon théologique, et spécialement aux gloses de Maître Eckart. Il voit la relation prédicative : « Dieu est l'Etre même » se renverser en : « L'être est Dieu ». Le « contrecoup » du sujet au prédicat, qu'il souligne, se joue selon lui sur le *est*. Il écrit : « *das Sein "istet" Gott* », c'est-à-dire : « *das Sein läßt Gott sein* », et il conclut « C'est seulement *être* développé jusqu'à lui-même (au sens où il l'est dans la *Logique*) qui (en un choc en retour) rend possible : *être-Dieu* ».

On voit que ce renversement, dont Heidegger marque qu'il n'est pas formel (*a est b* renversé en *b est a*) ainsi qu'il le présentait dans le Cours de 1930[46], n'en est pas moins purement lexical. Il s'accomplit exclusivement sur *être* (*istet* au lieu de *ist*) et Heidegger laisse indécidée la nature du « contrecoup » (pourquoi la proposition peut-elle se prêter à un tel renversement, et demeurer signifiante ?), et la nature du résultat de ce renversement, dénommé « le spéculatif » (pourquoi le développement de *être* rend-il possible : *être-Dieu* ?).

Le renversement du prédicat en sujet n'est pas chez Hegel un approfondissement de la copule ; il est l'œuvre du sujet, une œuvre de liberté, puisqu'elle est son auto-détermination. La relation de l'Etre à Dieu est immédiate, c'est-à-dire indéterminée, tant qu'elle n'est pas développée dans son infinité comme Concept, ou Sujet. C'est pourquoi la spéculation ne saurait prendre simplement les deux termes comme équi-valents ; c'est là ce qui interdit de ranger le hégélianisme

44. *Cf.* N. de Cues, *Trois traités*, Editions du Cerf, 1991, p. 145.
45. *Cf.* M. Heidegger, *Questions IV*, Gallimard, 1976, p. 258.
46. *Cf.* M. Heidegger, G.A., Bd 32, S. 140 ; tr. fr. citée, p. 156.

parmi les onto-théologies classiques: cartésiennes, ou wolfiennes. Le développement de l'être en Concept est un développement *par soi.*

La considération exclusive de la *Science de la Logique* à laquelle se livre Heidegger ne suffit pas à décider de la nature de l'ontologie hégélienne. Car le devenir de l'Absolu n'est encore accompli, dans le trajet qui va de l'Etre à l'Idée, que dans la dimension de l'en-soi[47].

Le « contrecoup » que Heidegger évoque en 1968 a un nom: c'est celui de la conscience de soi, qui est pour Hegel non pas la simple réduplication vers l'intérieur de la structure intentionnelle de la conscience, mais en propre l'infinitisation de celle-ci, ainsi qu'en témoigne la dialectique de l'entendement dans la *Phénoménologie de l'Esprit.* – Or, de façon principielle, Heidegger se rend aveugle à la vérité de la conscience de soi hégélienne par là qu'il identifie le terme de la *Science de la Logique*, l'Idée absolue, au « transcendantal pensé absolument »: *der Gedanke.* Le transcendantal étant le lieu où la représentation devient intelligible, et ce lieu étant la conscience *en tant que finie*, Hegel ne saurait conjoindre l'Absolu et le transcendantal, comme le montre l'*Introduction* à la *Phénoménologie de l'Esprit.* Il fait bien plutôt de l'Absolu l'infinitisation de la conscience dans le dépassement de la représentation[48]. Son propos a été de comprendre comment, après Kant et sa critique justifiée des onto-théologies, une Science de l'Absolu ou une Science absolue est possible et réelle. Cette Science est la science du sujet en tant que non-fini. L'infinitisation de la conscience, la conscience de soi, c'est, comme s'exprime Hegel dès la *Phénoménologie de l'Esprit*, le *concept* de l'Esprit, lequel se réalise dans l'expérience que fait la conscience au titre de *sa propre* expérience.

Dès lors que la Religion comme Religion révélée, c'est-à-dire comme dévoilement de l'Absolu dans son Verbe incarné, est la figure représentative de l'Esprit se sachant, une philosophie de la religion devient possible, et nécessaire. Seule en effet, la spéculation peut être le Logos de l'Absolu. Dépassant le dogme et ses formules naturalisantes (« le Père » – « le Fils »...), dépassant aussi le simple récit événementiel (Naissance – Passion – Résurrection), elle est la véritable

47. Cf. *Ibid.*, *supra* p. 208.

48. Fichte, pour sa part, voulant échapper de même à l'absoluité du fini, avait situé l'absoluité de la conscience dans l'élément pratique, le théorique se réduisant pour lui au représentatif (cf. *Grundlage der gesamten Wissenschaftslehre*, 1794, F. Meiner Verlag, Ph. Bibl., 1961, SS. 35, 77, 98.)

spiritualité. L'Esprit, reconnu comme le corps de la Communauté, est la présence éternelle de la vraie foi, le règne de l'infinité qui fait la vie du fini. Ainsi la philosophie, ou la Science, se confond avec le processus de l'Esprit effectif ou en acte. Il n'y a en elle aucune séparation entre le présenté et la présentation : ce que la religion repousse dans l'ailleurs du passé ou de l'au-delà, la philosophie le saisit dans son concept.

Trouvant sa vérité en ce qu'elle est la vérité de la Révélation, la philosophie fait voir ainsi la vocation spéculative de la mystique.

> [...] L'identité du singulier et de l'Idée réside dans le fait que le Fils, le Médiateur, est su comme *cet* homme-*ci* ; c'est là l'identité de l'Esprit et de Dieu pour le cœur en tant que tel. Mais cette connexion même, puisqu'elle est en même temps une connexion avec Dieu en Dieu, est de ce fait immédiatement mystique, spéculative ; elle contient donc l'invitation à penser à laquelle ont satisfait les Pères de l'Eglise, puis les Scolastiques [49].

L'équation du mystique et du spéculatif peut paraître surprenante de la part du penseur qui récuse par ailleurs une religiosité vague, celle du sentiment, de l'effusion, de l'intuition immédiate. Mais ce que Hegel a en vue dans de tels textes, c'est par exemple l'*unio mystica* de Maître Eckhart, l'union de la conscience finie et de la conscience divine, quand cette union reçoit son vrai visage : celui d'un combat, d'un conflit entre les deux côtés de l'Esprit (l'empirique et l'absolu) et de l'effort pour les maintenir ensemble. C'est l'Esprit qui s'atteste comme le maître de cette opposition : « je suis le feu et l'eau... », *opposition qu'il est lui-même* [50]. Dans la mesure où elle est « pour soi », cette opposition n'est pas la dure indépendance des colonnes d'Hercule dressées l'une en face de l'autre dans leur fixité ; mais elle n'est pas non plus communion paisible. Elle est marquée par la douleur du négatif, sans laquelle l'évocation de l'Absolu se perd dans la fadeur du prône édifiant. Car il faut répéter que l'Esprit est dans la différenciation de soi, et dans le retour à soi, de sorte que l'unité de la nature humaine et de la nature divine n'a pas seulement de signifi-

49. Cf. G.W.F. Hegel, *Leçons sur l'histoire de la philosophie*, tr. fr. Vrin, 1978 : t. V, p. 1058 ; d'autres textes peuvent également être cités : cf. *Vorlesungen über die Philosophie der Religion*, F. Meiner Verlag, 1983, Bd. 3, S. 158-162 ; lettre à Windischmann du 23 août 1823,...

50. Cf. *Vorlesungen über die Philosophie der Religion*, éd. citée, Bd. 3, S. 119-121.

cation pour la détermination de la nature humaine, mais tout autant pour celle de la nature divine : le christianisme, la religion révélée, est cette unité même.

Si l'universel et le singulier ne sont pas séparés, cela ne signifie pas seulement que l'Absolu « tient en soi » (métaphore spinoziste de l'in-habitation, et en général de la totalisation) le relatif, mais qu'il *est* le relatif, parce qu'il est ce qu'il est en tant qu'il retourne incessamment à soi à partir de l'être-autre. Tel est bien l'amour divin.

On touche ici au point suprême de la théologie hégélienne. C'est le double côté du « mystique » (divin et humain) qui le fait s'identifier au spéculatif ; de même c'est le doublement du divin et de l'humain comme *Menschwerdung* christique et comme Communauté des fidèles qui résout l'opposition figée de la forme (représentative) et du contenu (spéculatif). La religion se surélève elle-même au-delà du règne de la foi objectivante. Devenant Savoir, elle est l'Esprit vrai.

Lorsque Heidegger a le projet de faire justice à la spéculation hégélienne, il concède que l'Affaire de la Pensée est *la même* pour Hegel et pour lui : à savoir la question de l'Etre, l'énigme : pourquoi y a-t-il de l'être plutôt que rien ?

L'Affaire de la Pensée, pour Hegel, est bien plutôt la pensée elle-même se pensant absolument, c'est-à-dire l'Infini. Dans le traitement de cette question, ce qui est mis en œuvre n'est pas la différence ontologique de l'Etre à l'étant. Certes, de ce que, par son indétermination liminaire, l'Etre hégélien est le même que le néant, on peut trouver l'écho dans la Conférence de 1929 *Qu'est-ce que la métaphysique ?*, où la réduction de l'étant est le chemin, et sans doute la figure même, de l'Etre. Mais de cette identification, Hegel fait un opérateur, et non l'Evènement abyssal (*Ereignis*) de l'Etre[51]. L'Etre est bien le commencement de la Science, et aussi son résultat, mais il ne l'est pas à la façon d'un point auquel, sur le tracé de la circonférence, on peut aboutir soit d'un côté soit de l'autre. Car dans le développement qui est le sien, l'Etre se change : devenu Idée au terme de la *Logique*, il se fait Nature, et Esprit dans le système entier.

51. *Cf.* M. Heidegger, G.A., Bd. 65, SS. 264 ff. : la négativité hégélienne n'aurait d'autre fonction dans le système que de disparaître et d'assurer la dynamique du mouvement de la sursomption.

Dès lors, des propositions telles que « Dieu est l'Etre » ou même « Dieu est l'Esprit », et leurs inverses, n'ont pas de signification spéculative si elles sont coupées du mouvement qui les engendre.

*
* *

Schelling avait évoqué, dans un Cours de 1842[52] successivement la pensée de Fichte, et « une autre philosophie, beaucoup moins géniale et beaucoup plus mécanique », qui ne satisfait que les pédants une fois qu'on s'est habitué à ne plus désirer la farine, mais qu'« on se contente du simple tic-tac du moulin » : il s'agissait bien sûr de la dialectique hégélienne.

Heidegger a été frappé par la comparaison de la dialectique au tic-tac du moulin vide au point de la reprendre dans le Cours de 1930[53] pour accuser ceux (Marx est-il visé ?) qui « s'emballent pour la dialectique de Hegel [...] et en même temps écartent son christianisme, sa christologie et sa doctrine trinitaire [...] ». – Il reprend l'image une nouvelle fois en 1969[54] pour formuler alors l'acte de décès du hégélianisme : son horizon théologique étant abandonné de nos jours, désormais « la dialectique est un moulin qui tourne à vide ».

Ce dernier propos suscite deux ordres de questions concernant le hégélianisme, questions qu'on tentera ici au moins de formuler.

Les premières appartiennent à l'exégèse pour ainsi dire interne du hégélianisme. Elles gravitent autour de la question de savoir si c'est la théologie et plus précisément la théologie trinitaire qui a commandé l'invention du dialectique, ou si c'est au contraire l'intuition dialectique qui a suscité ou au moins épaulé la méditation renouvelée de la mystique et de la christologie. Posée ainsi, la question verse rapidement dans la polémique : celle-ci s'alimente historiquement de l'opposition entre « droite » et « gauche » hégélienne, – un débat qui a été exposé et approfondi notamment par K. Löwith.

On a voulu ici faire valoir simplement que la pensée de Hegel a éprouvé dès Iéna la nécessité de renouveler la compréhension spéculative de l'infini. Cette nécessité est apparue à Hegel, nous semble-t-il, dans sa réflexion sur les mathématique de son temps, et dans celle

52. *Cf.* Schelling, *Philosophie de la Révélation*, Liv. I, (tr. fr. Presses Universitaires de France, 1989), p. 72.

53. *Cf.* M. Heidegger, G.A., Bd 32, S. 162 ; tr. fr. citée, p. 177. .

54. *Cf.* M. Heidegger, *Denkerfahrungen* (V. Klostermann Verlag, 1983), S. 152.

concernant la physique en voie de séparation d'avec la métaphysique. La formidable invention du calcul infinitésimal d'une part, l'émergence du concept de *force* de l'autre ont été aux yeux de Hegel des conquêtes décisives de l'entendement humain, mais des conquêtes que ce même entendement n'est peut-être pas en mesure de maîtriser. En même temps sa culture de théologien lui fournissait maintes occasions de mettre en échec une pensée logique étroite, par exemple dans l'ébranlement, par le texte évangélique, de notions comme celles de mérite ou de châtiment, et en général dans l'acception de l'amour divin. De tout cela *ensemble* témoigne admirablement le Chapitre *Entendement* de la *Phénonénologie de l'Esprit.*

Comme Hegel s'est refusé, pour résoudre ces dernières apories, l'échappement vers le sublime et vers l'effusion, il s'est donné pour tâche de déterminer une pensée capable de l'infini, c'est-à-dire qui opère effectivement, dans l'immanence, l'infinitisation du fini et lève ainsi l'interdit classique lancé sur un infini «actuel». Telle est la dialectique. La conscience de soi, entendue comme Vie, concept de l'Esprit, en est la version phénoménologique. S'extériorisant comme Raison, elle s'accomplit comme Esprit vrai dans l'unité du singulier et de l'universel.

Ce que fait voir la *Phénoménologie de l'Esprit*, c'est l'unité profonde du penser hégélien. La concordance des différents problèmes spéculatifs, et l'harmonisation de leur résolution se reflètent réciproquement: dans cette unification résident sans doute la grandeur et l'héroïcité de l'entreprise hégélienne.

S'il en est bien ainsi, philosophie et théologie ont été ensemble à la fois les pôles du questionnement hégélien, et les lieux où s'est élaborée la méthode spéculative, indissociable de son contenu: toujours et partout il s'agit de la pensée de l'infini, ou mieux: de l'identification de la pensée et de l'infini.

L'autre questionnement suscité par le verdict brutal de Heidegger à l'encontre du hégélianisme est celui de l'actualité de ce dernier. Si «Dieu est mort», c'est-à-dire plus précisément si la tradition judéo-chrétienne n'est plus l'assise de notre culture, est-ce que, en vertu même de l'intime liaison du dialectique et du religieux, le hégélianisme peut demeurer pour nous une pensée vraie? Il y a là une question certes décisive, et décisive pour l'histoire entière de la philosophie, c'est-à-dire pour la philosophie même. Est-ce que les écrits d'Héraclite, de Parménide, de Platon, de Descartes, de Spinoza, de

Kant… ne sont pas devenus pour nous des textes vides, par là que leurs pensées ont un autre élément et un autre séjour que la nôtre ?

Une telle question reste ici bien entendu ouverte.

A Heidegger, on la poserait ainsi : pourquoi le pas accompli par la pensée méditante en arrière de la métaphysique comme onto-théologie pourrait-il, en préservant les paroles de l'origine, c'est-à-dire le commencement grec, recueillir l'essence de ce qui se cèle ?

INDEX NOMINUM

TABLE DES MATIÈRES

ACHEVÉ D'IMPRIMER
EN MARS 1994
PAR L'IMPRIMERIE
DE LA MANUTENTION
A MAYENNE
N° 83-94